# 熊铁基文集

第五卷

## 秦汉军事制度史（附未刊稿）

熊铁基／著

華中師範大學出版社

**新出图证(鄂)字 10 号**
**图书在版编目(CIP)数据**

熊铁基文集. 第五卷/熊铁基著. —武汉:华中师范大学出版社,2021. 8
ISBN 978-7-5622-9467-2

Ⅰ. ①熊…　Ⅱ. ①熊…　Ⅲ. ①文化史—中国—秦汉时代—文集 ②军事制度—军事史—中国—秦汉时代—文集　Ⅳ. ①C52　②E292-53

中国版本图书馆 CIP 数据核字(2021)第 135100 号

**熊铁基文集 第五卷**
©熊铁基　著

**责任编辑:**陈良军　**责任校对:**骆　宏　**封面设计:**罗明波
**编辑室:**学术出版中心　**电话:**027-67867792/3280
**出版发行:**华中师范大学出版社
**社址:**湖北省武汉市洪山区珞喻路 152 号　**邮编:**430079
**销售电话:**027-67863426
**网址:**http: // press. ccnu. edu. cn　**电子邮箱:**press@mail. ccnu. edu. cn
**印刷:**湖北新华印务有限公司　**督印:**刘　敏
**开本:**710mm×1000mm　1/16　**字数:**397 千字
**版次:**2021 年 12 月第 1 版　**印次:**2021 年 12 月第 1 次印刷
**印张:**25　**定价:**128. 00 元

欢迎上网查询、购书

# 人/生/经/历

幼年与父母合影（中为作者）

初中留影

本科留影

研究生留影

与弟弟、妹妹合影
（右一为作者）

在华东师范大学

全家人合影（左一女儿、左二妻子、左四儿子）

与李雪松游长沙

与妻子李雪松游鸣沙山

与妻子李雪松手托老照片，记录时光

本科同班同学合影（二排右一为作者）

与研究生导师吴泽（中）、同学郭惠青（右）合影

研究生同学合影（前排左一为作者）

与何兹全（中）、李雪松（左）合影

与陈启云（右）合影

与安作璋（左）合影

与陈鼓应（右）合影

与李学勤（右）合影

与林甘泉（左一）、窦连荣（左二）、张美娣（左三）合影

与田昌五（右）合影

与裘锡圭（右）合影

与钟肇鹏（右）合影

与第一届研究生
赵国华（右）合影

第一届博士生论文答辩会合影
（含第二、三届的博士生，前排右三为作者）

八十华诞合影（前排右四为作者）

## 学/术/著/作

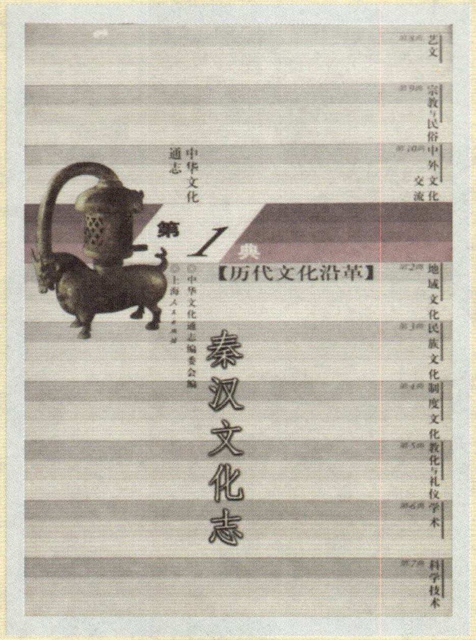


《秦汉文化志》

《秦汉文化史》

《汉唐文化史》

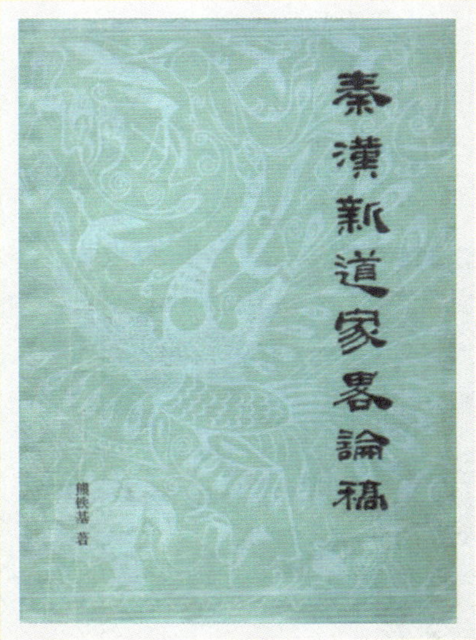


《秦汉新道家略论稿》

《秦汉军事制度史》

《熊铁基学术论著选》

《中国老学史》

《中国庄学史》

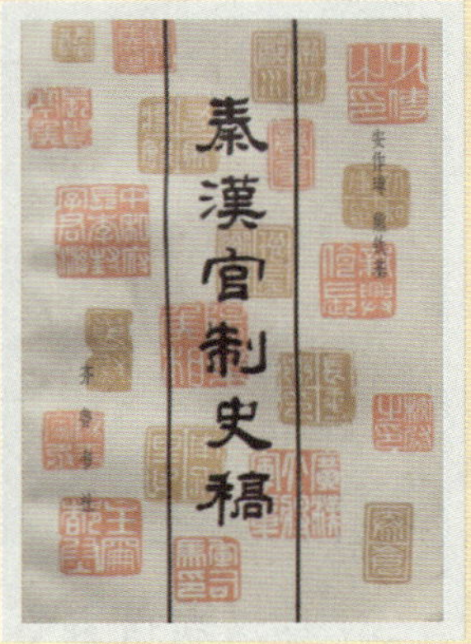

《秦汉官制史稿》

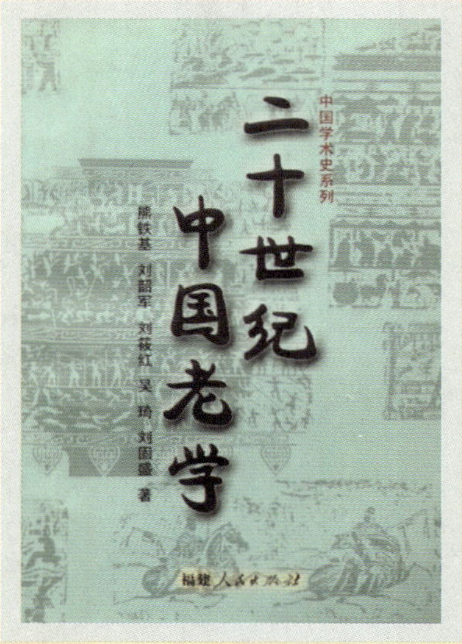

《二十世纪中国老学》

《汉代学术史论》

# 自　序

有几位好学的朋友（学生）极力促成为我出一套文集，这对于一辈子读书、教书、写书的人也是一种总结，既有纪念意义，也有继续为社会做点贡献的作用。首先是它应有社会作用，这可以从内容谈起。

本文集共10卷，其中有9卷，主要是曾经出版过的专著（包括与人合作的由我撰写的部分）以及两部论文集。

我的第一本书是1984年出版的《秦汉新道家略论稿》，该书在当时是有一定影响的，引起哲学史领域的诸多学者的关注，这些我在2001年出版的《秦汉新道家》的前言中有所记述。1993年我参加大型丛书“中华文化通志”的编写，写了一本《秦汉文化志》，是有点新思考的（当时范军写了一篇有思想的书评），2007年上海东方出版中心组织一套断代文化史书系，把它以《秦汉文化史》的书名出版，除了做过一些文字校对之外，内容未做修改。没想到10年之后（2018年），北京新世界出版社又比较高调地出版了一次，书腰上写道：“一部诠释全球视野下秦汉时代文化发展脉络的重磅力作”，“一部了解秦汉时代历史文化沿革的入门经典读物”。两次重新出版，反映的是社会的某种需要。另一本书是我和安作璋先生合作的《秦汉官制史稿》，除开2007年因某些需要，齐鲁书社出了一个第2版之外，现在人民出版社又准备纳入“人民文库”出版，责任编辑翟金明告诉我：“‘人民文库’精选出一批在当时产生过重要历史作用，在当下仍具有深刻思想性、学术性以及珍贵史料价值的优秀作品。”看来该书有文化积累的意义，对当前社会文化的发展也是有意义的。前几天参加研究生的读书会，讨论制度史研究延伸和发展的问题。有学生说，即使延伸，原来的重要著作，如《秦汉官制史稿》之类的，也是基础，不可忽略（在读学生有此见解，也很难得）。以上是讲影响较大的两本书，其他如《汉唐文化史》（出版10年后，曾被纳入“学海一牛鸣”丛书再版）、《秦汉军事制度史》、《秦汉新道家》等，在小范围内也是有点影响的，读者各有所好地予以赞赏。既然如此，出版文集也不过是再多印刷一次罢了，或能满足需求者的需要。

主编和合作撰写的《中国老学史》与《中国庄学史》，我发起组织并自己动手撰写（《中国老学史》的秦汉以前部分、《中国庄学史》的隋唐以前部分）。这两本书在社会和学术上的影响都比较大，《中国老学史》出版以后，加印了四五次。《中国庄学史》先后在湖南人民出版社和福建人民出版社（增订本）两次出版。实际上可以说是开辟了老庄学史研究这样一个新的领域（紧接着我还组织出版了《二十世纪中国老学》和《二十世纪中国庄学》），后续的还有断代的和专题的老学史以及多卷本的中国老学通史出版。

另一大类是论文集，两卷。一卷是古代史，分秦汉史（秦汉史专攻了30多年）和其他关于古代史的论文两部分（包括几篇未刊稿，反映我学习和研究古代史的足迹）。另一卷是关于道家与道教研究的论文，道家研究是从读秦汉史书《吕氏春秋》开始的。开始是把它当作秦汉史的资料读，后来发现其思想研究的意义更大，写了《重评〈吕氏春秋〉》，接着是读《淮南子》，评《淮南子》，因而提出了一个“秦汉新道家”。道家与老子有关，从而研讨老学，进而研究庄学，这就有老庄学史的产生。20世纪90年代以后，道教界的学术研究风气日渐浓厚，时不时举行一些研讨会，我也常被邀请参加，因为老子是道祖，我写老子学史，那也就是道教文化的研究者。参加活动多了，自觉和不自觉地思考一些道教有关问题，陆陆续续也写了一些小文章，至今还在继续。现在我想解决的是道教何时产生的问题。

有些论文是产生过一定影响的，例如《秦始皇的最后十年》《重新认识古书辨疑》等曾为一些朋友津津乐道；有些论文如关于道教产生的问题，被作为一家之言看待；还有些虽被人称引（如李振宏的推介“汉人改造先秦典籍”并且有所发挥），我认为还未引起足够的重视，所以又写了“再论”和“三论”。“汉人改造先秦典籍”，这虽不是完全新的发现，但关系到如何依靠文献资料研究先秦史的问题，出土先秦文献越多，越说明这个问题重要，不应该把汉人的思想当作先秦人的思想。文集收集了一些散见的论文，更便于查考，这是最直接的意义。

文集收了几篇未刊稿，意在表明在某些问题上自己是思考过的，其实还有一些，就不必全收了。未公开发表的只是自己学习和研究的一个记录，从1956年当研究生开始，我可以说是笔耕不辍的，有些是作业，还有吴泽、束世澂等老师或长或短的评语；有些是自己学习过程中的心得体会，开始想学明清史，写过一些理论方面的东西，如资本主义萌芽问题之类。后来拜师唐长孺先生，认真读过《隋书》、新旧《唐书》、《资治通鉴》等相关史籍，写过几篇文章，还做过《隋书·食货志》译注（有原稿保存）。1979年转学秦汉史，开始写《秦统一六国》（也保存有原稿），汉武帝研究除已发表的之外，还有未刊的稿子。还有一些未刊稿没有产生过社会影响，也没有很特殊的见解，就不必收录了。

还有一卷，包括回忆录、序跋、杂文等，可以说这是从几个横断面看人生的足迹。我始终认为自己是一个普通人（本来也是），普通人和大众更接近，经历能得到更多人理解，有人或可从中获得点什么启发。记得何建明主持过我的一次讲座，一个较大的阶梯教室，室内走道、室外走廊满满都是人，屏声静气一个多小时。内容大概是结合个人经历讲未来。何建明说，不必太高远，可望而可即，也许这就是流行的接地气吧。我这一生，也就是读书、教书、写书，但不论什么时候，不论做什么事，都会与社会时事有关。这也是我长时间表示的一个看法，从古到今，完全脱离时势、政治的人和事是没有的（当然是就大的方面而言）。历史就是《资治通鉴》，一代一代的“资治”。人生也是如此，任何人都脱离不了时势和政治，只有自觉和不自觉、主动和被动的不同。写回忆录，我翻阅了一些旧日记、信件等材料。最近找到了两本高中一年级时的作文本（残缺不全），感慨甚多，老师逐字逐句地批改，文后还有批评或鼓励，篇头还盖有教务处的图章（教学管理如此之细），是1948年下半年和1949年上半年的（长沙解放前夕）。我当时就读于兑泽中学，学校在长沙东郊丝茅冲。我是一个很普通的学生，虽跟着参加过一些迎接解放的集会和游行，但并不认识任何地下党团或者是进步的学生。从题目看，作文与时事政治是有密切关系的。《币制改革后长沙面面观》《戡乱与救国》《徐州战争》《我所理想的学校》《暑假生活杂传》（老师改“传”为“缀”）……第二学期的题目有《寒假生活回忆》《国共和谈之我见》《更夫》《凄风苦雨话四七》（记当时南京的学生运动，老师评语：语多慷慨激昂）……好像都不是命题作文。结合回忆录的内容，可见形势、政治对一个普通学生的影响。我常说，回忆、口述是有很多不可靠的东西，包括记忆之不完整，个人的心态和主观思想等，读回忆和口述，要做一定的分析。

我写回忆录，开始于2018年暑期，当时全家人聚集在女儿嘉慧家里一个多月，我带了一本1948年下半年至1949年上半年的日记本（包括50年代前后也有一些不完整的记录）。开始写作，我发现，有许多我记得很清楚的人和事，日记上没有，日记上有些人和事我忘记了，甚至印象都没有。2019年以后，就以问题为中心陆陆续续写了。也是有日记的，不过只是一本本简单的流水账，能反映思想和具体生活的内容太少了。写出来我自己都不满意。

序、跋不多，有些事能反映我的工作态度，如1993年组织青年教师编写一本《传统文化与中国社会》，在前言中写道："总的设想是我提出的，经过大家讨论、充实，然后才分头去做。前后三四个年头了，每一篇从草拟提纲到写作完成，我都是提出了意见的（或多或少），每一篇从初稿到定稿，最少的看了两遍，有的看了三四遍，甚至更多。提出这一点是说明我对这本书的责任，如果有问题的话（缺点、错误、不足之处），我是不能辞其咎的，我等待着大家的批评。"主编《帝王宰相辞典》，协助张舜徽先生主编《中国史学名著题解》和《中国古代学者百人传》，我都是这样做的，如张先生所说，"在编写过程中，在奔走联系、组织人力方面，熊君之力尤多"，花了大量的时间和精力。

人们如何从过往的经历中认识和总结，这恐怕是值得探讨的一个问题，不是名人、大家的普通人，其人生足迹也有自己的特点，有的内容多少或可给他人一点启示。

人的一生，时间长了，有各种各样的经历，某些时候，认识错误、行为错误会有不少，但是，我没有故意为恶、害人过，善良、正直是主导面。好学勤奋是一生的努力，真正是死而后已。我经常想到：吾日三省吾身，为人谋而不忠乎？与朋友交而不信乎？传不习乎？时至今日，我还没有停息，恐怕既不是为名也不是为利了，名和利已经基本定型了。刚好翻到一篇1948年的作文《我们要过有意义的生活》，老师批语："现在社会上的人个个都是争名夺利，所以作者也只看到名利二字才是有意义的生活，可是我们想想、看看，争名夺利的结果怎样，归宿怎样，那就知道名利的害人，知道为名利是无意义的生活。（十二月四日）"感谢老师的早期教育！几十年来，名利思想恐怕是反复斗争、变化过的。写回忆录，恐怕反映不了这么多、这么复杂的发展变化。

因为我活得比较长，而写作生涯中有一个突出的现象，大多数研究成果是 60 岁前后特别是 60 岁以后出来的。我想人生不必要像坊间所说的那样：60 岁告老还乡，70 岁打打麻将，80 岁晒晒太阳，90 岁躺在床上。我的经历是 60 岁以后可以干事，可以干较多的事。但这又似乎没有普遍意义，60 岁以前成果不多，一方面有时代的客观原因，读书、做学问受到不少干扰；另一方面也是自己不行。过去和现在都有 50 岁前很有成就的人，我的经历唯一可以说的就是告诉人们，60 岁以后可以做一些事，可以做较多的事。愿与老朋友们共勉。现在我的很多学生都已经步入了老年。

我讲话、作报告有时候会有些幽默，能获得一点笑声和掌声，写文章却太缺乏文采，只能实话实说，这既是优点也是缺点。

# 绪　论

在马克思主义理论宝库中，军事理论是重要的组成部分之一。马克思和恩格斯关于战争、军队和军事问题方面的理论，是把辩证唯物主义运用到军事领域的典范，值得我们认真地学习。特别是恩格斯，马克思说他“在参加巴敦战役（1849 年）以后，对军事问题进行了专门研究……他写的文章非常令人信服”①。列宁称他为伟大的军事家。恩格斯写下了许多军事著作，创立了军事学术史。在《家庭、私有制和国家的起源》《反杜林论》等著作中，以及在《军队》《步兵》《骑兵》《筑城》《会战》《进攻》等许多论文中，恩格斯利用和总结了自古以来所积累的军事方面的学术成果。论述了军队以及各兵种建设和组织的历史，叙述了教育和训练军队制度的建立和发展过程，以及进行战争和战斗的方法（战略、战术）的演变，乃至筑城工事和各种武器的源流等，规定了军事学术发展的阶段。他的许多具体论述，给我们研究军事学术史提供了范例，我们可以从中得到不少启示。他的方法论对我们的研究有指导意义。

中国古代史上，军事学术方面有丰富的遗产，值得我们认真地进行总结。中国古代在军事方面多以“兵”字来概括。武器称为兵，这是兵的本义。《说文・廾部》：

> 兵，械也。从廾持斤，并力之貌。

《荀子・议兵篇》说：

> 古之兵，戈、矛、弓、矢而已矣。

---

① 中共中央马克思恩格斯列宁斯大林著作编译局：《马克思恩格斯全集》卷二十九，人民出版社 2006 年版，第 562 页。

兵包括各种兵器。后来进一步，拿兵器的人也称为兵了。如清人段玉裁注《说文》：

> 械者，器之总名。器曰兵，用器之人亦曰兵。

《左传》昭公十四年：

> 简上国之兵于宗丘。

疏云：

> 战必令人执兵，因即名人为兵也。

扩大一些，不仅战士称兵，战士组成的队伍——军队也称为兵，一般所说的“进兵”“出兵”皆指军队而言。再扩而大之，兵也指战争、军事而言。如《左传》隐公三年：

> 有宠而好兵，公弗禁。

即泛指战争、军事而言。此外，有时候也指兵法，《战国策·秦策》：

> 公不论兵，必大困。

注云：

> 言不以兵法治士。

还有时候指用兵器伤人。如《左传》定公十年的“士兵之”、《史记·伯夷列传》的“左右欲兵之”即是。总之，兵就是现在所说的军事，包括一切直接有关武装斗争的事。古代的军事理论家被称为兵家，古代的军事理论书被称为兵书，古代关于军事制度等方面的记载被称为兵志。

中国古代学者如何看待军事这种现象呢?《淮南子·兵略训》写道:

> 兵之所由来者远矣，黄帝尝与炎帝战矣，颛顼尝与共工争矣，故黄帝战于涿鹿之野，尧战于丹水之浦，舜伐有苗，启攻有扈，自五帝而弗能偃也，又况衰世乎。夫兵者，所以禁暴讨乱也。炎帝为火灾，故黄帝禽之；共工为水灾，故颛顼诛之。教之以道，导之以德而不听，则临之以威武；临之以威武而不从，则制之以兵革。故圣人之用兵也，若栉发、耨苗，所去者少，而所利者多。

一是说兵自古有之，二是说兵不能偃，三则论及兵的作用，并涉及其起源。但这不是《淮南子》作者们的创见，《吕氏春秋》中所提出的“有义兵而无有偃兵”问题才属于创见。不过，《吕氏春秋》讲兵的起源更早，其《荡兵》篇云:

> 兵之所自来者上矣，与始有民俱。凡兵也者，威也；威也者，力也。民之有威力，性也。性者所受于天也，非人之所能为也。武者不能革，而工者不能移。……人曰“蚩尤作兵”，蚩尤非作兵也，利其械矣。未有蚩尤之时，民固剥林木以战矣…… 争斗之所自来者久矣，不可禁，不可止，故古之贤王有义兵而无有偃兵。

兵“与始有民俱”这个说法是不符合事实的，古代学者一般也不是这样看法，如杜佑在《通典》卷 148 中就说:

> 三皇无为，天下以治；五帝行教，兵由是兴。

就是否认“与始有民俱”的。“民之有威力，性也”“性者所受于天也”之类的说法，显然是唯心主义的。但其所列举的某些事实，却值得研究和讨论。军事现象起源很早，这一点也没有问题。不过，如何看待战争的起源、军事的作用等问题，我们不可能在此一一论述。下面仅就“义兵”和“偃兵”的问题再说几句。

春秋战国时期，大小战争频繁，人们普遍厌恶战争，因而有人主张

“偃兵”，但客观存在是“不可禁不可止”的，主张偃兵无异于说空话，因而有上述“义兵”思想的产生。认为兵可以而且应该“禁暴讨乱”，战国末年的荀子就已提出了。当时，主张偃兵的人往往把“仁义”与兵对立起来，荀子在《议兵篇》回答他们的质问而提出了“禁暴除害”说：

> 陈嚣问孙卿子曰：“先生议兵，常以仁义为本。仁者爱人，义者循理，然则又何以兵为？凡所为有兵者，为争夺也。”孙卿子曰：“非汝所知也。彼仁者爱人，爱人故恶人之害之也；义者循理，循理故恶人之乱之也。彼兵者，所以禁暴除害也，非争夺也。”

荀子的解释当然是不全面的，但有它的意义。

战国秦汉时期的优秀学者，往往是“文武兼备”。所谓“文武兼备”，主要是指对军事理论和其他文化知识的备知。荀子和其他一些先秦诸子是如此，汉代杰出学者司马迁也是如此。顾炎武在《日知录》卷 26 中说：

> 秦楚之际，兵所出入之涂，曲折变化，唯太史公序之如指掌，以山川郡国不易明，故曰东、曰西、曰南、曰北，一言之下，而形势瞭然。以关塞江河为一方界限，故于项羽：则曰梁乃以八千 人渡江而西；曰羽乃悉引兵渡河；曰羽将诸侯兵三十余万行略地至河南；曰羽渡淮；曰羽遂引东欲渡乌江。于高帝：则曰出成皋、玉门，北渡河；曰引兵渡河，复取成皋。盖自古史书兵事地形之详，未有过此者。太史公胸中固有一天下大势，非后代书生之所能几也。

在中国古代史上，上起先秦诸子及《左传》作者，下至魏晋的学者，不少都是“文武兼备”的。

但是，随着儒家正统地位的确立，士大夫们产生了“重文轻武”的倾向。如宋刘敞《公是集·与吴九论武学书》曰：

> 夫战国之时，天下竞于驰骛，于是乎有纵横之师、技击之学以相残也。虽私议巷说，有司不及，然风俗犹以是薄，祸乱犹以是长，学者之所甚疾，仁人之所忧而辨也。

从何时开始“重文轻武”呢？也许就在宋代。顾炎武《日知录》卷26曾经说：

> 司马温公《通鉴》承左氏而作，其中所载兵法甚详。凡亡国之臣，盗贼之佐，苟有一策，亦具录之。朱子《纲目》大半削去，似未达温公之意。

不是什么“达温公之意”与否的问题，而是“重文轻武”思潮的一种反映。

大体来说，魏晋以前，学者文武兼备，官吏文武区分也不严格，出将入相，所谓文武不分途。唐代开始用武举①，宋代开始建武学②，文武分途显然是唐宋以后的事。唐宋以后，虽然士大夫中有了一种重文轻武的思潮，但因为“文武异科，各求专习”，所以有关军事的记载反而多了起来。《新唐书》首创了《兵志》，《武经总要》之类的兵书从此日渐增多，这无疑是有利于古代军事学术史研究的。但是，在文武不分途的秦汉时期，就没有《兵志》之类的记载。有关军事制度方面的内容，司马迁的《史记》没有专篇，班固写《汉书》在《刑法志》中附带叙述了一些。直到宋代，钱文子作《补汉兵志》填补这一空白，虽然集中了一些零散的资料，但远远不够，与《新唐书》的《兵志》也不能相比。

然而，我们研究古代军事制度史，不能不较深入地了解秦汉的军事制度，它和政治、经济、文化各方面的制度一样，对于以后两千年封建社会的制度有奠基的意义。

那么研究秦汉军事制度史要注意一些什么问题呢？

首先，我们应该把它放在当时整个社会的发展中进行考察。恩格斯曾经指出：

---

① 《新唐书·选举志》：“武举，盖其起于武后之时。长安二年始置武举，其制有长垛、马射、步射、平射、筒射，又有马枪、翘关、负重、身材之选……亦以乡饮酒礼送兵部。”

② 《宋史·选举志》：“仁宗时，尝置武学，既而辍……神宗熙宁五年，枢密请建武学于武成王庙，以尚书兵部郎中韩缜判学，……生员以百人为额，选文武官知兵者为教授。使臣未参班与门荫、草泽人召京官保任，人材弓马应格，听入学，习诸家兵法。教授纂次历代用兵成败、前世忠义之节足以训者，讲释之。愿试阵队者，量给兵伍。在学二年，具艺业考试等第推恩，未及格者，逾年再试。……崇宁间，诸州置武学，立《考选升贡法》，仿儒学制。”

没有什么东西比陆军和海军更依赖于经济前提。装备、编成、编制、战术和战略，首先依赖于当时的生产水平和交通状况。这里起变革作用的，不是天才统帅的“悟性的自由创造”，而是更好的武器的发明和士兵成分的改变；天才统帅的影响最多只限于使战斗的方式适合于新的武器和新的战士。①

我们知道，秦汉是中国古代社会的一个大变化时期，虽然封建社会的形成是在战国时期，当时的经济基础已发生了根本的变化，上层建筑各方面也相应地实行了变革；而秦汉时期则对这一切的变化进行了大总结，政治、经济、军事、文化的各种制度，来了一个统一化、法典化，成为以后两千年封建社会各种制度发展的基础。例如在本书中可以看到，由于士兵成分的改变，士兵的名称以及军队的结构方面都相应地发生变化，其变化开始于战国，最后定型却是在秦汉时期。武器、装备、马匹、给养当然依赖于当时的经济条件，战略、战术的变化也反映当时生产力发展的水平和交適状况。例如汉武帝时期骑兵建设大为发展，无论是数量、组织、装备，还是将领的培养、作战指挥以及战略、战术等各方面，都可以说是空前的。其根本原因就在于西汉初年社会经济的发展。正如《汉书·食货志》所说：

至武帝之初七十年间，国家无事，非遇水旱，则民人给家足，都鄙廪庾尽满，而府库余财。京师之钱累百巨万，贯朽而不可校。太仓之粟陈陈相因，充溢露积于外，腐败不可食。众庶街巷有马，仟佰之间成群，乘牸牝者摈而不得会聚。

武帝时骑兵队伍大，马匹用得多，动辄十万乃至二十万，固然与修马政有关，也与农业生产的发展有关。没有“充溢露积于外”的粮食，是不可能畜养大量马匹的，因为马不仅要吃草而且要吃粮食，本书中也将叙及这些。

① 中共中央马克思恩格斯列宁斯大林著作编译局：《马克思恩格斯选集》卷三，人民出版社1995年版，第206页。

如果不作以上这样的认识，不把军事制度放在当时社会发展中考察，就无法真正理解和正确解释当时的制度。

其次，秦汉时期长达四个世纪，四百年的秦汉社会是发展变化的，它的军事制度也相应地发展变化。因为秦汉历史呈现为几个不同的阶段，军事制度的变化也表现出几个不同的发展阶段。虽然一般说是“汉承秦制”，但是，秦因为二世而亡，其制度连一个梗概也难以说清。西汉的制度，有一些就显然是新创的，如期门、羽林之置，城门等八校尉之设等，仔细考察起来还是不少。

西汉末年，王莽篡位后，仿古改制，军事制度上也有一些改变。如《汉书·王莽传》记载：

(更名)卫尉曰太尉，执金吾曰奋武，中尉曰军正。

改了一些武官名号。又如同书还记载：

莽下书曰：“虏知罪当夷灭，故遣猛将分十二部，将同时出，一举而决绝之矣。内置司命军正，外设军监十有二人，诚欲以司不奉命，令军人咸正也。今则不然，各为权势……司监若此，可谓称不?”

显然是在军队中加强了监视和控制。总之，其所改制不少。但王莽的作为大多倒行逆施，加深了对各族人民的压迫和剥削，也加速了自己的垮台。随着新莽王朝的覆灭，一切改制也都成为过去，在历史发展中是没有多少地位的，可以不必详说它。

东汉建立后，军事制度基本上沿袭西汉，但前前后后也有不少变化。是些什么变化？应该如何看待？《文献通考》的记述比较能够说明问题，其卷150写道：

光武以幽、冀、并州兵定天下，始于黎阳立营领兵骑常千人，以谒者监之，号黎阳兵。其后又以扶风都尉部在雍县，以凉州近羌，数犯三辅，将兵卫护园陵，故俗称雍营。而京师南北军如故。于北军则并胡骑、虎贲二校为五营，以北军中候易中垒以监之。于南军则光禄勋省车、户、骑三将及羽林令，都尉省旅贲及卫士一丞。

马端临叙此之后又指出：

建武之初，禁网尚阔，但以玺书发兵，未有虎符之信。

按：在杜诗上疏对这一现象谏议之后，恢复了虎符调兵制。

建武六年诏罢郡国都尉，并职太守，无都试之法，惟京师款兵如故。七年罢天下轻车、骑士、材官、楼船及军假吏，悉还民伍，惟更赋如故。九年省关中都尉。十三年罢左右将军。二十三年罢诸边郡亭候吏卒。

据这些记载，罢省了许多。那么，军队如何维持？有些职掌由谁来接替？就会有一系列问题。马端临在以上这段记叙之后，作了一些重要的说明：

光武罢都尉，然终建武之世，已不能守前法，罢尉省校辄复临时补置。七年罢长水、射声二十校，十五年复更增屯骑校。九年省关都尉，十九年复罢函谷关都尉。而天下亦往往复置都尉。

所谓罢、省，并非一罢到底的。由以上记载可见，东汉兵制是有一些改动，但还是围绕着西汉的规模变化的。

在大略叙述了东汉兵制之后，马端临又引用了一大段“章氏曰”，对比了西汉和东汉的兵制，并作了评论。关于东汉的评论说：

自光武罢都试而外兵不练，虽疆场之间广屯增戍，列营置坞，而国有征伐，终借京师之兵以出。盖自建武迄于汉衰，匈奴之寇，鲜卑之寇，岁岁有之，或遣将出击，或移兵屯留，连年暴露，奔命四方，而禁旅无复镇卫之职矣。至安帝永初间，募入钱谷得为虎贲、羽林、缇骑、营士，而营卫之选亦衰矣。桓帝延熹间，诏减羽林、虎贲不任事者半俸，则京师之兵亦单弱矣。外之士兵不练，而内之卫兵不精，设若盗起一方，则羽檄被于三边，兴发甲卒，取办临时，战非素具，每出辄北。于是羌寇转盛，移兵赴远，民不堪命。永和二年，交趾、九真二郡之兵至于反叛，无亦罢于奔命之过欤！此其兴兖、豫之卒，击象林万里之寇，李固所以力争也。永建间方且令郡举五人，教习战射，又方募为陷阵，召为积射，召为义从，大抵创立名号，荡无良法。桓灵之世，虽能委段颎尽灭诸寇，而中平元年黄巾遂作，所在盗贼不可胜数，于是置八都尉，黄巾既殄，而萧墙之祸作。盖自中世以后，令出房帷，政归台阁，宦戚更领兵权，迭相倾夺，然五营畏服中人。陈蕃、窦武欲诛宦官，北军不助武等而助宦官，遂又夷灭。何进、袁绍惩其事，故欲借外兵以除之，于是内置园校，阳尊阉官，外重州牧，实召边将。阉官虽除，而董卓之祸已成。义兵四起，郡牧争政，汉遂三分。原汉盛衰，皆兵之由，而光武实为之。

这一大段文字，有述有论，简明扼要，又很能说明一些问题。说东汉之盛衰乃“兵之由”，这是有一定道理的。东汉兵制从一开始就埋下后来中央武力衰落的种子。东汉的兵和西汉相比发生了变化，这变化倒不在于名号的改变（如创立陷阵、积射、义从等名号），主要在于士兵的素质和训练等都越变越差（不练、不精）。而这一变化又是职业兵和募兵制所引起的。例如东汉初年取消都试之法，马端临说是因为“光武见西都之都试或以为患”，如韩延寿僭拟、翟义讨王莽、李通劝光武，均利用秋试之日。但主要还是因为已有大批的职业兵（这种职业兵又主要靠招募来补充），和西汉兵民合一的情况不同①，西汉都试是对平时训练的检阅。到了东汉末年，职业兵为军阀掌握，地方豪强也可擅自组织武装（“义兵四起，郡牧争政”），更谈不上什么统一的军事制度了。东汉这种情况进一步发展，就成为三国、两晋、南朝军事制度的先行，和西汉之制更明显地有区别了。

据上所述，我们谈秦汉军事制度，实际上主要是谈西汉的军事制度，

---

① 马端临：《文献通考》卷一百五十，中华书局 1986 年版，第 1311、1315 页。《文献通考》卷一百五十引章氏曰：“汉初兵民不甚分，如冯唐谓吏卒皆家人子弟起田中从军，而《后汉礼仪志》谓罢遣卫士必劝以农桑。由是观之，兵农尚未分。”又曰：“高祖之世，南北二军不出，而民兵散在郡国，有事以羽檄召材官、骑士以备军旅，文帝始以铜虎符代檄。当时各因其地以中都官号将军将之，事已则罢。……时异南北军，皆郡国番上，无定在之兵也。”

因而本书中引用的材料也主要是西汉的材料。不过还应该说明，即便是讲西汉的军事制度，也并非所述内容在整个西汉时期始终如一的，这里我们不妨借用班固《汉书·百官公卿表》中的一段话：

> 自周衰，官失而百职乱，战国并争，各变异。秦兼天下，建皇帝之号，立百官之职。汉因循而不革，明简易，随时宜也。其后颇有所改。王莽篡位，慕从古官，而吏民弗安，亦多虐政，所以乱亡。故略表举大分，以通古今，备温故知新之义云。

班固对他所述官制作了恰当的估计，我们决不能以为整个汉代的官制就是那个样子。后人可以补作，可以考订，也有必要重写。这本秦汉军事制度史是现在写的，而且是在有了《补汉兵志》以后写的，理应是更全面些，但实际仍只能是略表举大分以通古今，以便温故而知新。

第三，秦汉史书本无兵志，这在资料的搜集和处理上都造成一定困难。《文献通考》卷一百五十《兵考二》引章氏曰：

> 班孟坚志刑法而不志兵，取古者大刑用兵之义，而以兵附刑。然述之不详，使一代之制无考焉。

既附于《刑法志》中，又述之不详，所以材料很少。虽然杂见于纪、传、表、志者亦可参考其一二，但是极为零碎，也不准确。汉代《九章律》中《兴律》是讲军法的，其他各章中也涉及军法和军事制度。看来不是班固要以兵附刑，而可能是与当时文武不分途有关。

不仅如此，自古以来军事制度与赋役制度又是紧密相连的。《通典》卷 148《叙兵》写道：

> 甲兵之用，其来尚矣。周因井田以定兵赋。夏官司马掌军戎。天子六军，诸侯大国三军，次国二军，小国一军。春搜、夏苗、秋狝、冬狩，讲武习艺无阙于时，以九伐之法正邦国。

详情虽有待查考，兵农合一是可以肯定的。如上所述，西汉时期基本上还是兵民合一，所以兵役和徭役也是混在一起的。所谓更卒、正卒和戍卒，既是徭役，也是兵役。有些徭役与军事无关，有些徭役却是直接为军事服务的。因此，我们研究军事制度时，还必须从有关赋役制度的记载中寻找材料，研究问题。

资料既缺乏，情况又比较复杂，我们若按照旧时兵志的写法，仍不过材料的简单集中和归类，有些材料还不好处理，更无法理出一个什么头绪。因此，我们试图用马列主义的观点和方法，整理资料，清出一个基本轮廓，以求真正达到“温故而知新”的目的。当然这只是主观愿望。为了同旧时的《兵志》相区别，故取名《秦汉军事制度史》。虽未有“试述”“初探”之词，实际上是探索性质的作品，希望能得到批评指正。如能有一定参考价值，或起到抛砖引玉的作用，那就算没有白费几年心力。

# 目　　录

# 第一章　兵士

## 一　名称及演变

兵士是军队的最基层成员，也是军队的主体部分。在先秦古籍中几乎没有见到兵士或者士兵这种现代名称，但战士之名倒是出现得较早的，《史记·秦本纪》就有孝公“招战士，明功赏”的记载。如前所述，春秋时期既笼统地称战士为兵，又往往是把作战之士分成士和兵，如《管子·七法篇》中的“兵弱而士不厉”，如《礼记·月令》中的“命将帅选士厉兵”。这说明春秋时期的兵士实际上是两个部分：一部分是“甲士”，一部分是“步卒”，或者“徒”①。这是奴隶制社会下的状况，和古代欧洲奴隶社会的情况大体一样。“甲士”就是由征集来的中小奴隶主和富裕的自由民组成，他们的装备齐全，身被甲胄，手执矛盾或弓矢，平时坐着马车或牛车出行，战时也乘马车作战；“步卒”（或简称“卒”“徒”）则是奴隶主的奴隶和征集来的穷苦的自由民组成，他们是“甲士”的随从，为“甲士”服务，除了打仗之外，还要干许多最重最苦的杂役②。“徒”和“卒”不仅是徒步随从，使用的武器也比“甲士”要差劣，或是木器如“木梃”，或是石器如“桀石”“投石”（详后），也不像“甲士”有防身的甲胄。

从春秋末年到战国以后，随着奴隶制的瓦解，以及战争方式的变化（大规模的步骑兵的野战和包围战代替了整齐车阵的冲击战③）等，军队中

---

① 《左传》成公元年服虔注引《司马法》云：“长毂一乘，马四匹，牛十二头，甲士三人，步卒七十二人。”《周礼·地官·小司徒》郑玄注引《司马法》云：“革车一乘，士十人，徒二十人。”《汉书·刑法志》云：“戎马四匹，兵车一乘，牛十二头，甲士三人，卒七十二人。”

② 《左传》宣公十二年：“使其徒先具舟于河。”又“车驰卒奔”，在急行军时徒卒跟在马车后面跑，其劳累可见一斑。

③ 杨宽：《春秋战国间封建的军事组织和战争的变化》，《历史教学》1954年4月号，第11页。

上述明显的两部分就逐渐消失了。所以战国时的情况，就是兵士均称甲士，而且“甲”“卒”不分（“徒”字则不再广泛使用了）。在《战国策》中，苏秦、张仪等人谈到各国兵力时，往往说“带甲”多少万，即指所有的兵士而言。并且同样讲一国兵力，或称“甲”，或称“卒”。如苏秦说韩“带甲数十万”，张仪说“韩卒悉之不过三十万，而厮养在其中矣（按：厮养当指非作战的后勤员，如伙夫之类①，分工不同，非原来甲、卒之别）”；又如苏秦说魏“带甲三十六万”，张仪说“魏卒不过三十万”。苏、张二人所不同者，一个尽量地把数字说大一点，一个尽量缩小。似乎带甲有褒义，卒略有所贬，但苏秦本人有时也用“卒”来称呼士兵，如《战国策·齐策一》载他对齐王说：

> 即有军役……临淄之中七万户……下户三男子，三七二十一万，不待发于远县，而临淄之卒固已二十一万矣。

这里可看出，一无国、野之分，二无甲、卒之别，是普遍的征兵制，所有的兵皆称为卒。到秦统一时，甲士之名虽然沿用，但含义不同了。《史记·王翦列传》载王翦带六十万兵伐楚时曾说：

> 今空秦国甲士而专委于我……

甲士即泛指士兵。

战国时的兵士，有各种各样的名称，如《史记·苏秦列传》记苏秦说魏襄王曰：

> 今窃闻大王之卒，武士二十万，苍头二十万，奋击二十万，厮徒十万，车六百乘，骑五千匹。

又，《荀子·议兵篇》说，齐称“技击”，魏称“武卒”，秦称“锐士”。名

① 《史记·苏秦列传》《正义》云：“厮，音斯，谓炊烹供养杂役。”

目虽多[①]，似乎总名为卒，苏秦虽举了一些具体的名目，但总名之曰“大王之卒”，而且连六百乘车兵和五千骑兵均包括在内。苏秦还说：

料度诸侯之卒，十倍于秦。

把各国之兵统称为卒。《史记·张仪列传》也说：

夫秦卒与山东之卒，犹孟贲之与怯夫。

总之，战国诸子以及《战国策》等书中，称兵士为卒是极为普遍的现象，无须一一征引。

下面再进一步看看秦的兵士名称。奴隶制时代的秦国，大体上和其他各国一样，有甲士与步卒之分，如《韩非子·十过篇》云：

（秦穆）公因起卒，革车五百乘，畴骑二千，步卒五万，辅重耳入之于晋，立为晋君。

但自商鞅变法以后，就不再这样区分了，耕战合一，耕和戍都是民的事，故在《商君书》中，或称“农战之民”[②]，或称“农战之士”[③]，直接把兵士称之为兵的也有，如“短兵”[④]，而普遍的称法似乎是“士”，如说“三军之士”。到秦统一六国时，兵士的称法就是“士”或“卒”，这可以从当时人的著作《吕氏春秋》中得到证明：《决胜篇》说“军大卒多”；《简选篇》有“教卒”“恶卒”；《论威篇》中有“三军之士”；《爱士篇》中的士

① 或者记其标志，如苍头，《史记·苏秦列传》《索隐》云：“谓以青巾裹头，以异于众。”或者记其作用，如厮徒，同上书《索隐》：“谓厮养之卒。厮，养马之贱者，今起为卒。”多半描述其英勇，如武士、奋击，或沿袭旧名称虎贲之士（《史记·张仪列传》《墨子》亦称虎贲之卒）。

② 《商君书·农战篇》：“……皆以避农战。民以此为教，则粟焉得无少，而兵焉得无弱也。……农战之民千人，而有诗书辩慧者一人焉，千人者皆怠于农战矣。农战之民百人，而有技艺者一人焉，百人者皆怠于农战矣。”

③ 《商君书·壹言篇》：“故民之喜农而乐战也，具上之尊农战之士……”

④ 《商君书·境内篇》：“五百主短兵五十人。”高亨《商君书译注》以为短兵即步兵。

也是指士兵。但后来“士”渐渐少用了①，多以“卒”为兵士之名。《史记·秦始皇本纪》中讲到兵士时，一般都称为“卒”或“兵”，如：

> （九年）长信侯毐……矫王御玺及太后玺以发县卒及卫卒、官骑……王知之，令相国昌平君、昌文君发卒攻毐……
>
> 十五年，大兴兵，二军至邺，一军至太原……
>
> 十六年，……发卒受地韩南阳假守腾。
>
> 十八年，大兴兵攻赵。
>
> 二十一年，……乃益发卒诣王翦军……
>
> 二十五年，大兴兵，使王贲将，攻燕辽东。

或称兵，或称卒，县卒、卫卒不过是卒的具体名称，泛称为卒。此外，二十八年的琅琊刻石中有“以省卒士”之语，士卒和卒士可以任意颠倒。

从以上所述，我们可以看到，战国到秦统一，兵士名称的变化所反映的是兵士的成分的变化，兵士的质和量的变化，这种变化是有深刻意义的，它对整个军队、战争都有决定性的影响。如恩格斯所说：

> 军队的全部组织和作战方式以及与之有关的胜负，取决于物质的即经济条件：取决于人和武器这两种材料，也就是取决于居民的质与量和取决于技术。②

我国古代封建军制和奴隶制下的军制有许多区别，都是建立在兵士成分变化这个基础上的。

秦统一后直到二世灭亡，始终是或“发兵”，或“将卒”，以兵、卒名兵士。秦代也还有“材士”“戍卒”等名称，那是因其任务不同而产生的具体名称。

汉代的兵士一般叫“卒”，或者“士卒”，如《史记·高祖本纪》“汉

---

① 《吕氏春秋》中更多的士是指士人之士，称兵为士容易混淆，大约是以后不单用士名兵的原因吧。

② 中共中央马克思恩格斯列宁斯大林著作编译局：《马克思恩格斯选集》卷三，人民出版社1995年版，第210页。

王病创卧，张良强请汉王起行劳军，以安士卒”。同书《冯唐列传》“魏尚为云中守，其军市租尽以飨士卒”。

“士卒”似乎是当时人通行的对于兵士的称呼。故《史记》讲汉代兵士常用“士卒”这个名称。另外，从《盐铁论·备胡篇》中也可看出这是通行的名称，其中虽有“山东戎马甲士戍边郡者”的说法，但是“戎马甲士”是借用前人的语言，后面“侵侮士卒”“士卒失职”等才是当时的名称。而所谓“正卒”“戍卒”等（详下），皆以“卒”名兵，这一点是很明显的。

同时，和秦一样，直接称“兵”的记载也不少，例如《汉书·高帝纪》十年记高祖曰：

> 吾以羽檄征天下兵……今计唯独邯郸中兵耳。

《史记·齐悼惠王世家》：

> 魏勃绐（齐相）召平曰：“王欲发兵，非有汉虎符验也。”

《汉书·严助传》：

> 上曰：“……吾新即位，不欲出虎符发兵郡国。”乃遣助以节发兵会稽。……遂发兵浮海救东瓯。

同书《武帝纪》征和二年：

> 太子与皇后谋斩（江）充，以节发兵。

又《段会宗传》，段会宗为西域都护时，

> 以擅发戊己校尉之兵，乏兴，有诏赎论。

可见“兵”的名称是越来越普遍地使用了（当然，上述这些兵，即指兵士，也有军队的含义)。东汉更是如此，就不再一一列举了。总的来说，是“士”“卒”“徒”等名称被“兵”逐渐取而代之了，但也不排斥有时仍然会见到“士卒”乃至“甲卒”的记载，如《后汉书·明帝纪》永平元年：

> 募士卒戍陇右，赐钱人三万。

同书《窦固传》：

> (永平十六年)，固与忠率酒泉、敦煌、张掖甲卒及卢水羌胡万二千骑出酒泉塞，耿秉、秦彭率武威、陇西、天水募士及羌胡万骑出居延塞，又太仆祭彤、度辽将军吴棠将河东、北地、西河羌胡及南单于兵万一千骑出高阙塞，骑都尉来苗、护乌桓校尉文穆将太原、雁门、代郡、上谷、渔阳、右北平、定襄郡兵及乌桓、鲜卑万一千骑出平城塞。

这里“甲卒”“募士”“郡兵”并无区别，“甲卒”沿用旧名，“募士”指东汉士兵的主要来源是召募(详下)，“郡兵”则说明是从各郡调来之兵。如果说有区别，那就是所有调发的各郡兵士，都有召募和临时征发两种。此外，按兵种分，有时也称“骑”“突骑”“虎贲官骑”“积射士”等；按中央和地方分，则有“营士”“郡兵”或“州郡兵”“屯兵”或“营兵”等①。总之，称兵士为“兵”者较多。

## 二　关于役龄

从有军队、有兵役开始，就首先有一个服役年龄的问题。恩格斯在《军队》② 一文中写道：

---

① 以上名称均见《后汉书》,《吴汉传》有突骑,《中山简王传》有虎贲官骑,《邓晨传》有积射士,《安帝纪》和《梁慬传》均有营士,《安帝纪》有州郡兵、营兵,《顺帝纪》有营兵、屯兵，等等。

② 中共中央马克思恩格斯列宁斯大林著作编译局：《马克思恩格斯全集》卷十四，人民出版社 2006 年版，第 9、12、18 页。

在雅典，每一自由民出身的男子都必须服兵役。只有那些担任公职的人，而在较早的时期，则还有第四等级即最贫穷的自由民，才能免服兵役。这是以奴隶制为基础的民兵制度。凡是年满18岁的青年都必须服兵役两年，特别是要担任边防勤务。在这个时期内，他们完全军事训练，以后一直到六十岁都有服兵役的义务。战争爆发时，公民大会决定应征人数，只有在极端紧急的情况下才实行leve'es en masse〔全民武装〕（第9页）。在斯巴达，每一自由公民从20到60岁都列入军队的花名册。监察官确定应征的人数，通常是从30到40岁的中年人中募集（第12页）。

在罗马，凡年龄在17到45或50岁的公民，只要不是属于最低一级或者还没有参加过20次步兵战斗或10次骑兵战斗，就都有服兵役的义务。但是通常选入军队的只是比较年轻的人（第18页）。

这些关于兵役的具体情况，对下面要谈的问题，是有参考价值的。

秦汉时期人们服兵役的年龄怎样呢？

《后汉书·班超传》记载班昭曾说：

> 窃闻古者十五受兵，六十还之。

《史记·项羽本纪》之《集解》引三国时的孟康说：

> 古者二十而傅，三年耕有一年储，故二十三年而役之。

傅，颜师古在《汉书·高帝纪》的解释是：

> 傅，著也，言著名籍，给公家徭役也。

“受兵”和“给徭役”表面看来不是一回事，但在当时兵、徭役是没有分开的。以上两条材料都讲到古代的起役年龄，那么所谓“古者”究竟是何时呢？孟康所说的“古者”与汉代情况相当（详下），班昭所说的“古者”则要更早一些，但又不知确指何时？李贤注《后汉书·班超传》时解释说：

> 《周礼》乡大夫职曰："国中七尺以及六十，野自六尺以及六十有五，皆征之。"征谓赋税从征役也。《韩诗外传》曰："二十行役，六十免役。"与《周礼》国中同。即知一（刘敛曰：当作二十）与《周礼》七尺同。周礼：国中六十免役，野即六十有五，晚于国中五年。国中七尺从役；野六尺，即是野又早于国中五年。七尺谓二十，六尺即十五也。此言十五受兵，谓据野外为言；六十还之，据国中为说也。

《周礼》是战国时的书，反映有战国以前的情况。战国以前是奴隶制社会，国野之分在一定程度上反映了奴隶制下的阶级性和等级性，在野之人比国中人起役年龄早五年，免役年龄又晚五年，奴隶或穷苦之民受压迫剥削特别重。从《周礼》中可了解：战国及其以前，二十行役也有，十五受兵也有；六十免役也有，六十五免役的也有。班昭之言既有根据，又有倾向性，她为年已七十的兄长班超上书请求告老归乡，所以强调古时候六十就免役了。其用意是十分清楚的，所以她避免讲六十五免役，更不会讲战国时那种老弱皆发的非正常现象。

战国时期，战争频繁，往往是倾国倾城而战，如《战国策·楚策二》载昭常对齐使说：

> 我典主东地，且与死生，悉五尺至六十，三十余万弊甲钝兵，愿承下尘。

又如《史记·白起列传》载：

> 秦王闻赵食道绝，……发年十五以上悉诣长平，遮绝赵救及粮食。

这些都可能是比较特殊的情况，不一定"十五"就是正式服兵役的年龄。但是，有许多记载都涉及这个年龄，或云十五，或云六尺，云梦秦简编年纪更提供了实例。从秦昭王四十五年（前262年）“喜产”到秦始皇元年（前246年）“喜傅”，刚好是十六年。如果是前二六二年年底生，到前二四六年办理登记手续（著名籍），也不过是十五周岁①。这样我们可以说，直到秦统一之前，秦的起役年龄是十五岁，所以《秦简》中还特别注意“小”的解释，或云“小高五尺以下”，或云“小未盈六尺”，五尺以下或不满六尺就是小，就没有十五岁，没有达到“傅籍”的年龄。

但是，十五岁实未成人，“傅籍”之后是否就一定当兵呢？《盐铁论·未通篇》记载桑弘羊与文学们的对话，有助于理解这个问题。桑弘羊说：

古者十五入大学，与小役；二十冠而成人，与戎事。

文学们也说：

十九年以下为殇，未成人也，二十而冠，三十而娶，可以从戎事。

十五岁（当然是以上）与小役，二十岁与戎事。小役当是一般徭役或军事上的杂役，戎事无疑是指正式的兵役。这样，孟康所说的“二十而傅”，“二十三而后役之”，就好理解了。实际上，《秦简》中名喜的那个人也是“傅”了三年之后才服役参战的。按照法律上的规定，十五岁虽然著籍，但并不是服兵役的年龄。只不过，在战国以来的实际中，征发十五以上的情况较多，故班昭说“十五受兵”也是不错的。

以上是始役年龄的问题。

至于停役的年龄呢？统治者当然也很注意，云梦秦简中有一条《傅律》记载说：

匿敖童，及占瘩（癃）不审，典、老赎耐。●百姓不当老，至老时不用请，敢为酢（诈）伪者，赀二甲；典、老弗告，赀各一甲；伍

① 史学界对此有不同理解，也有说是十六岁或十七岁的。这里有虚岁、实岁的问题，也有从十五岁开始，还是十五岁以上开始的问题。《汉书·高帝纪》四年注引《汉仪注》云“民年十五以上至五十六出赋钱”，虽言“十五以上”，亦不知是否含“十五”在内。

人，户一盾。皆罨（迁）之。

不许人们在年龄问题上诈伪，即不允许已成年的还隐匿年龄①，不允许“不当老”的百姓合算为老。如有诈伪，不但本人受罚，而且同伍之人、伍长及主其事者均要受罚，非常严厉，这显然是为了保证徭役的征发。

那么究竟何时“至老”呢？记载也是无确定答案的。《汉旧仪》说：

（秦制）男子赐爵一级以上，有罪以减，五十六免；无爵为士伍，年六十乃免老。

似乎秦制有两种免老年龄规定：有爵者五十六而免；无爵者六十乃免。在等级森严的社会中，也是完全可能的。从以后汉代的情况来看，大体上是六十而老。

综上所述，十五“始傅”，六十为老，是战国以来秦国的制度。《史记·秦始皇本纪》记载，秦始皇开始大规模地统一六国的前一年（前231年），对全国男子进行了一次大登记：

初令男子书年。

云梦秦简编年纪中叫作“自占年”。显然是为大征调做准备，只可惜没有说明服役的起止年龄。从当时的军事需要来看，决不会把起役的年龄推后，也决不会把止役的年龄提前。秦统一以后，北筑长城，南戍五岭，作阿房宫，建骊山墓，治直驰道，修离宫别馆等，戍、漕、转、作、事，众役繁兴，想都不会想到调整役龄（减轻方面的调整）。

汉初，二年五月“萧何发关中老弱未傅者悉诣军”②。作注者或说二十，或说二十三（详下），实际上恐怕两说在这里解释都不合适。如果秦时是十五至六十的话，当时想调整也来不及的，役龄的调整当是以后的事。

① 匿敖童：童当即“五尺以下”的“小”；敖者，游也。游童，也就是指未成年者。匿敖童就是隐匿真实的年龄，假称为“童”或“小”。

② 班固：《汉书》卷一上，《高帝纪》，中华书局1962年版，第37页。

再从算赋征收的情况来看，在汉初也是从十五岁开始，《汉书·高帝纪》四年八月“初为算赋”条注引如淳曰：

《汉仪注》：“民年十五以上至五十六出赋钱，人百二十为一算，为治库兵车马。”

又《汉书·惠帝纪》六年：

女子年十五以上至三十不嫁，五算。

汉初，人民纳税和服役的年龄大致是相当的。但役和税又有所不同：从役来说，十五以下根本就不役；从税来说，十五以下虽不出算赋，但要出口钱。所以后来景帝时起役年龄改了（见下），而算赋直到元帝时贡禹才建议民“年二十乃算”[①]，税、役的变化不是同步的。

那么，汉代役龄规定的变化究竟在何时呢？

《汉书·景帝纪》云：

二年冬十月，……令天下男子年二十始傅。

“始傅”按字义解，即从二十岁起开始傅籍，也就说明改变了过去十五岁开始傅籍的规定。如果没有别的证据，那就只能认为是景帝时改变的。但颜师古对《汉书·高帝纪》作注时说：

旧法二十三，今此二十，更为异制也。

师古的根据，无非是他所引孟康、如淳等人的旧注。

孟康曰：“古者二十而傅，三年耕有一年储，故二十三而后役之。”如淳曰：“律，年二十三傅之畴官，各从其父畴学之，高不满六

① 班固：《汉书》卷七十二，《贡禹传》，中华书局1962年版，第3075页。

尺二寸以下为罢癃。”《汉仪注》云：“民年二十三为正，一岁为卫士，一岁为材官、骑士，习射御骑驰战阵。”又曰：“年五十六衰老，乃得免为庶民，就田里。今老弱未傅者皆发之。未二十三为弱，过五十六为老。”

师古所说的“旧法”就是这些，因为他在前面引用了，所以注《景帝纪》时就未再引。问题在于他没有对孟康、如淳等人的说法进行分析，就说是由二十三更为二十。实际上并非如此。

首先，孟康所说“古者”，不知是指何时？也许就是汉代，重要的只是他这个“二十而傅”“二十三而后役之”。

其次，如淳说明了自己的解释的根据，即《律》（当为《汉律》）、《汉仪注》等。但两汉四百年，没说明（他也没注意）是何时之《律》。那么，“二十三傅之畴官”又起于何时呢？《盐铁论·未通篇》记桑弘羊的话说：

今陛下哀怜百姓，宽力役之政，二十三始傅，五十六而免，所以辅耆壮而息老艾也。

似乎是昭帝时才规定“二十三始傅”。当然也并不排斥另一种可能，即“二十三傅之畴官”是指正式的服役年龄，即孟康所说“二十三而后役之”。则孟康的说法，可以理解为：二十与“小役”，二十三与“戎事”。这样，《汉仪注》以及《汉官仪》等记载中的“民年二十三为正”也是好解释的。

这里还应当指出，如淳所引《律》中之“傅”，其含义与秦和西汉早期的不同了，不再单是傅籍，而是与正式的兵役年龄联系在一起，《史记·孝景帝纪》《索隐》曾引荀悦曰：“傅，正卒也。”

总之，无论役龄、办法乃至词意都是有许多具体变化的。两汉时期的役龄、大体上可以这样认为：西汉初年和秦一样，是十五到六十。但二十以前一般只服杂役（小役），有爵位者五十六即可免。景帝以后，则是二十或二十三到五十六或六十，很可能也是依据“小役”与“大役”之古制而有所区别。

东汉的役龄，史无明文。据《后汉书。光武帝纪》载建武十五年：

诏下州郡检核垦田顷亩及户口年纪。

这里“年纪”二字，有人认为是“记其年数”①，不确，年纪可以作为年数解，但此处于文义不通，明明是当年下诏，何需记其年数，如果是指历年之数，又有何意义？年纪与户口紧连，当指年龄为是。检核时注意了年龄问题，但未说明有什么改变。东汉当是完全继承了西汉之制，即起役年龄为二十或二十三。王充在《论衡·谢短篇》中说：

年二十三傅②，十五赋，七岁头钱二十三，何缘？

不论这是说的是西汉还是东汉③，总之王充弄不清这些办法的缘由。但是从另外的东汉材料可以看到，二十岁已经被认为是成人了，如崔寔的《四民月令》曰：

正月，农事未起，命成童以上入大学，学五经……幼童入小学，学篇章。

原注云：

（成童）谓十五至二十也。
（幼童）谓九岁以上至十四岁以下也。

年二十以前算是“成童”，那么二十以后就是成年了。二十以后即使不服兵役，也要开始服杂役了。

总之，东汉役龄的起止，在法律规定上与西汉景帝以后相同。

本节结束时，再明确两点：

第一，秦和西汉初，起役年龄为十五，止役年龄为六十（有爵位者五十六）。汉景帝以后，法律上规定起役年龄为二十，甚至二十三。但实际

---

① 《后汉书集解》引惠栋曰：“赵德麟云：年纪者：纪，记也，记其年之数。”
② 傅，原为“儒”字，据孙诒让考证改。
③ 王充在该篇中提的问题很多，有的是拿过去的情况和他当时对比，有时又纯属过去之事。

情况也有役及十五六岁者，例如边地戍卒中便有。止役年龄的法律规定为五十六①，边境上服役到六十乃至超过六十的都有②。

第二，傅字的意义是登记服役，如师古所说："傅，著也，言著名籍，给公家徭役也。"其本意是说，到了服役年龄，就要登记，因而所谓"始傅"既是开始登记，也是起役年龄的规定。随着户籍制度和赋税制度的变化，特别是口钱的征收，幼童、成童均需登记在册，这样，"开始登记"的意义就没有了，再加上"二十始傅"之后，一个人成年的年龄与起役的年龄基本一致了。由于这些变化，"傅"字的含义也就不断变化，越到后来，就越不需要这个"傅"字了。所以东汉就再难见到"始傅"的记载，上述荀悦以正卒释"傅"也是因为其含义的变化了。

## 三　正卒与戍卒

秦汉时期的兵士，如前所述有"正卒""戍卒"之类的名称。戍卒的含意比较清楚，即指戍守边境之卒。正卒之正，当如春秋时代"正徒"③、魏晋以后"正丁"④ 之正，意即正式的、经常的、非额外的、非临时的，就是指正式服兵役的士卒。严格说来，戍卒也是正卒，不过是因边境士卒有许多特殊之处，才特别强调一下戍卒。有关的记载也能够证明这一点。《汉书·食货志》记载董仲舒的话说：

> （秦用商鞅之法），"月为更卒，已，复为正一岁，屯戍一岁，力役三十倍于古。"

又《汉旧仪》和《汉官仪》都记载：

---

① 《汉旧仪》和《汉官仪》都说："年五十六老衰，乃得免为庶民。"

② 参阅陈直：《两汉经济史论丛》（陕西人民出版社）。其《两汉屯戍研究》中说："年龄最小者由十四岁到二十二岁，最大到六十九岁。"

③ 《左传》襄公九年："使华臣具正徒。"杜预注："正徒，役徒也；司徒之所主也。"孔颖达疏："言具正徒，司里所使，遂正所纳，皆是临时调民而役之，若今之夫役也。司徒所具正徒者，常共（供）官役，若今之正丁也。"

④ 《晋书·食货志》：平吴之后，令"男女年十六已上至六十为正丁；十五已下至十三、六十一已上至六十五为次丁；十二已下、六十六已上为老小，不事"。

民年二十三，为正一岁，以[1]为卫士一岁，为材官、骑士，习射御骑驰战阵。八月，太守、都尉、令、长、相、丞、尉令都试，课殿最。水家为楼船……材官、楼船年五十六，衰老；乃得免为庶民，就田里；应合选为亭长。

这是两条比较早的又比较集中叙述的记载，但对它们的句读和理解存在着一些分歧。

以上句读是至今比较公认的，但也不是没有问题了。关于前一段文字，最近有人认为应“已复”断句[2]，但“为正一岁，屯戍一岁”这个读法比较一致了。关于后一段文字我曾经说：“应该和董仲舒的话断句一样：为正一岁，为卫士一岁。”而“为材官、骑士”属下，是说明正卒的平时训练和考核[3]。劳干曾在《汉代兵制及汉简中的兵制》[4]一文中指出，汉代兵役是“一岁作正卒，一岁作卫士”。我同意他这个说法，但曾指出他的断句与他的解释是矛盾的。现在看来，“为正一岁”的断句还可以和董仲舒的话一致起来。句读关系到问题的理解，但单从句读本身也是不能最后解决问题的，由于错讹和节录等各方面的原因，有的地方确实不清楚，这样，尽可能地全面考虑是很必要的。

上述两段文字，我以为有联系而又有区别：都是讲役的问题，但董仲舒主要是讲人民兵、徭役负担之重，涉及兵、徭役制度；《汉旧仪》和《汉官仪》则记载制度的本身，而且主要讲兵役制度。我们以《汉旧仪》的记载为主，结合董仲舒的话以及其他有关材料，全面观察，可以这样做一简要概述：

民年二十三以后，就要正式开始服兵役，因而称为“正卒”，正卒服役两年：首先一年是在本郡受军事训练，所谓“为材官、骑士，习射御、驰骑、战阵……”，“水家为楼船，亦习战射、行船”等；再一年就是为卫士或者当戍卒。这就是兵役的大致情况。笼统地说，两年兵役都可叫“正

① 有考证认为“以”乃衍字。
② 钱剑夫：《秦汉赋役制度考略》，湖北人民出版社 1984 年版，第 132 页。
③ 拙作《试论秦代军事制度》，陕西人民出版社 1981 年版，《秦汉史论丛》第 1 辑。
④ 劳干：《汉代兵制及汉简中的兵制》，《历史语言研究所集刊》第 10 本。

卒”，具体地讲，则有“正卒”“卫士”和“戍卒”的区别。至于“材官”“骑士”“楼船”等，是正卒的更具体的名称，是因兵种不同而名之。“卫士”“戍卒”则是就其任务而言的。没有注意区分这些情况，就是记载中常出现矛盾的原因之一。

作了以上概述之后，还需进一步做些说明：

首先，法定的是两年兵役，战时的征发当在这服役的两年之内，如果战事旷日持久，那就必然打破这种规定，故“卫士”和“戍卒”往往有到期不更换者。另外因战争规模大，征发到已服过两年兵役之人甚至征发老小服役的情况也是有的。

其次，不为“卫士”就当“戍卒”，这是劳干提出来的一个看法，我认为这个看法是正确的。所谓“卫士”或称“卫卒”①，泛指在京师服役的正卒，即汉史上常说的“给中都官”②，由各地调来，守卫京师的各官府，执行警卫任务（具体任务详后）。正常制度是一年期满之后就要更换，如《汉书·武帝纪》云：

> （建元元年）七月诏曰：卫士转置送迎二万人（郑氏曰：“去故置新，常二万人。”），其省万人。

同书《盖宽饶传》云：

> 及岁尽交代，上临飨罢卫卒，卫卒数千人皆叩头自请，愿复留共更一年，以报宽饶厚德（师古曰：更，犹今言上番也）。

又《魏相传》云：

> 河南卒戍中都官者二三千人（师古曰：来京师诸官府为戍卒③……），遮大将军，自言愿复留作一年以赎太守罪。

---

① 《史记·秦始皇本纪》：“长信侯毐作乱而觉，矫王御玺及太后玺以发县卒及卫卒、官骑。”卫卒又见《汉书》之《贾山传》《盖宽饶传》。

② 《汉书·宣帝纪》师古注：“中都官，京师诸官府也。”

③ 河南卒当即河南正卒，戍守京师诸官府，师古又称为戍卒，可见我们以上所说正卒、戍卒在名称上区别不是很严。

可见，“去故置新”是常制，因不同原因愿留者为特殊情况（当然也有强迫延长服役的），而且时间大体上是一年，继续留也不过一年。

那么同时番上的卫士有多少呢？上引《武帝纪》所说两万人或一万人是个可参考的数字。有人据上述河南卒二三千人及西汉有一〇三个郡国计算说：

> 则凡警卫中央官府的卫士将达数十万人。连同守卫皇宫、太子宫的通计，数额之巨可以想见。①

这个数字的估计实在太大了，决不符合事实。仅卫士就几十万，那么长安城的人口该是多少呢？该文在注中列举说高祖为萧何所置卫卒即达五百人，萧何身为丞相，并且当时改称相国，是所谓“一人之下，万人之上”的人物，堂堂相府使用五百卫士，这是诸官府中的大头了。这样的官府一百个，也顶多五万卫士，实际上三公九卿加起来也不过十来个。再说，河南卒二三千人，难道一〇三个郡国同时上番吗？难道各郡都是二三千人吗？我们还是相信劳干在《汉代兵制及汉简中兵制》中考证的“卫士”数目，即肯定上述武帝诏所说的一二万人，无论如何在当时总人口中只是比较小的一部分，劳干说：

> 今假设在昭宣时以五千万计，男子以二千五百万计，则在同一岁的男子应当有六十二万五千，三辅的卫士，就是这个数目的十分之一也用不着。可见决不能所有的人都要作卫士，所以卫士是一种选拔过的兵士，而不是适应（龄?）兵士的全体。②

假如每年都是同一年龄的男子服役，约为六十二万五千，不但卫士用不完，在一般情况下加上边境戍卒恐怕也用不完。这样，不同地区也就可能有不同的负担，例如边郡适龄男子一般就不会当卫士（当然有少数要去的，如边境骑士之类），而内地的则不一定所有的都要去戍边。

---

① 钱剑夫：《试论秦汉的“正卒”徭役》，《中国史研究》1982年第3期，第3页。

② 劳干：《汉代兵制及汉简中的兵制》，《历史语言所集刊》第10本。

作为“正卒”的地方上的“材官”“骑士”“楼船”，以及“卫士”和“戍卒”等，我们下面都要分别详述。

## 四 应募与弛刑

秦汉时期，兵士是从人民中征集起来的，如《汉书·冯唐传》所说：

士卒尽家人子（师古曰：家人子谓庶人之家子也），起田中从军。

全国人民都有服兵役的义务，所以普遍规定，年满二十三就要在地方上服役一年，在京师或边疆服役一年。可以说是义务兵制，是征兵制。政府需要时就征发，汉高祖刘邦就曾经“以羽檄征天下兵”。但是，实行征兵制是需要一定条件的，国家统一安定，有比较完善的户籍制度。再就是不能过多地征调等，这些都是不可少的条件，否则兵源就无法保证。秦朝末年，因为兵徭役过多了，当陈胜起义之后，秦政府无法再征集兵士，不得不赦免骊山刑徒当兵。西汉初年也没有具备征兵的条件，《汉书·高帝纪》记载刘邦说：

吾以羽檄征天下兵，未有至者。

当时，有的地方能征到兵士，有的地方征不到兵士，所以高祖十一年平定英布反叛时，也不得不采取临时措施，《汉书·高帝纪》：

赦天下死罪以下，皆令从军；征诸侯兵，上自将以击布。

大约全国局势稳定以后，才逐渐把全国性的征兵制度建立和健全起来，文帝二年“初与郡国守相为铜虎符、竹使符”① 是一个信息，注引应劭曰：

国家当发兵，遣使者至郡合符，符合乃听受之。

---

① 《史记·文帝本纪》。《汉书·文帝纪》无“国、相”二字。

因为正常的征兵制度建立起来了，调发兵也需正常化。“初与”二字，可以说是正常化的时间标志。

但是，到了汉武帝时情况又有所变化。汉武帝“内事兴作，外征夷狄”，大量的兵、徭役，动辄用兵数万、十余万，征兵的需要量大大增加，可是另一方面兵源又大大减少，因为“功费愈甚，天下虚耗”①，大批农民破产成为流民，如《汉书·武帝纪》：

> （元狩四年）关东贫民徙陇西、北地、西河、上郡、会稽凡七十二万五千口。

同书《石奋传》：

> （元封四年）关东流民二百万口，无名数者四十万（师古曰：名数，若今户籍），公卿议欲请徙流民于边以谪之。

有关流民的记载还不少。流民增多，原有的户籍必与实际不符，征兵、番上等制度自然也就很难维持。因而就采用召募的方式。或者弛刑的方式来补充兵源的不足。所以，从汉武帝开始，军队中应募、弛刑就日益增多。

召募的兵士称为“应募”或者“募士”。如《汉书·赵充国》记载：

> 留弛刑应募，及淮阳、汝南步兵与吏士私从者，合凡万二百八十一人。

同书《冯奉世传》也有“汉复发募士万人”的记载，召募来的人数以万计，可见其数量不小。另外，史书中常提到的“勇敢”“奔命”“伉健”等，亦均为召募性质。如《汉书·景十三王传》的“愿从国中勇敢击匈奴”，和《平帝纪》的“募汝南、南阳勇敢吏士”，一是自愿，二是召募。又如《汉书·宣帝纪》：

---

① 班固：《汉书》卷二十四上，《食货志》，中华书局1962年版，第1137页。

选郡国吏三百名伉健习射者，皆从军。

《后汉书·光武帝纪》：

北击中山、拔庐奴。所过发奔命（《前书音义》曰：旧时郡国皆有材官、骑士，若有急难，权取骁勇者闻命奔赴，故谓之“奔命”）。

还有东汉的“积射”（亦作“迹射”）或“积射士”[①]，也属召募。上述《赵充国传》之“私从者”，亦近于募兵，《史记·匈奴列传》的“负私从马凡十四万匹”，《正义》云：

谓负担衣粮，私募从者，凡十四万匹。

又《汉书·李广利传》：

发恶少年及边骑，岁余而出敦煌六万人，负私从者不与（师古曰：负私粮食及私从者，不在六万人数中也）。

“私从”或曰“义从”，《后汉书·班超传》：

以（徐）干为假司马，将十二郡募士及义从千人就超。

汉武帝以后，兵制中召募比较普遍的发展起来了。那么，召募兵士从什么人中召募？应募者又是些什么人？

可以从一般吏民中召募，如上引昭帝时之“募吏民”。也可以从现役军人中召募，如《汉书·灌夫传》：“（灌夫伐吴王），募军中壮士所善愿从者数十人。”上述“勇敢”、“伉健”之类亦多从军中所募。可以从内地召募，也可以从少数民族中召募，如武帝八校中的越骑、胡骑之类，当即从边境少数民族中召募而来。还有，则是从刑徒乃至死罪中召募。如《汉

---

① 见《后汉书》之《邓晨传》《马防传》《西羌传》。

书·武帝纪》：

(元封二年四月)，朝鲜王攻杀辽东都尉，乃募天下死罪击朝鲜。(六月)，遣楼船将军杨仆，左将军荀彘将应募罪人击朝鲜。

同书《昭帝纪》：

(元凤六年)，募郡国徒筑辽东玄菟城。

又《后汉书·明帝纪》：

(永平八年)，募郡国中都官死罪系囚，减罪一等，勿笞，诣度辽将军营，屯朔方、五原之边县。

这些记载都说明是从刑徒乃至死罪中召募兵士。

从西汉武帝开始，一直到东汉，军队的成员，刑徒日益增加，或者叫“募”，或者叫“赦”，也许开始时有所不同，但总名之曰：“弛刑徒”。《汉书·宣帝纪》注云：

李奇曰：弛，废也。谓若今徒解钳钛赭衣，置任输作也。师古曰：……弛刑，李说是也。若今徒囚但不枷锁而责保散役之耳。

李奇、师古按他们当时的情况理解，刑徒还是刑徒，因为要使用他，待遇有所不同，但是汉代情况与后世还有区别，弛刑徒不是一般的“散役”“输作”，而是当兵，有赦免、让他们立功赎罪的意思，所谓“赦囚徒，扞寇盗”① 也。《后汉书·郭躬传》云：

章和元年，赦天下系囚在四月丙子以前减死罪一等，勿笞，诣金城，而文不及亡命未发觉者。(郭) 躬上封事曰：“圣恩所以减死罪使

① 班固：《汉书》卷六十一，《李广利传》，中华书局1962年版，第2700页。

戍边者，重人命也。今死罪亡命无虑万人，又自赦以来，捕得甚众，而诏令不及，皆当重论。伏惟天恩莫不荡宥，死罪以下并蒙更生，而亡命捕得独不沾泽。臣以为赦前犯死罪而系在赦后者，可皆勿笞诣金城，以全人命，有益于边。”肃宗善之，即下诏赦焉。

两汉时期以弛刑充兵、屯戍的例子很多，可以说史不绝书。还有所谓“谪发”，也是以罪人当兵，谪发的范围又相当大，《汉书·武帝纪》记载，天汉四年“发天下七科谪”，注引张晏曰：

吏有罪一，亡命二，赘婿三，贾人四，故有市籍五，父母有市籍六，大父母有市籍七，凡七科也。

除此之外，还包括“恶少年”，如《汉书·李广利传》：

太初元年，以（李）广利为贰师将军，发属国六千骑及郡国恶少年数万人以往（师古曰：恶少年谓无行义者），期至贰师城取善马，故号“贰师将军”。

按：《武帝纪》作“发天下谪民”，则恶少年亦为谪发之一。又如《汉书·昭帝纪》：

（元凤五年）六月，发三辅及郡国恶少年吏有告劾亡者，屯辽东（如淳曰：告者，为人所告也。劾者，为人所劾也。师古曰：恶少年谓无赖子弟也。告劾亡者，谓被告劾而逃亡）。

只要有人告劾，即可能充军。

总之，各种名义的罪人，都成为兵士的来源。赦免刑徒或谪发罪犯在军队中大大增加，这种兵士成分的变化，势必影响军队素质的下降。

## 五　少数民族士兵

讲秦汉时期的兵士，不能不讲到少数民族的士兵。

我国是个多民族的国家，各民族之间存在着差别，但彼此间有着千丝万缕的联系，特别是随着大一统的王朝的建立，各民族之间的联系日益密切。秦汉时期，各少数民族成为一个重要的兵源（特别是西汉后期和东汉时期），军队中有不少少数民族的士兵，是秦汉军队的一个重要组成部分，有很重要的作用。

陕西临潼始皇陵附近的秦俑坑出土的秦俑，从面形和发式看，有一些是属于少数民族的形象。这说明秦代军队中是有少数民族的，而且数量不会少。文献上的记载还有待查考。

但汉代的材料是足以说明问题了。早在楚汉战争之中，汉军就从少数民族中召募了士兵，如《汉书·项籍传》说：

> 汉有善骑射曰楼烦[①]（应劭曰：楼烦，胡人也。李奇曰：后为县，属雁门，此县人善骑射，谓士为楼烦，取其称耳，未必楼烦人也。师古曰：李说是也）。

楼烦是否胡人似不能确定。刘攽更说："安知无姓楼名烦者乎？"但《汉书补注》转引钱大昭等人的考证说：

> 《功臣表》有楼烦将丁复，盖将楼烦之兵耳。楼烦非姓名。沈钦韩曰：《灌婴传》斩楼烦将五人，与此同也。[②]

事实上，春秋时本有楼烦国，战国时为赵国所灭，据《史记·赵世家》说：

> 惠文王二年，主父行新地，遂出代西，遇楼烦王于西河西，而致其兵。

这个"致"当为招致。先是在赵军中有了一支楼烦军，然后又转归秦，再

---

① 《史记·项羽本纪》作"汉有善骑射者楼烦"。

② 钱大昭的考证见其《汉书辨疑》，沈钦韩的见其《汉书疏证》。

转归汉，据《汉书·灌婴传》记载，楚汉战争中，灌婴从韩信攻龙且，留公于假密：

卒斩龙且，生得右司马、连尹各一人，楼烦将十人。

“汉有善骑射者楼烦”当即俘虏的这些人。

楚汉战争时有少数民族参加，更明确无疑的是《汉书·高帝纪》的记载：

（四年）北貉燕人来致枭骑助汉（应劭曰：北貉，国也；枭，健也。张晏曰：枭，勇也，若六博之枭也。师古曰：貉在东北方，三韩之属皆貉类也）。

可能是招致而来。因为补充军队的需要，从各方面补充兵源。《文选·魏都赋》注引《风俗通》的一条记载说：

巴有賨人，剽勇。高祖为汉王时，阆中人范目说高祖募取賨人，定三秦，封目为阆中慈凫乡侯，并复除目所发賨人卢、扑、沓、鄂、度、夕、袭七姓，不供租赋。

汉初军队中的少数民族士兵，一是如上所述招募而来，另一些则是所谓“来归义者”，《汉书·晁错传》说：

今降胡义渠蛮夷之属来归谊者，其众数千，饮食长技与匈奴同，可赐之坚甲、絮衣、劲弓、利矢，益以边郡之良骑，令明将能知其习俗和辑其心者，以陛下之明约将之。即有险阻，以此当之，平地通道，则以轻车材官制之。两军相为表里，各用其长技，衡加之以众，此万全之术也。

晁错主张把归附来的少数民族组成军队，与汉人的车骑材官配合，共同对付匈奴。事实上，西汉军队中也是一直有少数民族的，他们中的首领也有一定地位，有的甚至可以封侯。据《汉书·功臣表》的记载，以越将或越队将从高祖起事后封侯的有阳都敬侯丁复、海阳齐信侯摇毋余、终陵齐侯华毋害、煮枣端侯革朱等人。而文景时则有匈奴来降而封侯者，如《汉书·周勃传》附《周亚夫传》记载：

其后匈奴王徐卢等五人降汉，上欲侯之以劝后。……乃悉封徐卢等为列侯。①

这些人来降时必带有不少族人，也就加入到汉朝军队中。

到汉武帝时，一方面是与匈奴作战的需要，需要大量善骑射的少数民族，另一方面也因为边境地区民族杂居的情况进一步发展，提供了可能，所以武帝时少数民族在军队中的比例大大增加。《汉书·刑法志》说，“武帝平百粤，内增七校”，实际上是八校，其中至少有三校是少数民族的士兵，据《汉书·百官公卿表》记载：

越骑校尉掌越骑，长水校尉掌长水、宣曲胡骑②。又有胡骑校尉，掌池阳胡骑，不常置。

其中越骑有争论，注云：

如淳曰：越人内附，以为骑也。晋灼曰：取其材力超越也。师古曰：《宣纪》言佽飞射士、胡越骑，又此有胡骑校尉，如说是。

何焯以为不然，他认为：

---

① 在《汉书·景武昭宣元成功臣表》中我们看到，桓侯赐、遒侯陆强、容城携侯徐卢、翕侯仆黜、范阳靖侯范代五人，均“以匈奴王降侯”并且是景帝中三年十二月丁丑同日而封。不过表中还记有安陵侯于军也是“以匈奴王降侯”，只是早一个月，中三年十一月庚子封。其先例还有弓高壮侯韩隤当和襄城哀侯韩婴，均“以匈奴相国降”，文帝十六年六月丙子同日封侯。

② 师古注曰：“长水，胡名也。宣曲，观名，胡骑之屯于宣曲者。”清人王鸣盛等考证，长水非胡名。王先谦《汉书补注》曰：“长水校尉见《沟洫志》，赵充国、陈汤、于定国、萧育、王莽传，后汉同。长水、宣曲皆胡骑，屯长水者谓之长水胡骑，屯宣曲者谓之宣曲胡骑，各为营校，《刘屈氂传》：‘如侯持节发长水及宣曲胡骑可证。’”

骑非越人所长，似晋说是，不当如师古以下文胡骑比例也。[1]

我们认为如淳和师古的解释还是正确的，因为史书中称“胡越兵”[2]、“胡越骑”[3] 者不少。骑非越人所长当是事实，但是武帝平百粤之后，越人内附者众（自秦以来就不少，如上述之越将，当即将越人者），招致一部分来当骑兵（因为大量需要骑兵）是可能的，楼船士中当有更多的越人。不过南方少数民族和北方少数民族不尽相同，他们汉化的程度大，所以后来南方少数民族与汉族的差别没有北方“胡人”大。

武帝以后，不仅有胡越骑，还有羌骑，《汉书・宣帝纪》神爵元年：

西羌反，发三辅中都官徒弛刑，及应募佽飞射士，羽林孤儿，胡越骑，三河、颍川、沛郡、淮阳、汝南材官，金城、陇西、天水、安定、北地、上郡骑士，羌骑，诣金城。

这里区别得清清楚楚，汉人的骑士和少数民族的骑兵同时并举，胡越骑和羌骑也分别列举。

以羌骑去击西羌，这似乎是晁错所说的：“以蛮夷攻蛮夷，中国之形也。”[4] 其实这并非是真正的“以夷制夷”，只是在军队中吸收了较多的少数民族士兵，乃至编成专门的队伍，但仍然是统一的编制。只是从汉武帝后期开始，才有时用“诸国兵”，这才真可以说是“以夷制夷”。如《汉书・西域传》：

天汉二年，以匈奴降者介和王为开陵侯，将楼兰国兵始击车师，……征和四年，复遣开陵侯将楼兰、尉犁、危须凡六国兵别击车师，……诸国兵共围车师，车师王降服，臣属汉。天凤二年，……（王）骏等将莎车、龟兹兵七千余人，分为数部入焉耆。

---

① 《汉书补注》引。
② 《汉书・霍光传》：“山奉车都尉，领胡越兵。”
③ 《汉书・金日磾传》：“金涉为侍中骑都尉，领三辅胡越骑。”
④ 班固：《汉书》卷四十九，《晁错传》，中华书局 1962 年版，第 2281 页。

又如同书《郑吉传》：

> 至宣帝时，吉以侍郎田渠黎，积谷，因发诸国兵攻破车师，……神爵中，……吉发渠黎、龟兹诸国五万人迎日逐王。

从西汉武帝开始，大量招募少数民族当兵，乃至利用“属国骑”“诸国兵”“以夷制夷”。一直到东汉，无论是军队“长从募士”中的突骑，或作战时使用的“胡兵”，都大大超过西汉，如《后汉书·窦宪传》记载，窦宪击北匈奴：

> 以执金吾耿秉为副，发北军五校、黎阳、雍营、缘边十二郡骑士，及羌胡兵出塞。明年，宪与秉各将四千骑及南匈奴左谷蠡王师子万骑出朔方鸡鹿塞，南单于屯屠河，将万余骑出满夷谷，度辽将军邓鸿及缘边义从羌胡八千骑，与左贤王安国万骑出〔稒〕阳塞，皆会涿邪山。……于是温犊须、日逐、温吾、夫渠王柳鞮等八十一部率众降者，前后二十余万人。

后来登燕然山刻石纪功，命班固作铭，描述其部队说：

> 鹰扬之校，螭虎之士，爰该六师，暨南单于、东乌桓、西戎氐羌侯王君长之群，骁骑三万。……

班固又作《窦将军北征颂》曰：

> 羌戎相率，东胡争骛，不召而集，未令而喻。①

这当然是过分美化了，但羌胡兵非常活跃倒也是事实。东汉时期，或蛮夷反叛，或羌胡为寇，人们动不动就调发“夷兵”，似乎是以“夷虏相攻，

① 《古今图书集成》戎政典第九卷引文作：“东藩争骛。”

无损汉兵”①，但其后果是严重的，《后汉书·应劭传》记载，如中平二年，“羌胡为寇，东侵三辅”，皇甫嵩请发乌桓三千人，邹靖主张“宜开募鲜卑”，应劭在辩驳时指出：

> 往者匈奴反叛，度辽将军马续、乌桓校尉王元发鲜卑五千余骑，又武威太守赵冲亦率鲜卑征讨叛羌。斩获丑虏，既不足言，而鲜卑越溢，多为不法。裁以军令，则忿戾作乱，制御小缓，则陆掠残害。劫居人，钞商旅，啖人牛羊，略人兵马。得赏既多，不肯去，复欲以物买铁。边将不听，便取缣帛聚欲烧之。边将恐怖，畏其反叛，辞谢抚顺，无敢拒违。今狡寇未殄，而羌为巨害，如或致悔，其可追乎！臣愚以为可募陇西羌胡守善不叛者，简其精勇，多其牢赏。

前面说的是“以夷制夷”的后果严重。后面是他的主张，即招募一定数量“守善不叛者”。其实招致“义从”，接纳“归附”者，本是西汉以来一直实行的办法，比较起来是要好一些。但在东汉后期，军队中（特别是边兵中）“胡兵”越来越多②，又造成了另外的问题，成为军阀割据的资本。如《后汉书·董卓传》：

> （中平）六年，征卓为少府，不肯就，上书言：“所将湟中义从及秦胡兵皆诣臣曰：‘牢直不毕，廪赐断绝（《前书音义》曰：牢，廪食也。古者名廪为牢），妻子饥冻。’牵挽臣车，使不得行。”

“义从”“胡兵”享受了正式的军饷，是在统一编制中了，但又携带妻室儿女，与一般士兵不同。董卓即以这些少数民族士兵为借口，对抗朝廷命令。少数民族士兵在东汉的重要作用，由此可见一斑。

## 六　复除

复除指依照法令免除赋、役，如《汉书·高帝纪》记载：

---

① 范晔：《后汉书》卷四十一，《宋均传》，中华书局1965年版，第1416页。

② 《后汉书·段颎传》：“（建宁）三年春，征还京师，将秦胡步骑五万余人及汗血千里马，生口万人。”

(二年，以)蜀汉民给军事劳苦，复勿租税二岁(师古曰：复者，除其赋役也)。

是皇帝所施恩德，宋人徐天麟说：

汉之有复除，犹《周官》之有施舍，皆除其赋役之谓也。①

除了说明其来历之外，和师古一样认为是“除其赋役”，即包括免除田租、赋税、徭役和兵役等。我们单从兵役的角度看，复除实际上包括两方面的意义：一是军人享受的赋役、徭役方面的优待；二是兵役的免除。

关于军人及其家属享受的租税、徭役的优待，由《汉书·高帝纪》记载以下事例可见：

(二年)关中卒从军者，复家一岁。

(五年)军吏卒……非七大夫以下，皆复其身及户，勿事(应劭曰：不输户赋也。如淳曰：事谓役使也。师古曰：复其身及一户之内皆不徭赋也)。

(八年)令吏卒从军至平城及守城邑者，皆复终身勿事。

(十一年)六月，令士卒从入蜀、汉、关中者皆复终身。

其次，关于免除兵役，钱文子的《补汉兵志》及劳干的《汉代兵制及汉简中的兵制》均有专节记述，今在他们整理的基础上论列如下：

一类是宗室、功臣、官吏的家属和后代。如《汉书·文帝纪》：

(四年)五月，复诸刘有属籍，家无所与。

又如：

① 《东汉会要》卷29。王引之《经义述闻》卷18云：“古人言施舍者，有二义：一为免除徭役。《地官·小司徒》‘凡征役之施舍’，郑注曰：‘施读为弛。’《乡师》‘辨其可任者与其施舍者’，注曰：‘施舍者，谓应复免，不给徭役’是也。一为布德惠。盖古声舍、予相近，施舍之言赐予也。”

> 《周礼·乡大夫》：国中贵者皆舍。郑注云：若今宗室及关内侯皆复是也。①

《后汉书·刘瑜传》：

> （瑜）上书陈事曰：臣瑜自念东国鄙陋，得以丰沛枝胤，被蒙复除，不给卒伍。

此言宗室。又如《汉书·宣帝纪》：

> （地节二年诏）博陆侯……功德茂盛……复其后世，畴其爵邑，世世毋有所与。
>
> （元康元年）复高皇帝功臣绛侯周勃等百三十六人家子孙，令奉祭祀，世世勿绝。其毋嗣者，复其次。

此言功臣之后。又如《汉书》之《高帝纪》和《惠帝纪》：

> （高帝十二年诏）吏二千石……入蜀汉定三秦者，皆世世复。
>
> （惠帝即位诏）吏六百石以上父母妻子与同居，及故吏赏佩将军都尉印将兵及佩二千石官印者，家唯给军赋，他无有所与（师古曰：同居，谓父母妻子之外若兄弟及兄弟之子等见与同居业者，若今言同籍及同财也）。

先是二千石以上大官“世世复”，接着又规定，六百石以上的官吏均可复其家属乃至于“同居”，宗室无嗣者还可“复其次”。可见，这一类人员复除的范围越来越扩大。

另一类免除兵役的对象则为地主阶级中各个方面的代表人物，如“三老”，《汉书·高帝纪》：

---

① 此文引自钱文子《补汉兵志》。郑注乃指郑司农。“若今”即指东汉。

（二年）举民年五十以上：有修行，能帅众为善，置以为三老，乡一人。择乡三老一人为县三老，与县令丞尉以事相教，复勿繇戍。

如“孝弟力田”，《汉书·惠帝纪》：

（四年）正月，举民孝弟力田者复其身。

如“博士弟子”及“通一经”者，《汉书·儒林传》：

（武帝诏）为博士官置弟子五十人，复其身。

元帝好儒，能通一经者皆复。

如“车骑马”和“五大夫”；《汉书·食货志》：

（晁错说文帝曰）令民有车骑马一匹者，复卒三人（如淳曰：复三卒之算钱也；或曰，除三夫不作甲卒也。师古曰：当为卒者，免其三人；不为卒者，复其钱耳）。车骑者，天下武备也，故为复卒。

家有车骑马也算是一种身份的标志，那就是有钱有势的地主阶级。他们还可以花钱买到一定的身份，如上文中晁错所说：

令民入粟受爵至五大夫以上，乃复一人耳，此其与骑马之功相去远矣。①

这办法实际上是出钱买复。到汉武帝时，为了增加财政收入，买复现象日益增多，如《食货志》所载：

桑弘羊请令民入粟甘泉各有差，以复终身。

---

① 钱文子《补汉兵志》云：“按：错云入粟受爵至五大夫以上乃复一人，盖承旧制：爵九级至五大夫乃复耳。郑注《周礼·乡大夫》贵者皆舍，若今宗室及关内侯皆复。自后汉改法，爵二十级至关内侯乃复。”

有钱有谷者多半买复，以避兵役，故《食货志》说：

武帝兵革数动，民多买复及五大夫、千夫，征发之士益鲜。

只顾解决财政问题，又发生了兵源不足的问题，真是扶得东来西又倒！

此外，还有特殊的恩典和种种特殊原因的复除，如《汉书·高帝纪》：

（十一年）令丰人徙关中者皆复终身（应劭曰：太上皇思上欲归丰。高祖乃更筑城寺市里如丰县，号曰新丰，徙丰民以充实之）。

（十二年）以沛为朕汤沐邑（师古曰：凡言汤沐邑者，谓以其赋税供汤沐之具也），复其民，世世无有所与。

这是皇帝给自己家乡的特殊恩惠。《汉书》之《贾山传》和《武帝纪》：

（文帝时）九十者一子不事（师古曰：一子不事，蠲其赋役）。

（建元元年）年八十复二算，九十复甲卒（张晏曰：二算，复二口之算也。复甲卒，不预革车之赋也）。又诏曰：民年九十以上，已有受鬻法，为复子若孙（师古曰：有子即复子，无子即复孙也），令得身帅妻妾遂其供养之事。

这是优礼高年。《汉书》之《高帝纪》和《宣帝纪》：

（高祖七年）民产子，复勿事二岁。

（地节四年诏）自今诸有大父母、父母丧者勿繇事，使得收敛送终，尽其子道。

这是有特殊原因，给以一定时期的复除。

以上所述均为西汉时的情况，徐天麟在《东汉会要》卷二十九发议论说：

汉之有复除，犹《周官》之有施舍，皆除其赋役之谓也。然西京

> 时，或以从军，或以三老，或以孝悌力田，或以明经，或以博士弟子，或以功臣，后以至民产子者、大父母、父母之年高者、给崇高之祠者，莫不得复，其间美意至多。至东郡所复，不过济阳、南顿、元氏数邑，盖专为天子之私恩矣。

其实这个说法并不对，西汉的许多复除东汉时仍然存在，如《周礼·乡大夫》注：

> 郑司农云：征之者，给公上事也；舍者，谓有复除，舍不收役事也。贵者，谓若今宗室及关内侯皆复也；服公事者，谓若今吏有复除也；老者，谓若今八十、九十复羡卒也；疾者，谓若今癃不可事者复之。

郑司农这几个“若今”，说明东汉仍然有西汉的那种种复除。当然也会有变化。如西汉爵至五大夫复一人，东汉则至关内侯乃复，即其变化之例。另外，更重要的是兵役制的变化，西汉的复除，兵、徭均有，东汉的复除则多指徭役（征兵制基本上已被破坏）。

从兵役来说，复除者愈多，兵源就愈少，所以复除是“征发之士益鲜”的原因之一。到西汉元帝时，因为“民多复除，无以给中外徭役”[①]。外徭多半指边地屯戍[②]，无人戍边，就只得大量使用召募和弛刑。

另外，少数民族士兵的增加，或亦与此有关，但其发展又是有多方面因素的，此处不做详细研讨。至于少数民族中也有租赋之类的复除（上节中已经提到），多半具有临时性质。有些少数民族中根本没有什么正规的赋役制度，自然也不会有什么正式的复除制度，本节也就不再论列了。

---

① 班固：《汉书》卷九，《元帝纪》，中华书局1962年版，第291页。

② 《汉书·卜式传》注引苏林曰：“外徭谓戍边也。”《沟洫志》注引孟康曰：“外徭，戍边也。”师古亦以外徭为徭戍。

# 第二章　军队（一）
## ——常备军

“军队是国家为了进攻或防御而维持的有组织的武装集团。”① 它由大大小小的军官和士兵组成，并且按一定的编制组成，有比较严密的组织。因为具体任务不同，可以分为常备军、野战军和边防军；因为装备的区别，又有不同的军兵种。此外，装备、给养等也是军队的诸要素。从本章开始，将分别予以论述。本章先论述常备军。

## 一　各级军官及组织机构

秦汉时期，武官多以“尉”② 为称号，高级武官有太尉、卫尉和中尉，其次则有将尉、军尉以及各种名号的校尉和都尉等。也有以“将③”和“将军”为号者。但“将军”称号在野战军中使用较多。

全国的军队，除了皇帝能征调和指挥之外，没有统一的指挥和管理机构，中央高级武官各自独立④，地方的武官与中央武官也没有隶属关系。现将各级各类武官分别叙述如下：

### （一）太尉和大司马

《汉书·百官公卿表》的记载说：

---

① 中共中央马克思恩格斯列宁斯大林著作编译局：《马克思恩格斯全集》卷十四，人民出版社 2006 年版，第 5 页。

② 《汉书·百官公卿表》注引应劭曰：“自上安下曰尉，武官悉以为称。”以“尉”命官名的来源及范围，请参考拙作《秦汉官制史稿》。

③ 《吕氏春秋·执一篇》：“军必有将。”

④ 东汉时名义上有所谓三公分部九卿，但太尉所部为太常、卫尉、光禄勋（见《通典》卷20），太常并非武官，而领南北军的中尉（执金吾）与太尉又没有部属关系。

太尉，秦官，金印紫绶，掌武事。武帝建元二年省。元狩四年初置大司马（应劭曰：司马主武也，诸武官亦以为号），以冠将军之号（师古曰：冠者加于其上共为一官也）。宣帝地节三年置大司马，不冠将军，亦无印绶官属。成帝绥和元年初赐大司马金印紫绶，置官属，禄比丞相，去将军。哀帝建平二年复去大司马印绶、官属，冠将军如故。元寿二年复赐大司马印绶，置官属，去将军，位在司徒上。有长史，秩千石。

这个简略概述包含的内容很丰富，涉及的问题也很多：首先涉及的即太尉是否秦官的问题，据初步考察，秦似乎无此官①；其次是职掌问题，“掌武事”，究竟掌什么“武事”，史无明文，从有关材料看，太尉既不带领士兵②，也无权指挥和调发全国的军队（这个权在皇帝手中），那么究竟其职掌是什么呢？再其次，究竟有几次废置？其原因是什么？改大司马之名是什么意义？等等。许多问题都有待进一步详考。但有一点是可以肯定的：

太尉是武官的最高荣誉职务，地位与丞相差不多，所谓“太尉、相尊等耳（师古曰：言其尊贵同一等也）”③，都是“金印紫绶”④。从汉初任命太尉的实际情况看，可以证明其为一种最高荣誉。西汉第一任太尉是卢绾，他与高祖同乡同里，两代世交，并且同日而生，“壮又相爱”，随高祖起义之后，入汉即为将军，再立战功就只有为“太尉”了（当时还没有大将军名⑤）。他这个太尉身份特殊，《汉书》本传上说：

以太尉常从，出入卧内，衣被食饮赏赐，群臣莫敢望。虽萧、曹等，特以事见礼，至其亲幸，莫及绾者。

① 参阅《秦汉官制史稿》。

② 汉初卢绾、周勃等人为太尉时也带兵打仗，但并非以太尉的身份领兵，仍然以一般将军的身份带兵打仗。

③ 《汉书·田蚡传》载藉福之言。

④ 武帝以前就只有两个“金印紫绶”官。

⑤ 《通典》说韩信曾为“大将军”，但《史记》《汉书》皆作“大将”。即使后来有大将军之名，也主要是大部队的统帅。武帝以后才成为一种官称。

以后，周勃之为太尉也是如此，《汉书·周勃传》记载，因为他功劳大，早已“拜为将军”，并且“赐爵列侯，剖符，世世不绝，食绛八千二百八十户”，可以说封贵无以复加了，而后才“迁为太尉”的。

但是，从汉初几个太尉看，他们并没有行使过太尉的职权。他们带兵打仗，多半是以将军或其他身份，如周亚夫，《汉书·周勃传》：

> （文帝时）拜亚夫为中尉。……文帝崩，亚夫为车骑将军。孝景帝三年，吴楚反。亚夫以中尉为太尉，东击吴楚……吴楚破平……归，复置太尉官。五岁，迁为丞相。

好像是太尉带兵打仗，实则不然，当时他是以中尉领兵，以将军身份出击，太尉只是临时给的一个虚衔，所以才有“归，复置太尉官”这么一句。当时派人去击吴楚，与周亚夫同时的还有窦婴也被给予了一个大将军的头衔。另外，周勃为太尉时，平诸吕之乱，没有特诏他入南北军都不可能[①]，更是太尉无兵权的证明。

汉武帝时改太尉为大司马，也不过是一种加官，加于大将军的头上，空有名号，并无军政实权。宣帝和哀帝时，两度连“印绶官属”都没有，更是一个空名。昭帝时的霍光，成帝时的王凤，都有大司马大将军的头衔，但他们“主决政事”，主要是他们皆领尚书事，已经掌了大权的大司马，才能有“印绶官属”，完全是因人而异的。

西汉末年和东汉设立三公，大司马和太尉成为三公之一。太尉的职权也许比西汉时要大一些，《汉书·百官公卿表》将太尉摆在丞相之后，《后汉书·百官志》的太尉则放在司徒之前。后者记其职掌和官属的情况说：

> 太尉，公一人。本注曰：掌四方兵事功课，岁尽即奏其殿最而行赏罚。凡郊祀之事，掌亚献；大丧则告谥南郊。凡国有大造大疑，则与司徒、司空通而论之。国有过事，则与二公通谏争之。世祖即位，为大司马（《汉官仪》曰：元狩六年罢太尉，法周制置司马。时议者以为汉军有官候、千人、司马，故加大为大司马，所以别异大、小司

① 班固：《汉书》卷三，《高后纪》，中华书局1962年版，第102页。

马之号）。建武二十七年，改为太尉。长史一人，千石。……署诸曹事。掾史属二十四人，……西曹主府史署用。东曹主二千石长吏迁除及军吏。户曹主民户、祠祀、农桑。奏曹主奏议事。辞曹主辞讼事。法曹主邮驿科程事。尉曹主卒徒转运事。贼曹主盗贼事。决曹主罪法事。兵曹主兵事。金曹主货币、盐、铁事。仓曹主仓谷事。黄阁主簿录省众事。

由此可见：一方面太尉是三公之一，在“国有大疑大造”（当然包括军事上的）时，可以和司徒、司空一起讨论；另方面，他可能执掌国家武事中一些例行公事的事务，如平时屯戍的轮换、卒徒转运、军队的给养以及下级军吏的任免等，从其下属诸曹所主管之事可以窥见。而此类事务在西汉则是属于丞相府诸曹主管的。

### （二）光禄勋

光禄勋在秦和汉初叫作郎中令，武帝时更名。《汉书·百官公卿表》说：

郎中令，秦官（臣瓒曰：主郎内诸官，故曰郎中令），掌宫殿掖门户，有丞。武帝太初元年更名光禄勋。属官有大夫、郎、谒者，皆秦官。又期门、羽林皆属焉。

有人认为郎中令秦时不在九卿之列，“自汉以后，其名未改，其职渐增”①。但是因为他“主诸郎之在殿中侍卫”②，是皇帝的侍卫长官，故甚为重要。如秦时赵高为郎中令，实际上左右了秦二世。又如汉文帝以代王立为皇帝，夕入未央宫，当夜即拜其亲信“张武为郎中令，行殿中”③，以防有变。

光禄勋（郎中令）实际上是宫内总管，但又是皇帝侍卫队的长官，而且其所管领的侍卫队日益增大，所以我们在讲军队时也应该把他列上。其

① 劳干：《秦汉九卿考》，《大陆杂志》15卷第11期。
② 《初学记》卷12，《齐职仪》。
③ 班固：《汉书》卷四，《文帝纪》，中华书局1962年版，第108页。

下所属郎官，是一个特殊的武装集团，也可以说是一支特种军队。《汉书·百官公卿表》说：

郎掌守门户，出充车骑，有议郎、侍郎、郎中，皆无员，多至千人。议郎、中郎秩比六百石，侍郎比四百石，郎中比三百石。

这中间除少数议郎之外皆执行武装警卫任务，如《后汉书·百官志》本注所说：

凡郎官皆主更直执戟，宿卫诸殿门，出充车骑。唯议郎不在直中。①

《汉官仪》的记载说：

郎中令属官，有五官中郎将，左、右中郎将，曰三署。署中各有中郎、议郎、侍郎、郎中，皆无员，多至千人。主执戟卫宫陛，及诸虎贲、羽林郎皆属焉。谓之郎中令者，言领诸郎而为之长。

这里列举了不少郎官及其将领的名称，实际上还有一些，如车、户、骑三将就未提到，可见是一支较大的侍卫队。无员，是无定员。“多至千人”，当指各署而言，总数是不止千人的。虽然不是普通士兵，都是郎官，但也毕竟是一个武装集团，是一支军队，而且越来越庞大，期门、羽林之类就是汉武帝时建立起来的，《汉书·百官公卿表》：

期门掌执兵送从，武帝建元三年初置，比郎，无员，多至千人。有仆射，秩比千石。平帝元始元年更名虎贲郎，置中郎将，秩比二千石。

羽林掌送从，次期门，武帝太初元年初置，名曰建章营骑，后更名羽林骑。又取从军死事之子孙养羽林，官教以五兵，号曰羽林孤

① 《汉官仪》也说“议郎十二人，秩比六百石，不属署，不直事”。

儿。羽林有令，丞。宣帝令中郎将、骑都尉监羽林，秩比二千石。

东汉时这支队伍有增无减，《后汉书·百官志》的记载较西汉更为具体：

五官中郎将一人，比二千石。……主五官郎。五官中郎，比六百石。……无员。五官侍郎，比四百石。……无员。五官郎中，比三百石。……无员。

左中郎将，比二千石。……主左署郎（蔡质《汉仪》曰：中郎解，其府次五官）……皆无员。

右中郎将，比二千石。……主右署郎，……皆无员。

虎贲中郎将，比二千石。……主虎贲宿卫。左右仆射、左右陛长各一人，比六百石。……仆射，主虎贲郎习射。陛长，主直虎贲，朝会在殿中。虎贲中郎……虎贲侍郎……虎贲郎中……节从虎贲……皆无员。掌宿卫侍从。自节从虎贲久者转迁，才能差高至中郎。

羽林中郎将，比二千石。主羽林郎（案：汉末又有四中郎将，皆帅师征伐，不知何时置。董卓为东中郎将，卢植为北中郎将，献帝以曹操为南中郎将）。羽林郎……无员。掌宿卫侍从。常选汉阳、陇西、安定、北地、上郡、西河凡六郡良家补。

羽林左监一人，六百石。……主羽林左骑（《汉官》曰：孝廉郎作，主羽林九百人。二监官属史吏，皆出自羽林中，有材者作）。丞一人。

羽林右监一人，六百石。……主羽林右骑。丞一人。

奉车都尉，比二千石。……无员（《汉官》曰：三人）。掌御乘舆车。

驸马都尉，比二千石。……无员（《汉官》曰：五人）。掌驸马。

骑都尉，比二千石。……无员（《汉官》曰：一十人）。本监羽林骑。

在记述完光禄勋的属官之后（按：其属官还有光禄大夫、太中大夫、议郎、谒者等）总结说：

右属光禄勋。本注曰：职属光禄者，自五官将至羽林右监，凡七署。自奉车都尉至谒者，以文属焉。

上述羽林右监以前七署，是直接属于光禄勋管辖的，和“以文属焉”者不同，五宫中郎将条注引蔡质《汉仪》曰：

三蜀郎，见光禄勋，执板拜；见五官左右将，执板不拜。于三公诸卿无敬。

这些侍卫官们够神气的了，除了对主管“执板拜”之外，对三公诸卿都无须行礼。

光禄勋底下这支侍卫官队伍究竟有多大？无法确言。所谓“无员”，数目不等，如上注中所言，少者三五人，十多人，多者几百人、千余人，虎贲中郎将及羽林中郎将条下注引蔡质《汉仪》曰：

主虎贲千五百人，无常员，多至千人。
羽林郎百二十八人，无常员，府次虎贲府。

上面提到的各种郎官以及虎贲、羽林，数目加起来也有二三千人了。光禄勋所领这支武装，应该算是常备军之一。

## （三）卫尉

卫尉是一名武官，统辖卫士，保卫宫门。和光禄勋有明确的分工，《汉旧仪》云：

殿外门署属卫尉，殿内郎署属光禄勋。

关于卫尉的职掌和官属，《汉书·百官公卿表》写道：

卫尉，秦官，掌宫门卫屯兵（《汉旧仪》云卫尉寺在宫内。胡广云主宫阙之门内卫士，于周垣，下为区庐。区庐者，若今之仗宿屋矣），有丞。景帝初更名中大夫令，后元年复为卫尉。属官有公车司马、卫士、旅贲三令丞（《汉官仪》云公车司马掌殿司马门，夜徼宫中，天下上事及阙下凡所征召皆总领之，令秩六百石。旅，众也；贲，与奔同。言为奔走之任也）。卫士三丞。又诸屯卫候、司马二十二官皆属焉。长乐、建章、甘泉卫尉皆掌其官，职略同，不常置。

《后汉书·百官志》记东汉卫尉略同，但属官较为具体。

卫尉，卿一人，中二千石。……掌宫门卫士、宫中徼循事（员吏四十一人，其九人四科，二人二百石，文学三人百石，十二人斗食，二人佐，十三人学事，一人官医，卫士六十人①）。丞一人，比千石。

公车司马令一人，六百石。……掌宫南阙门，凡吏民上章，四方贡献，及征诣公车者。丞、尉各一人。……丞选晓讳，掌知非法。尉主阙门兵禁，戒非常（胡广曰：诸门部各陈屯夹道，其旁当兵，以示威武，交戟，以遮妄出入者）。

南宫卫士令一人，六百石。……掌南宫卫士（员吏九十五人，卫士五百三十七人）。丞一人。

北宫卫士令一人，六百石。……掌北宫卫士（员吏七十二人，卫士四百七十一人）。丞一人。

左右都候各一人，六百石。……主剑戟士，徼循宫，及天子有所收考（右都候员吏二十二人，卫士四百一十六人。左都候员吏二十八人，卫士三百八十三人。蔡质《汉仪》曰：宫中诸有劾奏罪，左都候执戟戏车缚送付诏狱，在官大小各付所属……）。丞各一人。

宫掖门，每门司马一人，比千石。……南宫南屯司马，主平城门（员吏九人，卫士百二人）；宫门苍龙司马，主东门（员吏六人，卫士四十人）；玄武司马，主玄武门（员吏二人，卫士三十八人）；北屯司马，主北门（员吏二人，卫士三十八人）；北宫朱爵司马，主南掖门（员吏四人，卫士百二十四人）；东明司马，主东门（员吏十三人，卫

---

① 括号内之员吏、卫士数皆注引《汉官》之文，下同。

士百八十人)；朔平司马，主北门（员吏五人，卫士百一十七人)：凡七门（凡员吏皆队长佐)。

据以上记载可见：卫尉有组织机构，称为“寺”①；有员部系统，以上已说了一个大略。这支军队的人数，据以上所引《汉官》统计，约为三千人。

又，卫尉是九卿之一，似应只有一个。但《百官公卿表》上说还有长乐、建章、甘泉等卫尉。为了区别诸宫卫尉，有时又特别将卫尉卿名为未央卫尉，这个问题钱大昕在《廿二史考异》卷6考证说：

> 武帝时李广为未央卫尉，程不识为长乐卫尉。《表》有广，无不识，宣帝时，霍光长女婿邓广汉为长乐卫尉，女婿范明友为度辽将军、未央卫尉，《表》有明友，无广汉。知《表》所载，惟未央卫尉也。未央、长乐二尉分主东、西宫。孟康云：“李广为东宫，程不识为西宫。”予谓长乐宫太后所居，太后朝称东朝，似长乐在未央之东矣。未央卫尉，诸传皆单称卫尉，独李广、范明友称未央者，以别于长乐也。韦玄成传亦称未央卫尉，则以其时始置建章卫尉，故亦称未央以别之。

他在《三史拾遗》卷2又考证说：

> 长乐宫高帝所筑，惠帝时吕后居之，自后遂为太后所居之宫。武帝时始见长乐卫尉，窦甫、程不识殆置于武帝初也；昭帝时有刘辟疆；昌邑王贺时有安乐；宣帝时有许舜、董忠；成帝时有史丹、王宏、王安、韦安世；哀帝时有王恽。盖昭宣以后，长乐宫常置卫尉矣。建章卫尉置于宣帝元康元年，罢于元帝初元三年，居其职者有丙显、金安上，皆宣帝朝臣也。甘泉卫尉亦罢于初元三年，而史不见置卫尉之文。此宫创于武帝，未审何时始立宫卫，史亦未见除甘泉卫

① 《左传》隐公七年：“发币于公卿。”注：“诣公府卿寺。”疏：“自汉以来，三公所居谓之府，九卿所居谓之寺。”

尉者。

这两段考证，把问题讲得比较清楚，即除未央卫尉之外，还曾设置过长乐、建章、甘泉诸宫卫尉。诸宫卫尉有一定的独立性是可以肯定的，它们自成体系，因而有自己的属宫和卫士。《汉书》中能见到的有：长乐司马（《律历志》），长乐屯卫司马（《冯逡传》），长乐户将（《瑕丘公传》），以及建章监侍中（《卫青传》）或侍中建章监（《李陵传》）等，当即诸宫卫尉之属官。有属官必有卫士无疑。前述武帝卫士二万人，是包括所有各官府的卫士在内的。

## （四）中尉（执金吾）

中尉，武帝后更名执金吾，是保卫京师的部队首长，京师以内，宫殿之外的治安警卫均由中尉负责，他与卫尉相为表里，《后汉书·百官志》注引胡广曰：

> 卫尉巡行宫中，则金吾徼于外，相为表里，以擒奸讨猾。

《汉书·百官公卿表》记述中尉时说：

> 中尉，秦官，掌徼循京师，有两丞、候、司马、千人。武帝太初元年更名执金吾。属官有中垒、寺互、武库、都船四令丞。都船、武库有三丞，中垒两尉。又式道左右中候、候丞及左右京辅都尉、尉丞兵卒皆属焉。初，寺互属少府，中属主爵，后属中尉。

其任务、属官及兵卒均有交代。

中尉的任务是军事性质的，用今天的意思表述，属于警察性质，其所领部队是武警部队，同时又是卫戍部队，二者合一的。“徼循京师”，注引如淳曰：

> 所谓游徼，徼循禁备盗贼也。

《后汉书·百官志》本注曰：

> 掌宫外戒司非常水火之事。月三绕行宫外，及主兵器。吾犹御也。

巡逻、防御、京师内武器库的主管乃至水火之警等，都是中尉的任务。还有皇帝出巡时的警卫，如《汉官仪》所说“执金吾，车驾出，从六百骑，走六千二百人也”。动用骑兵、步兵“舆服导从”①，戒严放哨的任务。

中尉的属官几乎全是武官，“两丞、候、司马、千人”都是中尉府或寺的官员，除丞之外均为武官官名②。上述其他属官显然有一定的独立性，也都是武官。如中垒，本为军中之官，《汉书补注》引沈钦韩曰：

> 《通典》引司马穰苴：五人为伍，十伍为队，一军凡二百五十队，余奇为握奇，故一军以三千七百五十人为奇兵，队七十有二以为中垒，守地六千尺，积尺得四十里，以中垒四面乘之，而得地三百步。此中垒所本。

武帝时始有中垒校尉，掌北军之垒门。

寺互当掌官府门禁③。

武库令主兵器无疑，如《汉书·魏相传》所说，“武库精兵所聚”。

都船或称都船狱令，直接与刑狱有关，中尉备盗贼，抓获之人或由都船管制，《汉书·王嘉传》就有“缚嘉载致都船诏狱”的记载。

式道候，《后汉书·百官志》本注曰：

> 本有式道、左右中候三人，六百石。车驾出，掌在前清道，还持麾至宫门，宫门乃开。

---

① 《后汉书·百官志》注引《汉官》曰：“执金吾缇骑二百人，持戟五百二十人，舆服导从，光满道路，群僚之中，斯最壮矣。”

② 师古指出，属国都尉、西域部护等武官均有司马、候、千人等属官。中尉的这些属官，必冠以中尉或执金吾之名，如《汉书·季布传》有中司马，如淳曰：“中尉之司马。”《汉书·平帝纪》有“遣执金吾候陈茂假以钲鼓”。

③ 参阅《秦汉官制史稿》。

至于“左右京辅都尉、尉丞兵卒皆属焉”一句颇值得注意，那就是说所有京师地区的地方军队，统统属于中尉管辖。

东汉执金吾的属官有很大变化，丞只有一人，除保留武库令外，以上属官均省。《后汉书・百官志》本注曰：

（式道候）中兴但一人，又不常置，每出，以郎兼式道候，事已罢，不复属执金吾。又省中垒、寺互、都船令、丞、尉及左右京辅都尉。

东汉之所以发生这样的变化，是因为西汉武帝以后增设的七校等常备军，逐渐从中尉的管辖下独立出来。

## （五）诸校尉

在中央，除太尉和九卿中之武官外，军队中较高级的军官还有各种名号的校尉。《汉书・百官公卿表》注在解释“尉”字时引应劭曰：

自上安下曰尉，武官悉以为称。

至于“校”字如何解呢？师古注《汉书・卫青传》说：

校者，营垒之称，故谓军之一部为一校。

看来，校尉就是一部之首长。

秦时军队之分部已经称校，如《史记・陈涉世家》中有“秦左右校攻陈”，《索隐》中有“即左右校尉军也”。不过，是否已有校尉官名还不能确定。虽有部校，或以他官为部校之首长，如《战国策》中，秦昭王使五校大夫王陵将而伐赵，即称五校大夫。

两汉时期校尉官较多，单是武帝时“内增七校”①，就增设了七八个校

① 《汉书・刑法志》注引晋灼曰：“《百官表》：中垒、屯骑、步兵、越骑、长水、胡骑、射声、虎贲凡八校尉，胡骑不常置，故此言七也。”

尉。现将中央常备军中诸校尉官列述如下：

1. 司隶校尉

《汉书·百官公卿表》记载说：

司隶校尉，周官（师古曰：以掌徒隶而巡察，故云司隶），武帝征和四年初置。持节，从中都官徒千二百人，捕巫蛊，督大奸猾。后罢其兵。察三辅、三河、弘农。元帝初元四年去节。成帝元延四年省。绥和二年，哀帝复置，但为司隶，冠进贤冠，属大司空，比司直。

其下属官见于《汉书》者有："从事"（《鲍宣传》）"掾"、"史"（《赵后传》）、"假佐"（《王尊传》）等。

从西汉后期开始，到东汉时，司隶校尉变成了京师地方长官，不再是开始时那样单纯的军事长官了。《后汉书·百官志》的记载说：

司隶校尉一人，比二千石（蔡质《汉仪》曰：职在典京师，外部诸郡，无所不纠。封侯、外戚、三公以下，无尊卑。入宫，开中道称使者。每会后到先去）。本注曰：孝武帝初置，持节，掌察百官以下，及京师近郡犯法者。元帝去节，成帝省，建武中复置，并领一州。从事史十二人。……都官从事，主察举百官犯法者。功曹从事，主州选署及众事。别驾从事，校尉行部则奉引，录众事。簿曹从事，主财谷簿书。其有军事，则置兵曹从事，主兵事。其余部郡国从事，每郡国各一人，主督促文书，察举非法，皆州自辟除，故通为百石云。假佐二十五人……。司隶所部郡七。

2. 城门校尉

西汉京师长安，东汉都城洛阳，均有城门校尉。《汉书·百官公卿表》记载说：

城门校尉掌京师城门屯兵，有司马（师古曰：八屯各有司马也）、

> 十二城门候[①]（师古曰：门各有候，萧望之署小苑东门候亦其比也）。

《后汉书·百官志》记载说：

> 城门校尉一人，比二千石。本注曰：掌洛阳城门十二所。司马一人，千石。……主兵。城门每门候一人，六百石（蔡质《汉仪》曰：门候见校尉，执板不拜）。……洛阳城十二门，其正南一门曰平城门，北宫门，属卫尉。其余上西门，雍门，广阳门，津门，小苑门，开阳门，秏门，中东门，上东门，穀门，夏门，凡十二门。

3. 中垒校尉

《汉书·百官公卿表》：

> 中垒校尉掌北军垒门内，外掌西域（师古曰：掌北军垒门之内，而又外掌西域）。

中垒校尉一官问题较多。中尉之属官原有中垒令、丞，可能是因为北军队伍扩大之后，提高了中垒令的地位，而设中垒校尉，故其职掌仍为掌北军垒门。至于“掌西域”，王念孙曾校改为“掌四城”[②]。但今人陈直认为仍可商榷：

一、北宋以前本作“掌西域”，无“掌四城”的记载；二、京师四城“有执金吾之徼巡，有城门校尉之屯卫，似无须垒床筑屋之职守”；三、

---

① 《三辅黄图》卷1引《三辅决录》曰：“长安城面三门，四面十二门。”其所记城门名有：霸城门（青城门、青门、青绮门、仁寿门），清明门（籍田门、凯门、城东门、宣德门），宣平门（东都门、春王门），覆盎门（杜门、下门、端门、永清门），安门（鼎路门、光礼门），西安门（便门、平门、信平门），章城门（章门、光华门，便门、万秋门），直城门（龙楼门，直门、直道门），雍门（西城门、章义门、函里门），洛城门（高门、鹤雀台门），厨城门（建子门），横门（光门）。实际上有更多名称，如《汉印文字征》第8、16页有昭城门候印，西安汉城出土有“建春门候”印。

② 王念孙《读书杂志》：“颜说非也，此条自城门以下，所掌皆京师及畿辅之事，不当兼掌西域。下条西域都护，护西域三十六国，有副校尉，此自别为一官，与中垒校尉无涉。……西域当为四城，谓掌北军垒门内外及四城之事也。《汉纪》孝惠纪中垒校尉掌北军垒门内外及掌四城是其证。……据《汉纪》则外字当属上读……。”

“若指为北军垒门之四城，则表文反为赘词。”他又据《汉书·赵充国传》和刘向为中垒校尉的事实证明“外掌西域”是对的①。王、陈各有所据，究竟该如何理解？我认为有一点是可以肯定的：武帝增设八校之后，京师的军队数量大大增加了，原有北军起了变化，中尉的职权也逐渐缩小了（东汉时更清楚），而各校之间如何联系呢？中垒校尉也许起一定的联系作用，说“北军垒门内外”，这个北军即包括各校之军，各校垒门内外均由中垒管巡逻、监察，后来东汉时，所谓“中兴省中垒，但置中候，以监五营”，北军中候代替了中垒校尉，专司监察，可能就因为中垒原本有这个监察各校的意义。这样，“掌四城”倒也还说得通，反正巡逻、监察就是了。

4. 屯骑校尉

《汉书·百官公卿表》记载说：

> 屯骑校尉掌骑士。

此校尉之队伍在东汉成为五营之一。《后汉书·百官志》记载说：

> 屯骑校尉一人，比二千石。本注曰：掌宿卫兵（员吏百二十八人，领士七百人）。司马一人，千石（蔡质《汉仪》曰：五营司马见校尉，执板不拜）。

5. 步兵校尉

《汉书·百官公卿表》记载：

> 步兵校尉掌上林苑门屯兵。

《后汉书·百官志》记载：

> 步兵校尉一人，比二千石（注：初置掌上林苑门屯兵，见《前

① 陈直：《汉书新证》，天津人民出版社1979年版，第122～123页。

书》）。本注曰：掌宿卫兵（员吏七十三人，领士七百人）。司马一人，千石。

从西汉到东汉有较大变化，原来只是掌上林苑门的屯兵，发展成了宿卫兵的一支（或者说一营、一部）。这一点刘昭指出来了。实际上其他各校也与此相同，皆或多或少有些变化。

6. 越骑校尉

《汉书·百官公卿表》记载：

越骑校尉掌越骑。

《后汉书·百官志》记载：

越骑校尉一人，比二千石（注：案《纪》，光武改青巾右校尉为越骑校尉）。本注曰：掌宿卫兵（蔡质《汉仪》亦曰掌越骑。《汉官》曰：员吏百二十七人，领士八百人）。司马一人，千石。

7. 长水校尉

《汉书·百官公卿表》记载：

长水校尉掌长水宣曲胡骑。

《后汉书·百官志》记载：

长水校尉一人，比二千石（如淳曰：长水，胡名也。韦昭曰：长水校尉典胡骑，厩近长水，故以为名。长水，盖（关）中小水名也）本注曰：掌宿卫兵（员吏百五十七人，乌桓胡骑七百三十六人）。司马、胡骑司马各一人，千石。本注曰：掌宿卫，主乌桓骑。

本注还交代说，原来的胡骑校尉之胡骑也并于长水。因而合并之后，比别的营多设一个胡骑司马。实际上，士兵的来源也有变化，东汉时以乌桓骑为主。

8. 射声校尉

《汉书·百官公卿表》记载：

> 射声校尉掌待诏射声士（服虔曰：工射者也，冥冥中闻声则中之，因以名也。应劭曰：须诏所命而射，故曰待诏射也）。

《后汉书·百官志》：

> 射声校尉一人，比二千石，本注曰：掌宿卫兵（员吏百二十九人，领士七百人）。司马一人，千石。

本注还交代说，“虎贲主轻车并射声”，即原为虎贲校尉所掌之轻车，并入射声校尉的宿卫兵中，这也是东汉的变化。

9. 胡骑校尉

《汉书·百官公卿表》记载：

> 又有胡骑校尉，掌池阳胡骑，不常置（师古曰：胡骑之屯池阳者也）。

在西汉即不常置，东汉并入长水校尉。

10. 虎贲校尉

《汉书·百官公卿表》记载：

> 虎贲校尉掌轻车。

《王莽传》有“轻车校尉”当即虎贲校尉，东汉时，并入射声校尉。

以上这些校尉，都是京师宿卫兵的长官，地位都不低，都是二千石或比二千石。但是除司隶和城门二校尉之外，都是北军的组成部分之一。他们从开始设置以后，是不断有变化的：开始时因随时随事而设，不定型，免不了与原有某些职官的职掌重复、矛盾，如中垒校尉就是如此。各种变化以上叙述中已作了一些交代。总的来看，从西汉到东汉的变化还有：（1）东汉时校尉秩级已没有西汉时高，《汉书·百官公卿表》说西汉：

> 自司隶至虎贲皆二千石。

而东汉皆为比二千石。（2）京师的常备军经过调整，东汉时正式形成"五营"，称为"北军五营"或"北军五校"[①]，并且设一个级别较低、秩仅六百石的北军中候"掌监五营"[②]。统称为"宿卫兵"。《后汉书·百官志》注云：

> 大驾卤簿，五校在前，各有鼓吹一部。

看来是比较整齐划一的。每部士兵皆七百人（长水校尉营多一个司马，士兵七百三十六人，略有不同）。出行时，三四千士兵的一个大队伍，够威风的了。

东汉末年，又曾一度增加西园军，有所谓"西园八校"，《后汉书·灵帝纪》中平五年记载：

> 初置西园八校尉（乐资《山阳公载记》曰：小黄门蹇硕为上军校尉，虎贲中郎将袁绍为中军校尉，屯骑校尉鲍鸿为下军校尉，议郎曹操为典军校尉，赵融为助军左校尉，冯芳为助军右校尉，谏议大夫夏牟为左校尉，淳于琼为右校尉，凡八校尉，皆，统于蹇硕）。

《后汉书·袁绍传》注亦引此记载，文字小异，其最后云：

> 凡八人，谓之西园军，皆统于硕。

---

① 《后汉书·百官志》。又《后汉书·窦武传》："召会北军五校士数千人屯都亭下。"五校统称北军，是北军之名一直沿用。

② 《后汉书·百官志》。六百石的北军中候何以能监察比二千石的五校尉呢？这如同西汉刺史监察太守一样，仅监察而已。

由小黄门蹇硕统领，可见其为禁军性质。

此外，见于《汉书》和《后汉书》的校尉官还较多，有些我们将在以下两章中再说。总之，校尉这种官，不但数量较多，而且有一定的地位，如上述为二千石或比二千石。《后汉书·献帝纪》建安五年的一个诏令说：

诏三公举至孝二人，九卿、校尉、郡国守相各一人，皆上封事，靡有所讳。

这个次序的排列反映了校尉的地位，其级别虽与郡国守相同并稍低，排列却仅次于九卿而位于他们前面。

### （六）诸都尉

秩级较高而且具有一定独立性的军队长官，除了校尉之外，还有都尉。西汉时的都尉主要是各郡设立，在野战军中间或有之（均详后），汉武帝时在中央也设立了几个相对独立的都尉。

1. 水衡都尉

《汉书·百官公卿表》记载：

水衡都尉（应劭曰：古山林之官曰衡，掌诸池苑，古称水衡。张晏曰：主都水及上林苑，故曰水衡。主诸官，故曰都。有卒徒武事，故曰尉），武帝元鼎二年初置。掌上林苑，有五丞。属官有上林、均输、御羞、禁圃、辑濯、钟官、技巧、六厩、辨铜九官令丞。又衡官、水司空、都水、农仓，又甘泉上林、都水七官长丞皆属焉。上林有八丞十二尉……禁圃两尉，甘泉上林四丞。

此官并非正规军的长官，但因为有“卒徒武事”，故以都尉为名，在需要武装保卫的地方，士卒还不少，如上林苑有十二尉，禁圃有二尉，有点像后世的水上警察、园林派出所之类的情况。东汉时，将此相对独立之官职并入少府，《后汉书·百官志》本注曰：

孝武帝初置水衡都尉，秩比二千石，别主上林苑有离官燕休之处，世祖省之，并其职于少府。每立秋貙刘之日，辄暂置水衡都尉，事讫乃罢之。

2. 护军都尉

《汉书·百官公卿表》记载：

护军都尉，秦官，武帝元狩四年属大司马，成帝绥和元年居大司马府比司直，哀帝元寿元年更名司寇，平帝元始元年更名护军。

秦时护军都尉不可考，但楚汉之争中。汉已有护军都尉，《汉书·陈平传》记载：

（陈平降汉）汉王与语而说之，问曰：子居楚何官？平曰：为都尉。是日拜平为都尉，使参乘，典护军，诸将尽欢。

这实际就是护军都尉。后来有人谗平，汉王经再三观察了解，“拜以为护军中尉，尽护诸将，诸将乃不敢复言”。很清楚，护军之护就是监护的意思，如陈平自己所说“使监护长者”，即以较低的地位监护整个军队和较高地位的将领，如上述的北军中候一样，但比北军中候的地位高。汉初，护军都尉是直属汉王的，到武帝时仍直属朝廷，《汉书·卫青传》记载元朔五年诏御史曰：

护军都尉公孙敖，三从大将军击匈奴，常护军傅校获王，封敖为合骑侯。

武帝以后属于大司马，成为大司马大将的属官，赵充国就曾为大将军护军都尉。东汉时似无此官。

3. 奉车都尉和驸马都尉

《汉书·百官公卿表》记载：

奉车都尉掌御乘舆车，驸马都尉掌附马（师古曰：附，副马也。

非正驾车皆为副马。一曰驸，近也，疾也)。皆武帝初置，秩比二千石。

又《汉旧仪》记载：

驸马都尉常骑从，武帝置，秩比二千石。

上述这几个都尉，都有一定的临时性，其职掌与他官重复，所以东汉都没有了。此外，《汉书》中还能见到一些都尉，除野战军中的以外，也多半为临时设置，如《朱博传》云“护漕都尉”以及各地所设“农都尉”等，顾名思义，是为了“护漕”，为了“教力田”[①] 这样一些事，临时任命都尉这一级的武官去主办其事，类似今之建设兵团。都尉这一级，大体上就是比二千石，比西汉时二千石的校尉低半级。

## 二 南北军

秦汉时期，京城地区的常备军称为南北军，《汉书·刑法志》记载说：

天下既定，踵秦而置材官于郡国，京师有南北军之屯。

师古曰：踵者因也。似乎京师的南北军和郡国的材官一样，皆因秦而置。秦时可能已有南北军之制，但不可详考。汉初确有南北军无疑。《汉书·外戚传》记载说：

(吕后)病困，以赵王禄为上将军居北军，梁王产为相国居南军，戒产、禄曰：高祖与大臣约，非刘氏王者天下共击之，今王吕氏，大臣不平。我即崩，恐其为变，必据兵卫宫，慎毋送丧，为人所制。

又《汉书·高后纪》记载：

---

① 《汉书·地理志》敦煌郡注：“元封六年、济南崔不意为鱼泽尉，教力田，以勤效得谷。”

（太尉）勃欲入北军，不得入。襄平侯纪通尚符节，乃令持节矫内勃北军。勃复令郦寄、典客刘揭说禄，曰："帝使太尉守北军，欲令足下之国，急归将军印辞去。不然，祸且起。"禄遂解印属典客，而以兵授太尉勃。勃入军门，行令军中曰："为吕氏右袒。为刘氏左袒。"军皆左袒。勃遂将北军。然尚有南军，丞相平召朱虚侯章佐勃。勃令章监军门，令平阳侯告卫尉，毋内相国产殿门。产不知禄已去北军，入未央宫欲为乱。殿门弗内，徘徊往来。平阳侯驰语太尉勃，勃尚恐不胜，未敢诵言诛之，乃谓朱虚侯章曰："急入宫卫帝。"章从勃请卒千人，入未央宫掖门，见产廷中。……逐产，杀之郎中府吏舍厕中。

以上记载说明：第一，汉初确有南北军制度；第二，吕产、吕禄居南北军为临时措施，太尉将北军亦非常制，皆由皇帝亲自下令（或矫诏），则南北军另有主管官员；第三，南军是宫门卫屯兵，由卫尉掌管。未说明的是北军的情况及其主管长官。

汉代之南北军制度，历来有不少专题研究①，其中陈树镛的《汉官答问》较为明确，他写道：

汉有南北军。南军者，卫尉掌之，所以卫宫。《汉书·百官公卿表》云："卫尉掌宫门卫屯兵"是也。北军者，中尉掌之，内卫京师，外备征伐。《百官表》云："中尉掌徼巡京师"是也。——何以知卫尉掌南军也？《高后纪》："勃遂将北军，然尚有南军。令平阳侯告卫尉毋内相国产殿门……。"故知卫尉所掌即南军也。何以知中尉掌北军也？《百官表》中尉之属有中垒令丞，而《表》又云：中垒校尉掌北军垒门。夫中垒校尉而掌北军之垒门，则北军有中垒之名可知。中尉之属官有中垒令、丞与尉，则中垒即北军而为中尉所掌，又可知也。

下面他还论述何以名北军？何以名南军？这里就不赘引了。大体说来，守

① 钱文子《补汉兵志》；马瑞临《文献通考》及其所引山斋易氏说；俞正燮《癸巳类稿》之《汉南北军义》；陈树镛《汉官答问》；贺昌群《汉初之南北军考》（《中国社会经济史集刊》5卷1期）；劳干《论汉代之卫尉与中尉兼论南北军制度》（《史语所集刊》29本）

卫宫廷之南军在长安城南，防守京师的北军在长安城北①。

即如以上所述，则南军守卫的范围较小，北军守卫的范围要大得多，那么南军的士兵自然也要少于北军。据《汉官》记载（已见前引），卫尉之下只有“员吏四十一人，卫士六十人”，那是指卫尉府（寺）的员吏和卫士而言。其下属诸官的员吏和卫士均属于卫尉。但卫士总人数也不过二千五百零七人。这也许是东汉的数字。比较执金吾（中尉）所属之兵要少。虽然《汉官》有“执金吾缇骑二百人，五百二十人”的记载，也当为府（寺）之数字，实际数字要多得多。《汉官仪》有记载说：

> 执金吾属官府武库令、丞，从骑二百人，持戟五百②二十人，舆服导从。

> 执金吾车驾出从，六百骑，走六千二百人也。

这两条记载如何解释？我认为，前一条是指车驾出巡，舆服导从时，执金吾本身的随从卫兵。后一条则是护卫车驾的卫兵，包括戒严、作为前驱清道开路等，如《汉官仪》所云：

> 静式令、式道候，秦官也。静宫令，车驾出在前驱静清所徼车逆日，以示重慎也。式道左右凡三，惟车驾出迎式道持麾王宫行之乃闭。

前引《后汉书·百官志》关于式道候的记述较为明确，这里不再重复。车驾出，本有一支队伍“在前清道”。整个车驾出巡时，至少得动用六七千人。这是属于北军的。

问题是从西汉到东汉，执金吾的职掌有所变化，这一点两《汉书》的记载都有所交代。《汉书·百官公卿表》说，中尉（执金吾）“掌徼循京师”；《后汉书·百官志》的本注则只说：

---

① 参阅劳干：《论汉代的卫尉与中尉兼论南北军制度》。劳干对陈树镛关于何以名南北军的解释有所驳正。

② 《通典》：“五百者，伍佰也。”那么只有“五佰”二十人。

掌宫外戒司非常水火之事，月三绕行宫外，及主兵器。

东汉时的执金吾职责缩小了范围。而大量的京师卫戍部队，虽仍称为北军，但不再属中尉（执金吾）管了，故北军五校独立，另属北军中候监督。

总之，卫尉掌南军，中尉掌北军，这种南北军制度是汉武帝以前的事，汉武帝内增七校以后，北军的情况开始变化了，京师的卫戍部队，逐渐不再由执金吾总管，出现了一些相对独立的部队，分别由校尉官统领，直属于皇帝。到了东汉，正式编成独立的北军五校，成为京师的常备军，既保卫京师，也时常出征。与此同时，执金吾的职权缩小了，他们管辖的卫兵自然相对减少。还有，卫尉原来统领的南军本身虽无大变化，但在数量上与新的北军五营卫兵的数量更不能相比了，所谓南北军失去了意义，东汉也就很少见到南军这种称呼了。

最后，关于南北军的士兵有无区别？有人曾认为“中尉掌正卒，卫尉掌卫士”[①]。这个说法不确切。正式的兵役，不论中央或地方的，皆可称为正卒，更不消说所有保卫京师（包括各官府）的兵役了。所有保卫京师（包括各府）的，也叫卫士。卫士之名是就宿卫这一任务而言的，故《汉书·百官公卿表》称卫尉掌（屯卫兵），而《后汉书·百官志》又称北军五校“掌宿卫兵”。是南北军皆可称卫士。

然而，西汉到东汉的卫士是有变化的：西汉（西汉前期）的卫士实行的是征兵制，义务兵为主；东汉的卫士（从西汉后期开始）增加了召募来的士兵，职业兵日益增多。西汉前期以征调为主，轮番宿卫，而且地区上也是以内地为主，因为戍卒者则不为卫士，这在上一章中已经说明。还有，不论南军或北军都是这样轮番宿卫的，即《汉书·武帝纪》注所谓“去故置新”的送和迎，这种“送迎”还十分隆重，送走旧卫士时，如《汉书·王尊传》所说：

正月，行幸曲台临飨罢卫士（如淳曰：诸卫士更尽得代去，故天

① 劳干：《论汉代的卫尉与中尉兼论南北军制度》，《史语所集刊》第29本。

子自临而飨之)。①

迎来新卫士时，如《汉旧仪》所说，丞相亲“到东门外劳赐”。这样送迎，绝非只是南军卫士。后来召募的士兵逐渐增加，可能在北军中多些，因为从边郡等地召募来的期门、羽林、胡骑、越骑等，后来都是北军。那么有可能少量轮番的就成为卫尉或其他官府的卫士了。“屯卫兵”“卫士”“宿卫兵”等名称的不同，这是没有多大意义的。

## 三 郡国兵

钱文子《补汉兵志》说：

郡国之兵，则材官、骑士也。

这一说法是有根据的。《汉书·刑法志》所云：

天下既定，踵秦而置材官于郡国。

这条记载比较简略，郡国兵的具体情况，今据有关记载，略考如下：

首先是名称。

郡国兵的名称，应该就是“材官骑士”，《汉书》中又称为“车骑材官”，《高帝纪》十一年：

上乃发上郡、北地、陇西车骑，巴蜀材官及中尉卒三万人。

《惠帝纪》七年：

发车骑、材官诣荥阳。

① 飨遣仪式详见《后汉书·礼仪志》，本书下章还要详述。

《高帝纪》上虽车骑、材官分开讲，实际上均指郡国之兵而言，故其注云：

应劭曰：材官，有材力者。张晏曰：材官、骑士习射御骑驰战陈，常以八月，太守二都尉、令长、丞令都试，课殿最。水处则习船。边郡将万骑行障塞。光武时省。

据张晏的解释，车骑材官可以看作郡国兵的代名词，师古也是这样理解的，他为《惠帝纪》的“车骑材官”作注说：

车，常拟军兴者，若近代之戍车也。骑，常所养马，并其人使行充骑，若今武马及所养者主也。材官解在《高纪》。

不论“材官骑士”或“车骑材官”，皆笼统而言。分别地讲：习射御则为车，习骑驰则为骑。有车骑之地，并征发其车、骑，则称车骑。无车骑之地，仅征发其人，则称材官或材士。

总之，郡国兵统言之皆曰材官，分别来说，材官只是一般步兵的名称，因兵种不同还有其他具体名称（详后）。

其次，郡国兵有多少？

从“民年二十三为正”，到“年五十六老衰乃得免为民”。役龄之内者，均有一年为材官骑士。《汉官仪》说，

秦郡有尉一人，典兵，禁备盗贼。

其所典之兵，即本地役龄之内的材官骑士。不论是郡都尉或县尉，平时都或多或少“典”有一些士兵。《汉官仪》曾写道：

边郡太守，各将万骑。

这所将万骑，当即本郡之骑兵。当然，这是边郡的情况，边防需要地方常备军较多。内地平时是不会很多的，一般情况则如《汉官仪》所说，“常以立秋后讲诣课试”，每年秋后进行集中训练和考试。但是有战事时，则

随时征调各地的材官骑士。

东汉时，地方军有些变化，据《后汉书·百官志》记载：

建武六年，省诸郡都尉，并职太守，无都试之役。

同书《光武帝纪》记载：

（六年）是岁，初罢郡国都尉官。

（七年）诏曰：今国有众军，并多精勇，宜且罢轻车、骑士、材官、楼船士及军假吏，令还复民伍。

应劭说“自郡国罢材官、骑士之后，官无警备，实启寇心”。这个说法是不确切的。因为当时有大量的职业兵，无须地方轮番宿卫，所以取消地方材官、骑士等，如钱文子《补汉兵志》所说，“长从募士多而郡国之兵坏矣”。但是也并非完全取消了地方军，实际上以后地方各郡仍有士兵以为常备，如前引《后汉书·窦固传》的记载，明帝永平十六年打匈奴，窦固等人所率部队即有各郡之甲卒、郡兵。又如《马防传》记载，章帝时：

（马防）将北军五校兵及诸郡积射士三万人（击羌）。

又《和帝纪》记载：

（永元六年）武陵溇中蛮叛，郡兵讨平之。

以后各朝均有郡兵的记载，直到黄巾起义爆发后，《后汉书·卢植传》记载说：

（朝廷）发天下诸郡兵征之。

有“郡兵”可征，可见地方军一直存在。

那么，东汉的变化究竟是什么呢？

第一，“省诸郡都尉，并职太守”，地方兵由郡太守直接掌握，军政长官统一。为什么这样做，是一个值得研讨的问题，其历史影响是可以清楚看到的，东汉后期的地方军阀割据显然由这里种下了祸根。不过，在东汉发展时期并非绝对的“并职太守”，有时候也还是设置都尉的，如《后汉书·百官志》注引应劭曰：

每有剧贼，郡临时置都尉，事讫罢之。①

并且《百官志》本文还有交代：

惟边郡往往置都尉及属国都尉，稍有分县，治民比郡。安帝以羌犯法，三辅有陵园之守，乃复置右扶风都尉，京兆虎牙都尉。

边郡所置都尉和属国都尉（也在边郡）有一特点，即“分县治民”，分管一部分县，和郡守一样兼管民事，如《后汉书·安帝纪》永初元年分犍为南部为属国都尉，二年分广汉北部为属国都尉等。边郡的都尉，多半是郡内分部都尉，如《后汉书·顺帝纪》中有会稽东部都尉，《独行传》有会稽西部都尉，《安帝纪》有蜀郡西部都尉，《顺帝纪》有陇西南部都尉等，皆为分县治民。边郡设部都尉始于西汉武帝时，但东汉在原则取消郡都尉的情况下，似成一种制度，《顺帝纪》阳嘉二年“复置陇西南部都尉官”注云：

武帝元朔四年，初置南部都尉于陇西临洮县，中兴以来废，至此复置之也。②

第二，所谓“罢材官骑士”，实际上是因为职业兵代替了义务兵（“国有众军，并多精勇”），以募兵制代替征兵制，所以“省都尉”的同时，“无都

① 《后汉书·孝桓帝纪第七》永寿元年“秋七月，初置太山、琅邪都尉官”。注云：“二郡寇贼不息，故置。”

② 钱大昭《后汉书辨疑》曰：“《马防传》：建初二年，羌豪布桥等围南部都尉于临洮，则肃宗时有此官也。此云复置，则不知废于何时？”一些部都尉的废置时间，有待详考。

试之役”，这个“无”字用得好，既不是“省”，也不是“废”，而是实际上没有进行，或者无法进行，《汉官仪》有一条记载说：

> 世祖中兴，海内人民可得而数裁十二三，边陲萧条靡有孑遗，鄣塞破坏，亭（燧）绝灭。建武二十一年，始遣中郎将马援谒者分筑烽候，堡壁稍兴，立郡县十余万户（案：二字有讹）。或空置太守、令长，招还人民，上笑曰：今边无人而设长吏治之，难如春秋素王矣！乃建立三营屯田殖谷，弛刑谪徒以充实之。

东汉初年，人口才十之二三，当然无法实行征兵制，也当然无法进行“都试之役”。另一方面，东汉政权建立过程中，中央和地方都保持着大量的军队，并且是长期召募而形成的，已经成了职业兵，也可以不用征调、轮番的方式来补充兵源。以后未见恢复正式的义务兵制（当然征发人民服兵役还是有的），地方军亦当以召募为主，故上述各郡兵，或称“募士”，甚至有的还以部曲形式组成，《后汉书·度尚传》记载说：

> 延熹五年，长沙、零陵贼合七八千人，自称将军，入桂阳苍、梧、南海、交阯，交阯刺史及苍梧太守望风逃奔，二郡皆没。遣御史中丞盛修募兵讨之，不能尅。豫章艾县人六百余人，应募而不得赏直，怨恚，遂反，焚烧长沙郡县，寇益阳，杀县令，众渐盛。……（度尚）自右校令擢为荆州刺史。尚躬率部曲，与同劳逸，广募杂种诸蛮夷，明设购赏，进击，大破之，降者数万人。桂阳宿贼渠帅卜阳、潘鸿等畏尚威烈，徙入山谷。尚穷追数百里遂入南海，破其三屯，多获珍宝。而阳、鸿等党众犹盛，尚欲击之，而士卒骄富，莫有斗志。尚计缓之则不战，逼之必逃亡。乃宣言卜阳、潘鸿作贼十年，习于攻守，今兵寡少，未易可进，当须诸郡所发悉至，尔乃并力攻之。申令军中，恣听射猎。兵士喜悦，大小皆相与从禽。尚乃密使所亲客潜焚其营，珍积皆尽，猎者来还，莫不泣涕。尚人人慰劳，深自咎责，因曰：“卜阳等财宝足富数世，诸卿但不并力耳。所亡少少，何足介意！”众闻咸愤踊。尚勒令秣马蓐食，明旦，径赴贼屯。阳、鸿等自以深固，不复设备，吏士乘锐，遂大破平之。……时荆州兵朱

> 盖等，征戍役久，财赏不赡、忿恚，复作乱……。

度尚率领的是地方兵力，其来源：一是自己的部曲和亲客，二是靠召募。同时，从这段记载中还可以看到，应募来的士兵是要“赏直”的，“不得赏直”或“财赏不赡”就会闹乱子。“士卒骄富”之后，又“莫有斗志”，难以统率，“缓之”不行，他们不愿战或不力战，“逼之”也不行，他们会逃亡。这些就与西汉时征发的义务兵大不相同了。士兵的素质大大下降，这一方面也使东汉政权陷入难以自拔的地步。东汉末年，应劭在《汉官仪》中记述置右扶风都尉时发了一大通议论，颇能说明东汉兵制变化的后果，他说：

> 盖天生五材，民并用之，废一不可，谁能去兵？兵之设尚矣。《易》称……弧矢之利，以威天下。《春秋》三时务农，一时讲武。《诗》美公刘……入耕出战，乃裹餱粮，干戈载扬，四方莫当。自郡国罢材官、骑士之后，官无警备，实启寇心。一方有难，三面救之，发兴雷震，烟烝电激，一切取办，黔首嚣然。不及讲其射御，用其戒誓，一但驱之以即强敌，犹鸠鹊捕鹰鹯，豚羊弋豺虎，是以每战常负，王旅不振。张角怀挟妖伪，遐迩摇荡，八州并发，烟炎绛天，牧守枭裂，流血成川尔！乃远征三边殊俗之兵，非我族类，忿鸷纵横，多僵良善，以为己功，财货粪土。哀夫民氓迁流之咎，见出在兹，不教而战，是谓弃之。迹其祸败岂虚也哉！《春秋》家不藏甲，所以一国威抑私力也。今虽四海残坏，王命未洽，可折冲压难，若指于掌，故置右扶风。

这番议论问题很多，除了明显的对农民起义和少数民族的污蔑之辞外，如上所述，他认为罢材官骑士之后“官无警备，实启寇心”也是不确切的。但他涉及兵制的变化以及变化后的一些弊病，包括民兵制度、征调制度等问题，平时训练的问题（不讲“射御”“戒誓”“不教而战”），士兵的素质与纪律问题（“僵良善以为己功，财货粪土”），以及“私力”（当即指“部曲”“亲客”）的发展等。总之，西汉的常备军从根本上遭到动摇。

## 四 任务和训练

作为常备军，不论是中央还是地方，其主要任务是维持治安。中央的常备军统称之曰“卫士”，负责保卫京师，包括皇宫及中央各官府（中都官）。地方的常备军则负责地方的警备。

保卫皇宫当然是中央常备军（卫士）的最主要任务之一。其中有一部分卫士是持戟、执楯陈于阶陛之下或立于御座之旁，直接护卫着皇帝的，称为“执戟”“执楯”或“武士”，《汉书·惠帝纪》云：

> 谒者、执楯、执戟、武士、驺比外郎。①

注引应劭曰：

> 执楯、执戟，亲近陛卫也。武士，力士也。高祖使武士缚韩信是也。驺，驺骑也。

《汉书·淮南王传》：

> 王令人衣卫士衣，持戟居王旁，有非是者，则刺杀之。

汉初王国与朝廷同制，可见是有卫士持戟立于御座之旁。或陈列于殿堂阶陛之下，如《汉书·霍光传》云：

> 太后被珠襦，盛服坐武帐中，侍御数百人皆持兵，期门武士陛戟，陈列殿下。

---

① 《汉书补注》：“沈钦韩曰：执楯、执戟二者亦郎也。《滑稽传》优旃呼陛楯郎。东方朔曰：位不过执戟。”

当然更多的卫士则是卫宫殿门户，如《后汉书·扬仁传》记载：

（明帝崩）时诸马贵盛，各争欲入宫。（北宫卫士令杨）仁披甲持戟，严勒门卫，莫敢轻进者。

护卫宫殿的卫士日夜徼巡，如《汉官解诂》所说：

从昏至晨，分部行夜。夜有行者，辄前曰：谁？谁？若此不解（懈），终岁更始，所以重宿卫也。

诸门部各陈屯夹道其旁，当兵以示威武，交戟以遮妄出入者。

《汉旧仪》亦云：

昼漏尽夜漏起，宫中卫宫，城门击刁斗，周庐击木柝。

夜漏起，宫中、宫城门击柝、系（击）刁斗，传五夜百官徼直符（?），行卫士周庐击木柝，传呼备火。

这些着重说的是夜晚的防卫。白天卫士的活动更多，无论平时的朝会，或重大典礼，卫士当然的要警跸。车驾出行或校猎，则卫士夹道，所谓“卫官填街，骑士塞路”以“止行人，备非常”①。

所谓宫殿，包括所有的宫，包括太后宫、太子宫等。如宣帝即位，长乐宫初置屯卫；元康元年冬，置建章卫尉；元帝初元三年，罢甘泉、建章宫卫②。同时，园陵寝庙，也置有卫士屯守，据《汉书·韦玄成传》记载，西汉元、成两帝时，诸帝、后之园陵寝庙共三十所，“用卫士四万五千一百二十九人，养牺牲卒不在数中”③。

---

① 《汉官仪》及《周礼·天官·宫正》郑玄注、班固《西部赋》、扬雄《羽猎赋》均有此类夹道之描写。

② 见《汉书》本纪。

③ 这个数目是比较大的。不同时期，所用卫士数目是不同的，武帝时卫士总数不过二万人（见前），东汉时高祖庙仅卫士十五人，光武庙二十人（《后汉书·百官志》补注引《汉官》）。

另一大任务是守卫京师的各官府，即所谓“给事都官”或“戍中都官”，颜师古注《汉书·宣帝纪》“都官”说是“京师诸署”，注《魏相传》“戍中都官”时说：

来京师诸官府为戍卒。若今卫士上番，分守诸司。

又《汉书·萧何传》记载：

令卒五百人，一都尉，为相国卫。

这五百人就是卫士，其任务就是保卫相国的安全，或者说守卫相府。

到京师的卫士，当然要训练。一般来说，是经过地方训练的材士，再到京师服役。《史记·秦始皇本纪》所记秦二世元年之事：

尽征其材士五万人为屯卫咸阳，令教射狗马禽兽。

到了京师，仍然要“教射”训练，如《汉书·甘延寿传》，寿为羽林：

投石拔距绝于等伦，尝超逾羽林亭楼。

此当为教练之一例。而且多少可以寓训练于娱乐之中，有如“角抵”一样，角抵原本为“讲武之礼”，秦汉时期逐渐发展为角抵戏，如《汉书·刑法志》所说：

（战国）稍增讲武之礼，以为戏乐，用相夸视。而秦更名角抵，先王之礼没于淫乐中矣。

但这并不排斥在军中仍可以用“角抵”来进行训练，因为角抵实即摔跤，《文选·西京赋》注云：

两两相当角力，技艺射御，故名角抵也。[1]

这意思似乎还包括较量射御等技艺在内，当为先王讲武之礼的原意。摔跤角力仅其一种耳。又如《汉书·百官公卿表》中还有记载：

羽林孤儿教以五兵。

这是说对羽林孤儿的军事训练。

卫士平时的警卫任务，实际也是一种训练，而朝会及诸大典则更是训练，例如朝会，《汉书·叔孙通传》：

汉七年，长乐宫成，诸侯群臣朝十月。仪：先平明，谒者治礼，引以次入殿门，廷中陈车骑戍卒卫官[2]设兵，张旗志。传曰："趋"。殿下郎中侠陛，陛数百人。功臣列侯诸将军军吏以次陈西方，东乡；文官丞相以下陈东方，西乡。大行设九宾，胪句传。于是皇帝辇出房，百官执戟传警……自诸侯王以下莫不震恐肃敬。至礼毕，尽伏，置法酒。

举行这样的仪式，各就各位，统一行动，叫趋就趋，事先不知要进行多少次操练。又如"貙刘"，《后汉书·礼仪志》：

……武官肄兵，羽战阵之仪，斩牲之礼，名曰貙刘。兵、官皆肄孙、吴兵法六十四阵，名曰乘之。

又如"大傩"，同上书注引《东京赋注》：

---

① 《汉书·武帝纪》注引"文颖曰"与此相同。

② 《汉书补注》曰："《史记》作步卒卫官是也，宫廷不得称戍卒，疑班改步卒为戎卒，传写者误戎为戍。"寻检传、志无卫官之名，且官不当在戍卒下，宫官亦因形近而讹也。

卫士千人在端门外，五营千骑在卫士外，为三部，更送至洛水，凡三輩，逐鬼投洛水中。

总之。许许多多的礼仪活动，都包含着大量的卫士演习、教阅活动、是训练的途径和形式。

还有正式的军事教阅叫作“都试”，《汉书·燕刺王传》“将军都郎羽林”注：

师古曰：都，大也，谓大会试之。《汉光禄挈令》：诸当试者，不会都所，免之。

《汉书·霍光传》“光出都肄郎羽林”注：

孟康曰：都，试也；肄，羽也。师古曰：谓总阅试习武备也。

此种大试，秦汉时期大约每年一次，《后汉书·礼仪志》注引《魏书》曰：

建安二十一年三月，曹公亲耕藉田。有司奏：四时讲武于农隙。汉承秦制，三时不讲，惟十月车驾幸长安水南门，会五营士，为八阵进退，名曰乘之。今金革未偃，士民素习，可无四时讲武，但以立秋择吉日大朝车骑，号曰治兵。上合礼名，下承汉制也。

此即《汉书·刑法志》所说：

皆岁时讲肄，修武备云。

地方常备军负责地方治安警备，其重要任务当即防捕“盗贼”，此见于记载甚多，如《汉书·王尊传》：

会南山群盗傰宗等数百人，为吏民害，拜故弘农太守傅刚为校尉，将迹射士千人逐捕。

本为地方事，因为近在京师，故“发军击之”，有人建议当“选贤京兆尹乃可”。一般是应发郡兵的。《汉书·成帝纪》：

（鸿嘉三年），广汉男子郑躬等六十余人攻官寺，篡囚徒，盗库兵，自称山君。（四年）广汉郑躬等党与寖广，犯历四县，众且万人。拜河东都尉赵护为广汉太守，发郡中及蜀郡合三万人击之。或相捕斩，除罪。旬月平，迁护为执金吾，赐黄金百斤。

又如《后汉书·张纲传》：

时广陵贼张婴等众数万人，杀刺史、二千石，寇乱杨徐间，积十余年，朝廷不能讨。（梁）冀乃讽尚书，以纲为广陵太守，因欲以事中之。前遣郡守，率多求兵马，纲独请单车之职。既到，乃将吏卒十余人，径造婴垒，以慰安之……

本应为征剿，张纲使用了招安的办法。又同书《杨琁传》：

（杨琁）灵帝时为零陵太守。是时苍梧、桂阳猾贼相聚，攻郡县，贼众多而琁力弱，吏人忧恐。琁乃特制马车数十乘，以排囊盛石灰于车上，系布索于马尾，又为兵车，专彀弓弩，克共（期?）会战。乃令马车居前，顺风鼓灰，贼不得视，因以火烧布，布然马惊，奔突贼阵，因使后车弓弩乱发，钲鼓鸣震。群盗波骇破散，追逐伤斩无数，枭其渠帅，郡境以清。

这就是完全依靠本郡兵力，维持了本郡治安。具体事实颇多，无须更多征引。警察、治安的任务是比较清楚的。

其次再说训练。

地方常备军的训练称为“教士”，《汉书·燕刺王传》云：

非教土不得从征（张晏曰：士不素习，不得应召）。

关于这“教士”，《汉书补注》的解释较详：

沈钦韩曰：《管子·小匡篇》：君有此教士三万人以横行于天下（《吕览·简选篇》：齐桓公教卒万人以为兵首）。先谦曰：《索隐》引韦昭云：非素教习不得从军征发。孔子曰：不教而战，是谓弃之。正谓此也。案：上承毋废备言，韦、沈说胜。褚先生解云：非习礼义，不得在于侧也。

总之，“教士”即经过训练、教习之士卒。地方的这种教习、训练，《汉旧仪》和《汉官仪》都明确写道：

为材官骑士，习射御、骑驰、战阵。……水处为楼船，亦习战射，行船。

亭长课射，游徼徼循。尉、游徼、亭长皆习设（射），备五兵。五兵，弓弩、戟、盾、刀剑、甲铠。①

这后一条讲到了最基层的治安小吏亭长、游徼“皆习”，都有一个平时训练的问题。在训练当中，“射”又是一项重要内容，大约刀矛等武器的使用较易掌握，棍棒更好舞弄，弓弩则不易使用，而且有一定的条件要求（器械本身以及靶场之类），所以地方上有教习放弩的“发弩官”，如《汉书·地理志》记载：

南郡发弩官，主教放弩。

新出土的云梦秦简提供了更可靠更具体的材料，其《除吏律》云：

●除士吏、发弩啬夫不如律，及发弩射不中，尉赀二甲。●发弩啬夫射不中，赀二甲，免，啬夫任之。驾驺除四岁，不能驾御，赀教者

① 《北堂书钞·设官部》所引此条，五兵言弩、戟、刀、钩、铠。关于五兵的说法不一，详后装备章。

一盾；免，赏（偿）四岁繇（徭）戍。

发弩啬夫当即《汉书》上的发弩官，是主教放弩的，如果自己都射不中，哪里还能教人放弩，不但发弩啬夫要免，连主管官县尉也要受罚。这是教射。又秦律中还提到教驾御者，驾御当即《汉官仪》中的“御骑驰”，驾御和发弩一样也是不太好掌握的一门技术，所以不但要“习”，而且要专门的人“教”。

以上这些，可见平时训练——教和习之一般。

地方上的训练，也有每年一次的大操练和大检阅，称为都试，《汉官解诂》曰：

旧时以八月都试，讲习其射力，以备不虞，皆绛衣戎服，亦扬威武，折冲厌难者也。

又《汉旧仪》《汉官仪》皆云：

八月，太守、都尉、令长、相、丞、尉会都试，课殿最。

都试之日，全郡的车骑、材官集中大操练、大检阅、大评比。因为地方武装集中，所以往往成为发动武装起事的一个有利时机，如《汉书·翟方进传》记载，翟义欲举兵诛王莽：

于是以九月都试日，斩观令，因勒其车骑材官士。募郡中勇敢，部署将帅。

又如《后汉书·李通传》：

光武既深知通意，乃遂相约结，定谋议，期以材官都试骑士日（注：汉法以立秋日都试骑士，谓课殿最也），欲劫前队大夫及属正（注：前队大夫谓南阳太守甄阜也，属正谓梁丘赐也），因以号令大众。

关于都试的具体情况，《汉书·韩延寿传》有一段比较具体的记述可供参考：

> 延寿在东郡时，试骑士（师古曰：每岁大试也），治饰兵车，画龙虎朱爵。延寿衣黄纨方领，驾四马，傅总，建幢棨（李奇曰：戟也。晋灼曰：傅，箸也。总，以缇缯饰镳镳也。建，立也。幢，旌幢也。师古曰：幢，麾也。棨，有衣之戟也，其衣以赤黑缯为之），植羽葆（师古曰：植，亦立也。羽葆，聚翟尾为之，亦今纛之类也），鼓车歌车（孟康曰：如今郊驾时车上鼓吹也）。功曹引车，皆驾四马，载棨戟。五骑为伍，分左右部，军假司马、千人持幢旁毂。歌者先居射室（李奇曰：都试射堂也），望见延寿车，嗷咷楚歌。延寿坐射室，骑吏持戟夹陛列立，骑士从者带弓鞬罗后。令骑士兵车四面营陈，被甲鞮鞪居马上，抱弩负籣（如淳曰：籣，盛弩箭皀也。师古曰：鞮鞪即兜鍪也。籣，盛弩矢者也，其形如木桶）。又使骑士戏车弄马盗骖（孟康曰：戏车弄马之技也。驰盗解骖马，御者不见也）。

此事为萧望之所劾，是“上僭不道”，“竟坐弃市”。主要是韩延寿在此次大试中过分铺张，特别是在突出他个人方面有“僭越”行为。但都试之规模却可见一斑：车骑云集，全副武装，队伍整齐，阵法严谨，号令统一，有分部伍的整齐操练，也有“戏车弄马”之类的表演，习射还有专门的射室（或称射堂）等。记述得具体而且比较形象生动。

# 第三章　军队（二）
## ——野战军

野战和野战军是一个现代军事术语，但它是从古代发展来的，《墨子·兼爱中》说：

> 今诸侯独知爱其国，不爱人之国……是故诸侯不相爱，则必野战。

这个野战即指旷野之战，《孟子·离娄上》说：

> 争地以战，杀人盈野；争城以战，杀人盈城。

攻城以外的争地之战即为野战，如后来人们所说“不复攻城，当求野战”①，战国时人们对野战的理解，是与攻打城邑的包围战相提并论的，《战国策·赵策》载赵奢对田单的话说：

> 今千丈之城，万家之邑相望也，而索以三万之众，围千丈之城，不存其一角，而野战不足用也，君将以此何之？

野战还有人数多、部队大的特点，我们使用“野战军”这个词，主要取这一特点，即叙述较大规模的作战部队，其作战不局限于旷野之战，也包括攻城打围，是近于现代的用法。上一章所说的常备军，无论是中央或地方的，都主要是起治安、警察作用的（在任务这一点上，也许相当于现代的武警部队），它们有时也被派去参加大规模的野战，但是野战军与常备军

---

① 房玄龄等：《晋书》卷一，《宣帝纪》，中华书局 1974 年版，第 7 页。

在统帅、编制和组织等各方面都有所不同，征发又另有一套制度。本章就叙述这些问题。

## 一　将帅的任命

战国时期，大规模的征战，或国君自将，或以太子将，或以相为将，如《史记·秦本纪》：

> 缪公任好元年，自将伐茅津……（五年）秋，缪公自将伐晋，战于河曲……十五年，（晋）兴兵将攻秦。缪公发兵，使丕豹将，自往击之……二十五年，周王使人告难于晋、秦。秦缪公将兵助晋文公入襄王。

《史记·张仪列传》：

> 仪相秦四岁，立惠王为王。居一岁，为秦将，取陕。筑上郡塞。

其他国家也是如此，均有自将、太子将和相将的记载①，楚相名柱国，故有柱国将的记载②。总之，任命将帅是件大事，如《七国考》卷11引《未学篇》：

> 魏制：立大将，君自布席，夫人奉觞，亲醮于庙，乃授斧钺。自立吴起始也。

可见立将之制是隆重的也是慎重的。《史记·魏世家》记载，魏惠王三十年伐赵：

> 大兴师，使庞涓将，而令太子甲为上将军。

---

① 参阅《史记》赵、魏、燕、齐各世家。

② 《史记·楚世家》："怀王元年，使柱国昭阳将兵攻魏。"

足见当时兵权不轻易假人。

秦汉时期，大一统的国家，疆域辽阔，南征北战非轻而易举，故御驾亲征之事不多了。每次征战，都是皇帝亲自选派和任命将领，临时授以兵权，事后就自然取消了。实际上是兵无常帅，帅无常兵，或者说没有常领士兵之将帅。所以秦汉时期，很少有后世骄兵悍将的现象。钱文子在《补汉兵志》中说："非有事不统属于太尉、诸将军"，不是有战事时，军队不统属于太尉，也不统属于将军，这是当时的实际情况（不过东汉时期，特别东汉后期的情况发生了变化）。

先看一看秦始皇对于将领的选任，《史记·王翦列传》记载：

> 秦将李信者，年少壮勇，尝以兵数千逐燕太子丹至于衍水中，卒破得丹，始皇以为贤勇。于是始皇问李信："吾欲攻取荆，于将军度用几何人而足？"李信曰："不过用二十万人。"始皇问王翦，王翦曰："非六十万人不可。"始皇曰："王将军老矣，何怯也！李将军果势壮勇，其言是也。"遂使李信及蒙恬将二十万南伐荆。王翦言不用，因谢病，归老于频阳。……（荆人）大破李信军……始皇闻之，大怒，自驰如频阳，见谢王翦曰："寡人以不用将军计，李信果辱秦军。今闻荆兵日进而西，将军虽病，独忍弃寡人乎？"王翦谢曰："老臣罢病悖乱，唯大王更择贤将。"始皇曰："已矣，将军勿复言！"……于是王翦将兵六十万人，始皇自送至灞上。

这个选任过程比较具体，足见是秦始皇亲自选定将帅，一旦任命，就有掌握几十万大军、指挥作战的实权。这里要指出，秦时将和将军的称呼，是代表一定的地位，即《后汉书·百官志》所云，"将军始自秦、晋，以为卿号"。将军相当于文官卿的地位。但以上"王将军""李将军"又只是一种泛称，指可以带兵打仗的武将，将军称号的本身并无兵权，只有被任命为统帅之后，才有将兵之权。

秦统一后的北逐匈奴、南击扬越的统帅，也都是由秦始皇亲自选派任命的，如《史记·蒙恬列传》：

> 始皇二十六年，蒙恬因家世得为秦将，攻齐，大破之，拜为内

史。秦已并天下，乃使蒙恬将三十万众北逐戎狄，收河南。筑长城……暴师于外十余年，居上郡。是时蒙恬威振匈奴。始皇甚尊宠蒙氏，信任贤之。

被任命为将，有兵权，就有威力，有荣贵。但就是这位叱咤风云、劳苦功高的将领蒙恬，后来被赵高、胡亥一道诏书即系为阶下囚。足见将帅任免之权，全在皇帝手中。

任命统兵将领是慎重的，被选任的对象，如王翦乃是“宿将”，为秦统一立下了汗马功劳，蒙恬也是世世武将。不过，被选任为将的，也不一定都是武将、将军，如《汉书·严助传》：

秦之时尝使尉屠睢击越，又使监禄凿渠通道。

又如二世末年，带领大军镇压农民起义的统帅就是少府章邯。

两汉时期，将帅的任命，基本上与秦相同。西汉时期的大规模征战，按地区来说，主要在北方，与匈奴作战；按时间来说，以武帝时为最多。

对匈奴的征战，从文帝时就已经开始，如《汉书·灌婴传》记载，文帝三年：

是岁，匈奴大入北地，上令丞相（灌）婴将骑八万五千击匈奴。匈奴去，济北王反，诏罢婴兵。

对匈奴的征战结束后，就取消了灌婴的统兵权。《汉书·文帝纪》的记载，还同时任命了另一批将领：

匈奴入居北地、河南为寇。上幸甘泉，遣丞相灌婴击匈奴，匈奴去。发中尉材官属卫将军，军长安。上自甘泉之高奴，因幸太原，……济北王兴居闻帝之代，欲自击匈奴，乃反，发兵欲袭荥阳。于是诏罢丞相兵，以棘蒲侯柴武为大将军，将四将军十万众击之。祁侯缯贺为将军，军荥阳。

除灌婴将兵击匈奴之外，又令卫将军领兵防守长安。讨伐济北王的反叛，以柴武为大将军，从“于是诏罢丞相兵”的行文看，就是将灌婴所将之兵转属柴武，或者还补充了一些兵力（由八万五千增至十万）。与此同时，还任命缯贺率领一支队伍防守荥阳，显然不在大将军所将四将军之中，是一支队伍的独立统帅。

另外，由以上记载也可看出，将军可以是一支部队的统帅，也可能不是，部队大了，可以多设几个将军，而以“大将军”为全军统帅，这仍然和战国时一样，有上将军、大将军之称号。

《汉书·文帝纪》又记载说：

> 十四年冬，匈奴寇边，杀北地都尉卬。遣三将军军陇西、北地、上郡，中尉周舍为卫将军，郎中令张武为车骑将军，军渭北……以东阳侯张相如为大将军，建成侯董赫、内史栾布皆为将军，击匈奴。

带兵出征或屯守即以将军为号，部队大，将军多，则委任一大将军。在有几个将军的情况下，总有一人为主，如《汉书·元帝纪》记永光二年：

> 秋七月，西羌反，遣右将军冯奉世击之。八月，以太常任千秋为奋威将军，别将五校并进。

先后派两个将军，其关系如何？此事《汉书·冯奉世传》记载较详：

> 遣奉世将万二千人骑，以将屯为名。……先遣校尉在前与羌争地利，又别遣校尉救民于广阳谷。羌虏盛多，皆为所破，杀两校尉。奉世具上地形部众多少之计，愿益三万六千人乃足以决事。书奏，天子大为发兵六万余人，拜太常弋阳侯任千秋为奋武将军以助焉。奉世上言：“愿得其众，不须烦大将。”因陈转输之费。上于是以玺书劳奉世，且让之（师古曰：让，责也，责其不须大将）曰：“皇帝问将兵右将军（师古曰：官为右将军，而将军在外，故谓之将兵右将军也）……（上书言）势不可复置大将，闻之。……故复遣奋武将军。兵法曰：大将军出，必有偏裨。所以扬威武，参计策，将军又何疑

焉？夫爱吏士，得众心，举而无悔，禽敌必全，此将军之职也。……须奋武将军兵到，合击羌虏。”……其后录功拜爵，下诏曰：“……左将军光禄勋奉世前将兵征讨，斩捕首虏八千余级，卤马牛羊以万数。赐奉世爵关内侯，食邑五百户，黄金六十斤。”裨将、校将三十余人，皆拜。

似乎未授冯奉世以大将军名义，出征时为右将军，回朝后转左将军兼为光禄勋，但从前者责问之诏及后来禄功拜爵诏看，他是将兵之主帅，奋武将军任千秋虽与他身份相当，但至少是以他为主。冯奉世的这个将兵之权，是皇帝给予他的。

将帅的任命，当然还是以汉武帝时为典型。他在位期间，东西南北四方出击，尤其是对匈奴的军事行动几乎年年都有，甚至一年几次，或使人将兵屯守，或派人领兵出击。不少时候都是同时几个将军，或分别行动，或以大将军统领。武帝时期任命将帅的一个发展，就是往往在将军头衔上冠以各种名号，如《汉书·武帝纪》记载：

元光元年……卫尉李广为骁骑将军屯云中，中尉程不识为车骑将军屯雁门。

二年……夏六月，御史大夫韩安国为护军将军，卫尉李广为骁骑将军，太仆公孙贺为轻车将军，大行王恢为将屯将军，太中大夫李息为材官将军，将三十万众屯马邑谷中，诱致单于，欲袭击之。单于入塞，觉之，走出。六月，军罢。将军王恢坐首谋不进，下狱死。六年……匈奴入上谷，杀略吏民。遣车骑将军卫青出上谷，骑将军公孙敖出代，轻车将军公孙贺出云中，骁骑将军李广出雁门。青至龙城，获首虏七百级。广、敖失师而还。

（元朔五年）大将军卫青将六将军兵十余万人出朔方、高阙，获首虏万五千级。

六年春二月，大将军卫青将六将军兵十余万骑出定襄，斩首三千余级。还，休士马于定襄、云中、雁门。……夏四月，卫青复将六将军绝幕，大克获。前将军赵信军败，降匈奴。右将军苏建亡军，独身脱还，赎为庶人。

举此数例可见其余。卫青因为功大，大将军几乎成了他的专名，但实际上在他之前和之后均有人获得过这一头衔。

西汉时期，将军的名号已经很多，计有：骠骑将军、车骑将军、卫将军、前后左右将军、上将军、游击将军、复土将军、将屯将军、骁骑将军、护军将军、轻车将军、材官将军、骑将军、伏波将军、楼船将军、戈船将军、下濑将军、横海将军、浮沮将军、匈河将军、拔胡将军、中将军、因杅将军、贰师将军、浚稽将军、强弩将军、度辽将军、虎牙将军、蒲类将军、祁连将军、破羌将军、护羌将军、奋威将军、建威将军、步兵将军等①。这种种名号的将军，有的是因某一任务而设置，或因某一特点而命名的，多数是某人专用的；有的成了一种固定的官衔，为之者不止一人。成为固定官衔者可能是经常领兵的，如车骑将军、卫将军之类，大部分当是事毕即罢兵。

关于将军领兵征伐，事讫皆罢，《后汉书·百官志》的记载说得明白：

将军，不常置。本注曰：掌征伐背叛。比公者四：第一大将军，次骠骑将军，次车骑将军，次卫将军。又有前、后、左、右将军。初，武帝以卫青数征伐有功，以为大将军，欲尊宠之。以古尊官唯有三公，皆将军始自秦、晋，以为卿号，故置大司马官号以冠之。其后霍光、王凤等皆然。成帝绥和元年，赐大司马印绶，罢将军官。世祖中兴，吴汉以大将军为大司马，景丹为骠骑大将军，位在公下，及前、后、左、右杂号将军众多，皆主征伐，事讫皆罢。明帝初即位，以弟东平王苍有贤才，以为骠骑将军，以王故，位在公上，数年后罢。……顺帝即位，又以皇后父、兄、弟相继为大将军，如三公焉。

这一段记述，首先说明了将军的地位及其变化，“比公者四”是顺帝以后的事，此前或“位在公上”，或“位在公下”。其次，“杂号将军众多”，此话也不假，西汉的杂号已略于上述，据《东汉会要》卷19统计，东汉的杂号将军（不算车骑等较固定的真正杂号），约有五十，其中还有不少名号

① 参见《西汉会要》卷32。还有《史记·封禅书》中的所谓天士将军、地士将军、天道将军、文成将军等，非带兵打仗的将军。

是加在大将军之上，如建威大将军、强弩大将军、征西大将军、横野大将军等。

重要的一点是，凡是被任命为将军者，皆主征战，同时又是“事讫皆罢”。如前所述，任命将军的权力是属于皇帝的，由皇帝随事而定。野战军的将领一般都可称为将军，但带兵打仗者也有不以将军为号的①，派遣任命之权亦属于皇帝。

命将是件大事，也有一定仪式，如上述战国时魏制一样，多半帝王亲自主持这种仪式，如《汉书·高帝纪》：

（元年）汉王斋戒设坛场，拜（韩）信为大将军。②

如果将在外，有时也由皇帝派使者为之，如汉武帝任命卫青为大将军即派使者，《汉书·卫青传》：

天子使使者持大将军印，即军中拜青为大将军（师古曰：即，就也），诸将皆以兵属，立号而归。

可惜没有详细记载，想必也是后世迎接“圣旨”式的隆重。东汉还有几条稍具体一点的材料，如《后汉书》有关传中记载：

建武四年，拜马成扬武将军，发兵击李宪，帝幸寿春，设壇场祖礼遣之。

建初八年，拜班超为将兵长史，假鼓吹幢麾（本传注云：横吹、幢麾皆大将所有，超非大将，故言假）。

桓帝末，鲜卑、南匈奴及高句丽嗣子伯固并叛，为寇钞，四府举（桥）玄为度辽将军，假黄钺。

这些记载可以说明，每逢命将，必有隆重之仪式。

① 如秦时派尉屠睢征岭南，汉武帝时常派校尉领兵。

② 或作“大将”。

## 二 征发

野战军的将领是“事讫皆罢”，野战军的士兵原则上也是如此，他们是从中央卫士和地方材士中调发来的，或是召募而来的，他们的调发和遣散，关系到整个正卒的服役和调遣制度。

卫士的轮番前面已经提到，这里再集中谈谈。《汉书·武帝纪》建元元年记载的“卫士转置送迎二万人”，即去故置新，时间是每年冬季，《后汉书·礼仪志》记载：

> （季冬之月）飨遣故卫士仪：百官会，位定，谒者持节引故卫士入自端门。卫司马执幡钲护行。行定，侍御史持节慰劳，以诏恩问所疾苦，受其章奏所欲言。毕飨，赐作乐，观以角抵。乐阕罢遣，劝以农桑。

让那些即将退伍复员的卫士进皇宫参观（因为大多数不是在宫内警卫的），举行一次欢送仪式，听听卫士们的意见和要求，开展一些娱乐活动①，然后勉励几句再罢遣，此种仪式天子亲临，如《汉书·王尊传》记载：

> 又正月行幸曲台，临飨罢卫士（如淳曰：诸卫士更尽得代去，故天子自临而飨之）……行临（如淳曰：天子当临飨士时），百官共职，万众会聚。

可见罢遣卫士之仪相当隆重。去故的同时就置新，《汉旧仪》云“卫士初至，未入，君侯到都门外劳赐吏士”。君侯即丞相，丞相亲自出迎，也很隆重。

既然每年冬季都有一次去故置新的仪式，就说明卫士是一年一代。所以“不代”或“复留”，是属于特殊情况，如《汉书·魏相传》和《汉书·盖宽饶传》所记卫士“自请”“复留”一年，已见本书第一章。不过

① 蔡邕《独断》：“见客平乐飨卫士，瑰伟壮观也。”

应该指出，这一年一更的制度，在社会相对安定，兵徭役也不十分繁多的情况下，例如西汉前期或昭宣之时是可以实行的。反之，社会动荡不安，户口流亡较多，兵徭役又繁重，则不可能一年一代，如《汉书·王莽传》记载，天凤二年，“卫士不交代三岁矣”。

以上系卫士服役的大致情况。地方军如何服役呢？没有什么集中的材料可以说明，但是我们知道，凡是符合役龄者皆有兵役义务，即《汉旧仪》所说“材官，楼船五十六，老衰乃得免为庶民，就田里”。应该服兵役者，不能有任何隐瞒，云梦秦简中有几条律文说明有严格的规定，《秦律杂抄》：“县毋敢包卒为弟子，尉赀二甲，免；令，二甲。”县不准把卒藏为弟子，逃避军役，违者县令、县尉均要治罪。又前第一章中所引的那条《傅律》规定，隐匿成童，或者在申报残废、免老上弄虚作假，都要受罚，并且罚及邻伍。

对于服兵役也是不能打折扣的，《秦律杂抄》也有两条零碎记载：

> 徒卒不上宿，署君子、敦（屯）长、仆射不告，赀各一盾。宿者已上守除，擅下，人赀二甲。

有徒卒不到岗位值宿警卫，有关人员不报告要受罚。擅自离开岗位，本人要受罚。

> 冗募归，辞曰日已备，致未来，不如辞，赀日四月居边。

应募军士回乡必须有证明，如果情况不实，要罚居边服役四个月。

总之，兵役的管理是有一套制度的。所有适龄男子，都有义务服兵役，具体就是，有一年卫士的服役，有戍边的服役。还有在地方上的服役，在地方上除了训练就是维护地方治安。

无论什么官吏，除了执行有关兵役律令制度之外，是无权调发兵士的，否则即问以“擅发”之罪，如《汉书·段会宗传》记载，段会宗为西域都护，以擅发戊己校尉之兵乏兴，有诏赎论。不能擅发，也不能擅斥除，如赵广汉即坐擅斥除骑士乏军兴（详后《军法》章）。

总之，调发和罢除军队的权力统归中央，由皇帝独揽。皇帝有时调发中央的常备军执行某种特殊任务或征战，如《汉书》的《文帝纪》和《百官公卿表》记载：

> 西汉文帝三年，发中尉材官属卫将军，军长安。武帝征和四年，初置司隶校尉，持节，从中都官徒千二百人，捕巫蛊，督大奸猾，事后罢兵。

中央常备军出征的事例更多，并且往往和各种调发来的士兵一起出征，如《汉书·武帝纪》：

> 元鼎六年冬十月，发陇西、天水、安定骑士及中尉、河南、河内卒十万人，遣将军李息、郎中令徐自为征西羌，平之。

其中中尉卒即中央常备军。又如《赵充国传》：

> 充国子右曹中郎将卬，将期门佽飞、羽林、孤儿、胡越骑为支兵，至令居。虏并出绝转道，卬以闻。有诏将八校尉与骁骑都尉、金城太守合疏捕山间虏，通转道津渡。

则是大部分中央常备军都出动了。东汉情况与西汉相同，调常备军出征之事更多，如《后汉书·梁慬传》：

> （安帝三年）南单于与乌桓大人俱反。以大司农何熙行车骑将军事，中郎将庞雄为副，将羽林五校营士，及发缘边十郡兵二万余人，又辽东太守耿夔率将鲜卑种众共击之。

当然，征战军队的调发，经常的更多的是地方之材官骑士，除以上所举之外，或调兵屯守，或发兵征讨，几乎史不绝书。武帝时调发更多，甚至动辄数十万人。以后各朝；乃至东汉各朝，皆频有调发，兹不一一胪列。值得提出的问题是调发的对象。

西汉前期，调发士兵，以地方的材官骑士为主，汉武帝以后越来越多的是发应募之士和谪徒。发罪犯刑徒，本是秦代已经有的，为了对付陈胜起义，武装骊山刑徒就是最明显的例子。西汉初年，也有此类事例，如《汉书·高帝纪》记载，十一年英布反：

上赦天下死罪以下，皆令从军；征诸侯兵，上自将以击布。

显然这只是一种补充性质。武帝以后，发谪的次数和数量才很多。如《汉书·武帝纪》记载：

（元封二年），朝鲜王攻杀辽东都尉，乃募天下死罪击朝鲜……遣楼船将军杨仆、左将军荀彘将应募罪人击朝鲜。

（六年）益州、昆明反，赦京师亡命令从军，遣拔胡将军郭昌将以击之。

（太初元年）发天下谪民西征大宛。

（天汉元年），发谪戍屯五原。

（四年）发天下七科谪及勇敢士，遣贰师将军李广利将六万骑、步兵七万人出朔方，因杅将军公孙敖万骑、步兵三万人出雁门。游击将军韩说步兵三万人出五原，强弩都尉路博德步兵万余人与贰师会。

天汉四年这一次总共二十多万人，全是谪发或召募来的勇敢士。谪发的范围越来越大，前一章已述，不再重复。

发应募之士似乎是从汉武帝时开始的，至少可以说，从汉武帝开始大量调发应募之士。应募士有勇敢、奔命、伉健、募士等，如《汉书》有关纪、传记载：

（李陵）为骑都尉，将勇敢士五千人，教射酒泉、张掖以备胡。

（昭帝始元元年），益州廉头……二十四邑皆反。遣水衡都尉吕破胡募吏民及发犍为、蜀郡奔命击益州，大破之（注：应劭曰：旧时郡国皆有材官骑士以赴急难，今夷反，常兵不足以讨之，故权选取精勇。闻命奔走，故谓之奔命）。

（宣帝本始二年）选郡国吏三百石伉健习骑射者，皆从军。

（元帝永光二年击西羌），兵毕至陇西……复发募士万人。

这些事例说明，西汉后期，募兵日多。东汉罢材官骑士，发兵征讨时就更主要是召募来的奔命、积射士之类了。

既然调发之权集中于皇帝之手，如何调发也是一个很重要的问题。

战国时，各国调发军队都用虎符，虎符由两半组成，国君委任将帅时，将左半符交给统兵主将，右半个存国君处，调发军队时以国君之一半与主将之一半合符。《史记·信陵君列传》载信陵君以虎符夺晋鄙军北救赵而西却秦即为一例。秦国也是如此，调动军队以虎符为凭。秦之兵符，《历代牌符录》载有"阳陵虎符""新郪兵符""秦甲兵虎符""秦王命虎符"等拓片，1973 年西安附近又出土有"秦杜虎符"（详后）。如《新郪兵符》之文曰：

甲兵之符，右才（在）王，左才（在）新郪。凡兴士被甲，用兵五十人以上，必会王符，乃敢行之。燔队（燧）史（事）虽母（毋）会符行殹（也）。[①]

用兵五十人以上就必定要合王符才行，可见兵权之集中。秦统一之后自然也是如此，如《阳陵兵符》：

甲兵之符，右才（在）皇帝，左才（在）阳陵。[②]

称皇帝，当是秦始皇时候。

两汉时期亦以虎符发兵，只不过初年未及实行罢了。西汉是文帝时才正式与郡国守相剖符（见下）；东汉光武中期就立虎符之制了。《后汉书·杜诗传》云：

① 容庚：《秦金文录》，国立中央研究院 1931 年版，第 40 页。
② 容庚：《秦金文录》，国立中央研究院 1931 年版，第 41 页。

初，禁纲尚简，但以玺书发兵，未有虎符之信，诗上疏曰："臣闻兵者国之凶器，圣人所慎。旧制发兵，皆以虎符，其余征调，竹使而已。符第合会，取为大信，所以明著国命，敛持威重也。间者发兵，但用玺书，或以诏令，如有奸人诈伪，无由知觉。愚以为军旅尚兴，贼虏未殄，征兵郡国，宜有重慎，可立虎符，以绝奸端。昔魏之公子，威倾邻国，犹假兵符，以解赵国，若无如姬之仇，则其功不显。事有烦而不可省，费而不得已，盖谓此也。"书奏，从之。

采纳杜诗的意见，大约是建武十三年左右的事①。

关于汉虎符的形制及其实行情况等，《汉书·文帝纪》二年九月记载：

初与郡守为铜虎符、竹使符。

注云：

应劭曰："铜虎符第一至第五，国家当发兵遣使者，至郡合符，符合乃听受之。竹使符皆以竹箭五枚，长五寸，镌刻篆书，第一至第五。"张晏曰："符以代古之圭璋，从简易也。"师古曰："与郡守为符者，谓各分其半，右留京师，左以与之。"

《史记·文帝本纪》作：

与郡国守相为铜虎符，竹使符。

实际上虎符有与郡守者，亦有与诸侯王者②。《索隐》又云：

---

① 建武十四年杜诗病卒。《后汉书·光武帝》十三年记载说："时兵革既息，天下少事，文书调役，务从简寡（注：调谓发也），至乃十存一焉。"

② 陈直《汉书新证》："汉代虎符有两种情形，与诸侯王者，或称'汉与'（阜陵王虎符），或仅称'与'（泗水王虎符）。与郡守者皆称'与'。如阮氏积古斋钟鼎疑识卷10，7页有'与南郡守为虎符，南郡左二'是也。"

《汉旧仪》：铜虎符发兵，长六寸。竹使符出入征发。《说文》云：符分而合之。小颜云：右留京师，左与之。《古今注》云：铜虎符银错书之。张晏云：铜取其同心也。

还有上述《后汉书·杜诗传》的注文：

《说文》曰："符，信也。汉制，以竹长六寸，分而相合。"前书文帝二年……《音义》曰："铜虎符第一至第五，发兵遣使，符合乃听之。竹使符以竹五寸，镌刻篆书，亦第一至第五也。"

这些从不同角度的解释，大的方面是相同的，不同之处也许是不同时期小有变更。铜虎符无论过去和现在都有实物。过去，如《云烟过眼录续集》云：

（太史杨瑀所藏）铜虎符一，全体俱存。背上篆云："某虎发兵待行。"腹下分书十干，唯"戊癸"二字合全。余八字皆平。腹内作牝牡五窍，斗合之则一全虎也。往往有汉虎符者，褚雪巘及吾贞白所收皆如是。符牌样上铸一小虎形，下云：某处发兵，或左右，或止有一边。今此全虎形，亦异矣。

现在新出土的，1973 年西安南郊丈八沟农民平整土地时发现之"秦杜虎符"，长 9.5 厘米，高 4.4 厘米，厚 0.7 厘米。虎作走形，昂首，尾端卷曲。背面有槽，颈上有一小孔。身上有铭文 9 行，共 40 字。除地名外，内容与新郪虎符同，惟新郪符称"甲兵"，杜符称"兵甲"；新郪符称"王"，杜符称"君"①。而上述阳陵虎符又只有 12 字。可见，同为秦虎符，前后也有不同。又，王国维在《观堂集林》卷 18《秦阳陵虎符跋》中就区别了秦汉虎符之不同处：

阳陵虎符藏上虞罗氏，长汉建初尺四寸许，左右二符胶固为一，

---

① 杜符详见《文物》1979 年第 9 期报道。

金错篆书，文各十二……与汉符不合者有五……今传世汉虎符其文皆云：与某郡守（或太守）为虎符，与此符文绝不同……此与汉制不合者一也；汉符之数，应劭云：铜虎符第一至第五，今传世汉符胁下，皆有“某郡左几”“某国右几”字，皆记数字，此符无之，与汉制不合者二也；汉符传世者，其文刻于脊上，合之而后可读，如周官傅别之制，此符左右文同，皆在脊左右，如周官质剂之制也，此其不合者三也；《史记正义》引崔豹《古今注》云：铜虎符银错书之，今传世汉符系银错，此符独用金错，此其不合者四也；此符字画颇肥，而所错之金极薄，几与以泥金书者相等，若汉世金错器如莽一刀平五之“一刀”二字，则字细而金厚，他器如安昌车饰等亦然，此其不合者五也。……案秦汉虎符，右常在内，左常在外，不相合并……盖子婴于降汉之时敛左符而并献之，秦玺入汉，既为传国之宝，此符虽不复用，亦必藏之故府，为国重器，合既久，中生锈涩，遂不可开。否则右符既不常在外，左符亦无入京师之理，二符无自胶固矣。……或又谓此符长短与《始皇本纪》所云：符法冠皆六寸者不合。然六寸之符谓竹使符，汉竹使符亦长六寸，同于秦制。若虎符则发兵之事，贵于慎密，短则易藏而难见，故长仅四寸，许此又求之事理而可通者也。

王国维关于虎符还有一段综述，也可供我们参考，《观堂集林》卷 18《隋铜虎符跋》云：

兵符之制，古者皆右在内而左在外，又左右之数各同。三代不可考，《曲礼》曰：献粟者执右契。郑注：契，券要也，右为尊。契以右为尊，符节可知尊者在内，卑者在外，亦可知也。秦虎符右在皇帝，左在阳陵，盖用古制。汉则……右内左外与秦制同。……《文选》潘元茂册魏公九锡文云：授君金虎符第一至第五。此颁于外者。是内外之数同也。今传世汉以后诸符，如：汉魏郡太守虎符（嘉定瞿氏藏），东莱太守虎符（潍县陈氏藏）、玄菟太守虎符（海丰吴氏藏）、渔阳太守虎符（吴县吴氏藏）、长沙太守虎符（同上）及王莽压戎、敦德二符胁文皆云左二；汉常山太守虎符（潍县陈氏藏）则云左三。晋上党太守二符，一云右二，一云左二，是左右数同之证也（左右各五）……

我们征引这两大段文字，一是因为其中集中了有关秦汉虎符的一些材料，二是因为王国维还做了一些分析和提出了一些看法（大多是正确的），这些有利于我们对虎符制的了解。其中根据实物明确指出了秦汉虎符的相同和不同之处（其实汉代本身也有变化①），这就说明古人注解中有许多不同的记载是很自然的事，因为事实本有许多不同。

除了形制的不同之外，看来如何使用前后也有一些变化，这一点对于我们了解当时制度更有意义。

秦时，可能是统一六国之前，发兵五十人以上就要合符。统一后大概不是这样了。汉代有铜虎符和竹使符的区别，《汉旧仪》明说铜虎符发兵，竹使符出入征发。竹使符也作“征发”之用，当即上引杜诗所说“其余征调，竹使而已”。问题在于铜虎符的发兵与竹使符的征发如何区别，劳干曾作过一番解释，他在《汉代兵制及汉简中的兵制》中说：

> 大致说来发兵和征调可以有三种的区别。（一）征集民兵为发兵，调用屯兵为征调。（二）出境为发兵，在本郡为征调。（三）调兵为发兵，调民夫为征调。今按三者都是可能的，不过不敢确实的断定罢了。

这些解释还是比较勉强，接触具体材料时就要做一些附加的解释，例如他又说：

> 所言发都是指并非“常备”的正卒而言，至于征调当然指已有的正卒和戍卒，并非新来征发。

① 《观堂集林》卷18《记新莽四虎符》：“传世新莽虎符四，潍县陈氏藏一符，脊文曰‘新与河平□□连率为虎符’，胁文曰‘河平郡左二’；吴县吴氏藏二符，其一脊文曰‘新与压戎□□连率为虎符’，胁文曰‘压戎郡右二’；其二曰‘新与敦德广连率为虎符’，胁文曰‘敦德郡左二’；吴县蒋氏藏一符，脊文曰‘新与武亭连率为虎符’，胁文仅‘武亭’二字可辨。皆错金书，与秦符同。脊文半在他符，故有不可辨之字……”这又是变化之一例。

这恐怕与事实恰恰相反。我们不妨作另一种可能的解释，即秦汉时期以竹使符作统兵作战的凭证。因为与郡守剖符是比较固定的，所以可在铜虎符上刻“左在某地”，要调发某郡之兵，必须合符，而统兵作战则无一定，无一定之地，亦无一定之人，特别是战事较多的情况下，不能随时铸造随时废弃，而给主帅又必须发符为凭，那么以竹使符“出入征发”就为适宜了，《后汉书·窦固传》记载：

击西域，诏耿秉及骑都尉刘张皆去符传以属固（注：专将兵者并有符传，拟合之取信。今去符皆受固之节度）。

耿秉、刘张原来都是将兵主帅，故有符传。受窦固节度，则无主帅之将兵权，故去符传。这里用了一个“去”字，可能就是宣布作废或销毁了，没有用“收”字，竹使符可以不用收回。用竹使符“出入征发”，这一点可能与战国时有所不同，战国时魏王令晋鄙将十万大军救赵是使用了虎符的。

另外还有一种可能，即竹使符不限于发兵，还用于其他征调，如《汉书·严延年传》记载：

左冯翊缺，上欲征延年，符已发，为其名酷，复止（应劭曰：符，竹使符也。藏在符节台，欲有所拜召，治节御史，符节令发符下太尉也）。

这也是用途之一，不过不排斥发兵就是了。

关于竹使符使用的这种解释，不敢十分肯定，姑且存记于此。

除了以铜虎符和竹使符调发军队之外，也还有其他发兵之凭证：

一是“羽檄”。《汉书·高帝纪》云“吾以羽檄征天下兵”，师古注曰：

檄者，以木简为书，长尺二寸，用征召也。其有急事，则加以鸟羽插之，示速疾也。魏武奏事云：今边有警，辄露檄插羽。

李贤注《后汉书·光武纪》与此略同，其所引魏武奏事曰：

若有急，即插以鸡羽，谓之羽檄。

羽檄是一种木简，与竹使符有点相近，但二者显然并行。竹使符与虎符一样，有一个“剖符”成两半的问题，作为凭证就更加可信。羽檄则近于玺书，更接近于普遍发行的公文。故汉高祖以羽檄征天下兵未有至者，普遍发布的公文，都应该执行，也都可以混得过去。

二是“节”。节也是一种信物，《后汉书・光武帝纪》注云：

节所以为信也，以竹为之，柄长八尺，以旄牛尾为其眊，三重。冯衍与田邑书曰：今以一节之任，建三军之威，岂特宠其八尺之竹、犛牛之尾哉！

这种信物也可以作为发兵之用。《汉书・严助传》记载：

东瓯告急于汉，时武帝年未二十……（曰：）吾新即位，不欲出虎符发兵郡国。乃遣助以节发兵会稽。会稽守欲距法，不为发（师古曰：以法距之，为无符验也）助乃斩一司马，谕意指（师古曰：以天子意指晓告之），遂发兵浮海救东瓯。

会稽守距发也有一定道理，因为节不如符验可信，而且可以诈为。武帝征和二年戾太子就曾以节发兵，其节即有诈伪，所以，临时加黄旄以别，《汉书・刘屈氂传》记载说：

初，汉节纯赤。以太子持赤节，故更为黄旄加上以相别。太子召监北军使者任安发北军兵，安受节已，闭军门，不肯应太子。

所以《汉书・武帝纪》特记一笔：

更节加黄旄（应劭曰：时太子亦发节以战，故加其上黄以别之）。

当然诏书是可以发兵的，一般说正规的发兵，当是诏书加虎符，如《汉书·吴王濞传》记载七国之乱时，弓高侯告胶西王曰：

未有诏、虎符，擅发兵击义国。

是要既有诏书，又加以虎符相合为凭，才能发兵。特别是中央调发地方军应该如此。

## 三　编制和组织

一支数千人乃至数万人的军队，必有行伍部校，即所谓“结部曲整行伍”①。据《周礼·夏官》记载：

凡制军：万二千五百人为军。王六军，大国三军，次国二军，小国一军。军将皆命卿。二千有五百人为师，师帅皆大夫。五百人为旅，旅帅皆下大夫。百人为卒，卒长皆上士。二十五人为两，两司马皆中士。五人为伍，伍皆有长。

这究竟是何时之制度，难以断定。但自古以来，均以伍或什为军队的基本编制单位，“古者士有什伍”②。春秋战国时期，各国军队的编制可以说是大同小异，《管子·小匡篇》云：

五人为伍，轨长率之。五十人为小戎，里有司率之。二百人为卒，连长率之。二千人为旅，乡良人率之。万人一军，五乡之师率之。

这当是齐国或齐国某一时期的军队编制。又《商君书·境内篇》云：

五人来（束）簿为伍……五（十）人一屯长，百人一将……五百

① 张衡：《西京赋》，《文选》卷一。
② 《尉缭子·制谈》。

主，短兵五十人。二五百主，将之主，短兵百。千石之令，短兵百人；八百之令，短兵八十人，七百之令，短兵七十人；六百之令，短兵六十人。国封（?）尉，短兵千人。（大）将，短兵四千千……①

五人为伍，五十人设一屯长，百人设一将，显然是五和十的进位，短兵具有卫队性质，也是以五和十的倍数计数，大体上反映秦国军队编制的情况。当然在后来的发展中定有许多变化，但最基本的单位很少变化，五人为伍即是最基本的，云梦秦简《秦律杂抄》云：

战死事不出，论其后。有（又）后察不死，夺后爵，除伍人；不死者归，以为隶臣。

这是什伍连坐法用于军中。秦简中称无爵位的适兵役年龄的男子为“士伍”，有“士伍”记载的简二十多支，其中有几支是直接与军事有关的，如：

除佐必当壮以上，毋除士五（伍）新傅。（《内史杂》）

……今士五（伍）甲不会，治（笞）五十；未卒岁而得，治（笞）当驾（加）不当？当。（《法律答问》）

□□　　□□某爰书：某里士五（伍）甲、公士郑才（在）某里曰丙共诣斩首一，各告曰：“甲、丙战刑（邢）丘城，此甲、丙得首殹（也），甲、丙相与争，来诣之。”……以书谀首曰：“有失伍及菌（迟）不来者，遣来识戏次。”（《封诊式》）

由此可见，从商鞅变法到秦统一时，“伍”这个基本单位始终未变。

但是，伍以上的编制是有变化的。在秦以后的历史中，百人之长不再称将，没有什么“百人将”，“大将”也成为一种泛称，更没有什么“五百主”“二五百主”之类的名称了。“国尉”虽然在统一以后还有，但这个官职始终不太清楚，从《商君书》本身看，它不是军队中

① 括号内之校正，依高亨注。

的一级军官[①]。秦统一以后，军队编制的情况究竟如何？有待详考。不过，在长时间发展过程中，逐渐形成了一些定制：

首先，统兵的高级将领称为将军。据《新唐书·宰相世系表》记载，有窦经、杜赫曾为秦大将军，但不见其他记载。上将军是有的，白起就曾为上将军。关于秦国的将军见于记载的有十多人，如李兴族[②]、暴荐、大罗弘、士思穆[③]、魏冉、芊戎、张唐、摎、李信、王翦、蒙骜、王龁、麃公、桓齮、王贲、蒙恬、冯劫、樊於期[④]等。此外又有裨将军，如《史记·蒙恬列传》：

> 始皇二十三年，蒙武为秦裨将军，与王翦攻楚。

或者称裨将，就是副将，《汉书·项羽传》：

> 梁为会稽将，籍为裨将（师古曰：裨，助也，相副助也）。

所谓裨将，战国以来其他国家也有[⑤]。

其次，军队中的中下级将领有校、尉、候、司马，如《汉书·项籍传》：

> （项梁）得精兵八千人，部署豪杰为校尉、候、司马（师古曰：分部而署置之）。

校：即校尉，《史记·陈涉世家》记载：

> 秦左右校（《索隐》：即左右校尉军也）复攻陈，下之。吕将军走，收兵复聚。鄱盗当阳军黥布之兵相收，复击秦左右校，破之青

① 《境内篇》下文有“国尉分地”云云。

② 欧阳修、宋祁：《新唐书》卷七十，《宗室世系表》，中华书局 1975 年版，第 1956 页。

③ 《通志·氏族略》。

④ 以上均见于《史记·秦本纪》《史记·秦始皇本纪》及有关列传，樊於期见《刺客列传》。

⑤ 《史记·楚世家》怀王十七年：“秦大败我军，……虏我大将军屈匄、裨将逢侯丑等七十余人。”

波，复以陈为楚。

尉：尉为武官之名在秦已有许多，如国尉、中尉、卫尉、郡尉、军尉以及护军都尉、关都尉等，野战军中带兵打仗之尉，当是指都尉。秦始皇二十二年，楚军大败李信，“入两壁，杀七都尉”①，《资治通鉴》注说“此郡尉将兵从伐楚者也……然秦汉之制，行军亦自有都尉”。秦汉时期，在较大部队中同一地方士兵多半编在一起（详后），因此郡尉领本郡兵参加作战。

候，即指军候，《史记·项羽本纪》记载：

> 章邯……阴使候始成（《集解》张晏曰：候，军侯。《索隐》：侯，军侯，官名。始成，其名）使项羽，欲约。

又《史记·曹相国世家》：

> 击李由军，破之，杀李由，虏秦候一人。

司马：军中之司马，与军候地位大体相同，或者相近，可以泛称司马，也可以有专门主官车之司马，如《史记·曹相国世家》：

> 击秦司马尸军砀东，破之。西击秦将杨熊军于曲遇，破之，虏秦司马及御史各一人。

又如《史记·靳歙列传》：

> 战兰田北，斩车司马二人（《集解》张晏曰：主官车）、骑长一人。定陇西六县，所将卒斩司马、候各四人，骑长十二人。

这里还提到了“骑长”，也许是属于下级军吏之类的（详后）。见于记

---

① 司马迁：《史记》卷七十三，《王翦列传》，中华书局1959年版，第2339页。

载的下级军吏还有“屯长”。据上引《商君书·境内篇》“五人一屯长”，有人指出当为“五十人一屯长”①，是可以同意的。秦军中的屯长，见于记载的如《史记·陈涉世家》：

> 二世元年七月，发闾左适戍渔阳九百人，屯大泽乡。陈胜、吴广皆次当行，为屯长。

这里未明言“屯长”的地位。“屯长”或即云梦秦简中的“敦长”，敦、屯古字通，《秦律杂抄》记载说：

> 不当禀军中而禀者，皆赀二甲，法（废）；非吏殹（也），戍二岁；徒食、敦（屯）长、仆射弗告，赀戍一岁，令、尉、士吏弗得，赀一甲。●军人买（卖）禀禀所及过县，赀戍二岁；同车食、敦（屯）长、仆射弗告，戍一岁……。徒卒不上宿，署君子、敦（屯）长、仆射不告，赀各一盾。……
>
> ……军新论攻城，城陷，尚有栖未到战所，告曰战围以折亡，叚（假）者，耐；敦（屯）长、什伍智（知）弗告，赀一甲；伍二甲。●敦（屯）表律。

从这些记载看，屯长虽不是主要负责人，职位不如令、尉、署君子等，但也有一定地位，其下尚有仆射，特别是最后一条，屯长列在什、伍之前，如果是一伍之长，决不会这样行文。因此，“五十人一屯长”之说可成立。不过是下级军吏罢了。

其中又提到“仆射”，看来也是一种下级军吏，其地位在屯长之下。《孙子·作战篇》曹操注云：

> 阵车之法，五车为队，仆射一人；十车为官，卒长一人。

这可作为参考。仆射或者是车兵中下级军吏，管五辆车，即为十几人或二

---

① 杨宽：《战国史》，上海人民出版社 1980 年版，第 233 页。

十几人之长。

汉代在秦制的基础上进一步发展完善，野战军的编制和组织，据《后汉书·百官志》记载：

其领军皆有部曲。大将军营五部，部校尉一人，比二千石；军司马一人，比千石。部下有曲，曲有军候一人，比六百石。曲下有（纯）[屯]，（纯）[屯]长一人，比二百石。其不置校尉部，但军司马一人。又有军假司马、假候，皆为副贰。其别营领属为别部司马，其兵多少各随时宜。门有门候。其余将军，置以征伐，无员职，亦有部曲、司马、军候以领兵。其职吏部集各一人，总知营事。兵曹掾史主兵事器械。禀假掾史主禀假禁司。又置外刺、刺奸，主罪法。

据这一段的大要，参以其他记载，可以初步整理出汉代野战军编制的主要面貌。在设置将军领兵征战时，有正规的和相对临时的两种编制，前者大而全，后者比较精简，但部队的基本编制形式是相同的，“皆有部曲”。

正规的：

大将军（幕府）——（部）校尉、军司马、假司马、门候——（曲）军候、假候——（屯）屯长——什伍。

相对临时的：

将军——（部）司马——（曲）军候——（屯）屯长——什伍。

现分述如下：

（一）大将军或将军

此系一支独立作战部队的主帅，已于前述，兹不再赘。

（二）幕府

协助将军处理军务之员职总称幕府，亦作莫府。《史记·李牧列传》“市租皆输入莫府”，《集解》引如淳曰“将军征行无常处，所在为治，故言莫府。莫，大也”。《索隐》不同意“解”莫为“大”：

崔浩云：古者出征为将帅，军还则罢，理无常处，以幕帟为府署，故曰幕府。则莫当作幕字之误也。

那么将军幕府之中有多少人？员职多少呢？《后汉书·百官志》的记载是：

> 长史、司马皆一人，千石。本注曰：司马主兵，如太尉。从事中郎二人，六百石。……职参谋议（《东观书》曰：大将军出征，置中护军一人）。掾属二十九人（案本传，东平王作骠骑，掾史四十人）。令史及御属三十一人。本注曰：此皆府员职也。又赐官骑三十人，及鼓吹（应劭《汉官仪》曰：鼓吹二十人，非常员。舍人十人）。

这是一般情况。一般来说，莫府的最高职员是长史和司马，如上文注中又引《东观书》曰：

> 窦宪作大将军，置长史、司马员吏官属，位次太傅。

长史、司马皆千石之官，莫府中不应有位秩更高的官吏，故西汉时霍光“擅调益莫府校尉”即为“专权自恣”① 的表现了，因为校尉是二千石级，在莫府中不应设置。

（1）长史：是莫府的总管，是将军的左右手，地位也较高，甚至可以代表将军或单独行事。《后汉书·马严传》：

> （明帝时）拜将军长史，将北军五校士、羽林禁兵三千人，屯西河美稷，卫护南单于，听置司马、从事。牧守谒敬，同之将军。

（2）司马：莫府中之司马，本注说是“主兵如太尉”，那就是在军事上出谋献策，或帮助将军调遣军队。

（3）从事中郎：职参谋议，本是一个参谋性质的吏员，但能干的也可以发挥很大作用，如《汉书·陈汤传》：

> 大将军（王）凤奏以为从事中郎，莫府事壹决于汤。汤明法令，善因事为势，纳说多从。

① 班固：《汉书》卷六十八，《霍光传》，中华书局1962年版，第2935页。

（4）掾属、令史：有些是管具体事务的，也有些是起参谋作用的。可以笼统地称掾、史或舍人，也可以因具体事务而名之，如外剌、刺奸以及兵曹掾史、禀假掾史等。不同时期不同将军的莫府，具体名称不同，人数也不一，随事而设，还因人而设①。

以上为大将军莫府。其他将军莫府也有长史和司马，如赵充国曾为车骑将军长史，强弩将军许延寿请严延年为长史。掾、史、舍人也都是有的，不过数量多少不一罢了。

（三）部——校尉、司马

队伍较大就一定分成若干支队。在特殊情况下，如战争规模大、部队特多，许多相对独立的作战部队也可以暂时由一人统一指挥，汉武帝时大将军卫青常率六将军或几个将军出征就是如此②。但在通常情况下，则应是“大将军营五部”，即分成几个支队，五部也不是固定的，也可能六校，如《汉书・陈汤传》记载：

> 建昭三年，汤与（甘）延寿出西域……（延寿久病）汤独矫制发城郭诸国兵、车师戊己校尉屯田吏士。延寿闻之，惊起，欲止焉。汤怒，按剑叱延寿曰：“大众已集会，竖子欲沮众邪？”延寿遂从之，部勒行阵，益置扬威、白虎、合骑之校（张晏曰：西域陈法之名也。师古曰：张说非也。一校则别为一部军，故称校耳。汤特新置此等诸校名，以为威声也。）汉兵胡兵合四万余人，延寿、汤上疏自劾奏矫制，陈言兵状。即日引军分行，别为六校，其三校从南道逾葱岭径大宛，其三校都护自将，发温宿国，从北道入赤谷，过乌孙，涉康居界，至滇池西。

四万多人分成六校，则每校约七千人。不过这人数很难确定，另外的记载说明一校不过千把人，如《汉书・李广利传》记载，伐宛时六万人分为“五十余校尉”，即一校千余人。

---

① 《汉书・蔡义传》：“以明经给事大将军莫府。”

② 《汉书・卫青传》：“（元朔五年）即军中拜青为大将军，诸将皆以兵属。”“明年春，大将军青出定襄，合骑侯敖为中将军，太仆贺为左将军，翕侯赵信为前将军，卫尉苏建为右将军，郎中令李广为后将军，左内史李沮为强弩将军，咸属大将军。”

又同书《赵充国传》：

> 步兵九校（师古曰：一部为一校也），吏士万人。

看来一二千人也许是一般情况①，万人的队伍由将军率领，万人五部或六校，则一二千人一校，校下之曲则数百人，多则五百，少则二三百，然后是屯长率领五十人。

比二千石的校尉，率领一支一二千人的队伍，有时也可单独行动，如《汉书·霍去病传》：

> （霍去病）为票姚校尉，与轻勇骑八百，直弃大将军数百里赴利（注：刘敞曰：大将军衍将字），斩捕首虏过当。

又如《汉书·赵充国传》：

> 诏中郎将卬将胡越佽飞射士、步兵二校，益将军兵。

显然各校是独立的。正因为部校有一定的独立性，所以校和校尉可以有自己的名号，如扬威、白虎等名以为威声，票姚校尉亦属此类，《汉书·霍去病传》注曰：

> 票姚，劲疾之貌也。

又如骑校尉、轻骑校尉、横海校尉②、执马校尉、驱马校尉等，则是以其任务命名的。《汉书·李广利传》云：

> （武帝）拜习马者二人为执、驱马校尉（师古曰：习，犹便也。

① 《汉书·李陵传》有"独将军麾下及成安侯校各八百人为前行"的记载，这里一校似乎只有八百人，不过这是战争伤亡而"无后救"的特殊情况。

② 《汉书》之《宣帝纪》有骑校尉常惠；《卫青传》有轻骑校尉郭成；《闽粤王传》有横海校尉福。

一人为执马校尉，一人为驱马校尉），备破宛择取其善马云。

因为校尉地位较高，可以有一定独立性，所以西汉后期和东汉时，常以校尉独当一面，如西汉元帝时开始设置的戊己校尉，东汉的护乌桓校尉与护羌校尉，这些与边防军有关，下章再作论述。

一个部校就有一个军营，首先就要有一人总管军营之事，故“其职吏部集各一人，总知营事”。独立的军营还应该有门候，“门有门候”是指军营之门①。

其次是军司马，每部有比千石的军司马一人。《后汉书集解》引李祖楙曰：

军司马掌行军之事，凡有征伐则署之，还则免，有时但称司马，然与前司马异。

此说不确，军司马不仅掌行军之事，他也带兵打仗的。部校之司马比幕府之司马只有千石与比千石之不同，或如现在所说相差半级，带兵打仗时作用也许更大，是一个比较常设的军官，《汉书·吴王濞传》：

诸宾客皆得为将、校尉、行间候、司马（孟康曰：行伍间候也。师古曰：在行伍间，或为候，或为司马也），独周丘不用。②

又西汉赵充国在征战中，就曾专门召集“诸校司马”共商军事。在东汉的记载中，也往往派司马单独带兵出击，如《后汉书·耿夔传》记安帝永初三年车骑将军何熙推耿夔为先锋：

遣其司马耿溥、刘祉将二千人，与夔俱进。

---

① 军营之门的守卫是件大事，《汉书·高惠高后文功臣表》有芒侯耏跖“以门尉前元年初起砀”。东汉又有北军中垒校尉掌北军垒门。

② 《汉书补注》：“王先谦曰：行间二字赘文，《史记》无二字，文义自足。疑此涉下行间而衍，然传本之误由来旧矣。《通鉴》亦无二字。”如此则更简明。

《后汉书·耿恭传》，明帝永平十八年，匈奴击车师时：

（耿恭）遣司马将兵三百人救之。

《后汉书·郑众传》：

（永平中）复召（郑）众为军司马，使与虎贲中郎将马廖击车师。

其例颇多，毋庸赘引。值得注意的是《后汉书·百官志》所特别交代的一句：

其不置校尉部，但军司马一人。

校尉官阶较高，朝廷也不轻易予人，所以不置校尉但置军司马的情况还较多。而这军司马也就是一部的主将了。又因分部是必不可少的，因而见于记载的司马也较多，或简称司马，或称军司马、校司马①、营军司马，而左司马、右司马、骑司马、车司马②等，名号不同，其实一也。

还有军假司马，乃为副职。假司马也能将兵出击。如《后汉书·班超传》：

（明帝）十六年，奉车都尉窦固出击匈奴，以超为假司马，将兵别击伊吾，战于蒲类海，多斩首虏而还。

后来班超以三十六人建奇功于西域，才得到一个正式的“军司马”头衔。

据《汉书·百官公卿表》记载，校尉也有副职，不过级别与校尉相同，也是秩比二千石。副校尉见于记载的不多，陈汤曾以副校尉身份与甘延寿击西域③，实际上就是副统帅。

---

① 《汉书·南粤王传》有校司马苏弘。

② 《汉书·高惠高后文功臣表》有：孔聚以左司马入汉；陈胥以右司马击项籍；王虞人以骑司马从；王竞以车司马从。

③ 班固：《汉书》卷七十，《陈汤传》，中华书局1962年版，第3008页。

（四）曲——军候

一二千人（多者六七千人）的部，人数也不少，必要分队，这就是曲。曲有多少人，史无明文。我们在当时历史中找，特别是在秦国历史上查考，《商君书·境内篇》有五百主、二五百主，曲不会超过这个数字，或者少一些。二三百人的队伍。陈胜起义时，戍卒九百人，由两个将尉率领，《史记·陈涉世家》索隐云：

> 尉官也。《汉旧仪》：大县三人。其尉将屯九百人，故云将尉也。

九百人将近两个五百，率领者是两个县尉，是上承五百主，又与比六百石的军候地位相当。据此我们可以认为：

部下之曲约三五百人，曲有军候一人，比六百石，其地位大体与县尉相当①，还有假候为其副职。有关军候、假候的具体记载不多，其作用难于查考，《汉书·陈汤传》记载，与匈奴作战时：

> 军候假丞杜勋，斩单于首。

看来军候这一级是直接冲锋陷阵的。部下之曲，三五百人可以作为一个战术单位，大约相当于现在军队中的营和连②，恩格斯说：

> 营是战术单位，除少数特殊情况外，它是军队进行战斗的组织形式。因此，营在人数上不应当过大，以便营长能用口令和目力联络信号来指挥，同时也不应过小，以便它能够在战斗中作为独立单位行动，甚至在战斗中遭到损失后也能够独立行动。因此，营的人数在600到1400人之间，平均是800—1000人。③

---

① 校尉秩比二千石，大体与郡都尉相当。军候与县尉相当，这就如同现今县团级和地师级一样，军队与地方级别有一个大体相当的规律。

② 这是从人数和在作战中的地位说的，与上述级秩略有不同。事实上军队中的秩级较地方高，而今也是如此。

③ 中共中央马克思恩格斯列宁斯大林著作编译局：《马克思恩格斯全集》卷十四，人民出版社2006年版，第45页。

曲的人数比这要少一些（现代的营也不过三五百人），但作为战术单位，大体上与营是相同的，事实上连也是这样的单位。甚于候这一级军官，《汉书·百官公卿表》中也几次提到，在卫尉、中尉之下均有司马、候、千人等属官，城门校尉下属城候，亦以候名官。或者候与千人是同级的，千人或由二五百主之名发展而来，不过实际是不可能统帅千人的。

（五）屯——屯长

前已指出，《商君书·境内篇》所说：

> 五人一屯长，百人一将。其战，百将，屯长不得，斩首；得三十三首以上，盈论，百将、屯长赐爵一级。

“五”字下当脱“十”字。一则五人之屯长不当与百将并列，二则五人有伍长，在地方或称伍老①，似无屯长别名。而《后汉书·百官志》的记载更清楚：

> 屯长一人，比二百石。

绝不可能只领五人。当然，到了汉代，也不一定是五十人一屯了。因为这中间不停地在演变，屯长之名从商鞅时保留到东汉，百将以后就没有了，五百主、二五百主等名号也没有了。

汉代的屯长率领多少人呢？是较难考证的，陕西的秦俑坑中，武士俑七十人一列，是否一屯为一列呢？也许将来从出土文物中可以找到答案。

（六）什伍

如前所述，什伍之制古已有之。为什么以什伍为军队的最基本单位呢？因为古代军制与地方组织基本上一致（详下），军队中把同伍之人编在一起，这样，如《国语·齐语》所说：

> 伍之人祭祀同福，死丧同恤，祸灾共之，人与人相畴，家与家相畴，世同居，少同游。故夜战声相闻，足以不乖；昼战目相见，足以

① 《韩非子·外储说右下》。

相视。

邻里之人彼此熟视，连声音也听得出来，这样打起仗来颇有好处。当然，在古代还可能与兵器的战术性能有关，即同伍之人各执不同兵器①。不过秦汉以后与此无关了。

秦是实行什伍制的，已于上述。汉承秦制，什伍仍为基本编制单位，《汉书·晁错传》说：

什伍俱前（师古曰：五人为伍，二伍为什）。

又同书《冯唐传》记其言曰：

士卒尽家人子，起田中从军，安知尺籍伍符（李奇曰：尺籍所以书军令；伍符，军士五五相保之符信也）？

师古注“天下吏民得置什器”时云：

军法：五人为伍，十人为什，则共其器物，故通谓生生之具为什器。亦犹今之从军作役者，十人为火，共蓄调度也。

什伍之人在一起共同开伙，共器物，这在云梦秦简中也有一例，其标明“毒言”之简云：

爰书：某里公士甲等廿人诣里人士五（伍）丙，皆告曰：“丙有宁毒言，甲等难饮食焉，来告之。”……讯丙，辞曰：“外大母同里丁坐有宁毒言，以卅余岁时䙴（迁）。丙家节（即）有祠，召甲等，甲等不肯来，亦未尝召丙饮。里节（即）有祠，丙与里人及甲等会饮食，皆莫肯与丙共桮（杯）器。甲等及里人弟兄及它人智（知）丙者，皆难与丙饮食。丙而不把毒，毋（无）它坐。”

① 蓝永蔚：《春秋时期的步兵》，中华书局1979年版，第114～119页。

丙的申诉是讲以往的情况，很可能是公士甲与士伍丙同在军中时之事，即便不是同在军中，但可反映什伍之间有共伙共器的习俗。

再看看《汉书·韩延寿传》，韩延寿在东郡试骑士时，也是五骑为伍。伍这个单位始终未变，故有“士伍”① “卒伍”② “行伍”③ 等名称。

以上所述乃秦汉野战军中的一般编制和组织，不排斥随时、随事、因人、因地而有许许多多的具体不同情况。这里就无法一一说明了。

最后，关于野战军的编制，还有一点值得特别提出来的，那就是基本上按地区进行编制，把同一地方的人编在同一部队之中，这在中外古代史上似乎是共同的。恩格斯曾经指出：

> （斯巴达）和雅典一样，同一部落或同一地方的人员编在同一部队。④

古代中国，我们只要举出《管子》的记载就可以说明了，《管子·小匡篇》写道：

> 管子乃制：五家为轨，轨为之长；十轨为里，里有司；四里为连，连为之长；十连为乡，乡有良人。以为军令。是故：五家为轨，五人为伍，轨长率之；十轨为里，故五十人为小戎，里有司率之；四里为连，故二百人为卒，连长率之；十连为乡，故二千人为旅，乡良人率之；五乡为师，故万人一军，五乡之师率之。三军，故有中军之鼓，有高子之鼓，有国子之鼓。春以田，曰搜振旅；秋以田，曰猕治兵。是故卒伍政定于里，军旅政定于郊。内教既成，令不得迁徙。故卒伍之人，人与人相保，家与家相爱，少相居，长相游，祭祀相福，死丧相恤，祸福相忧，居处相乐，行作相和，哭泣相哀。是故夜战其声相闻，足以无乱；昼战其目相见，足以相视，欢欣足以相死。是故

---

① 《汉书·景帝纪》：“夺爵为士伍，免之。”注：“谓夺其爵，令为士伍，又免其官职，即今律所谓除名也。谓士伍者，言从士卒之伍也。”

② 《汉书·公孙弘传》：“陛下过意，擢臣卒伍之中，封为列侯，致位三公。”

③ 《史记·陈涉世家》：“蹑足行伍之间。”张衡《西京赋》“结部曲，整行伍”。

④ 中共中央马克思恩格斯列宁斯大林著作编译局：《马克思恩格斯全集》卷十四，人民出版社 2006 年版，第 12 页。

以守则固，以战相胜。君有此教士三万人，以横行于天下，诛无道以定周室，天下大国之君莫之能圉也。

军队的编制和地方组织完全是一致的，其所以如此这里也略有说明。

秦汉时期，不一定像上面这样严格按乡里编制，但部队大体上是按地区编制的，所以将军带兵打仗，往往是将某地之兵，如：

（秦始皇十八年），王翦将上地兵下井陉，端和将河内兵共伐赵。①

秦代是这样，一个将领将一个地区的兵。汉代也是如此，《汉书·赵充国传》记载，赵充国击西羌，领兵六万人，其中包括：

三辅、太常徒弛刑，三河、颍川、沛郡、淮阳、汝南材官，金城、陇西、天水、安定、北地、上郡骑士、羌骑，与武威、张掖、酒泉太守各屯其郡者。

后来赵充国请求屯田备边又上奏，请留“淮阳、汝南步兵”。

各郡来的兵，仅留下淮阳、汝南两郡的步兵，其余皆罢还。这明显的是按地区编制。假如各地来的杂编在一起，现在罢遣又重新整编，那何必提出留淮阳、汝南步兵呢！

再从调发的记载看，也是按区调发的，如《汉书》各帝纪记载：

（高帝十一年），发上郡、北地、陇西车骑，巴蜀材官及中尉卒三万人……军霸上。

（高后五年），发河东、上党骑屯北地。

（昭帝始元元年），遣永衡都尉吕破胡募吏民，及发犍为蜀郡奔命击益州，大破之。

（宣帝本始二年），兴调关东轻车、锐卒……击匈奴。

（成帝鸿嘉四年），拜河东都尉赵护为广汉太守，发郡中及蜀郡合

---

① 此处引文从《资治通鉴》卷 6。《史记·秦始皇本纪》但言“将上地”“将河内”。

三万人击（郑躬）。

东汉发兵亦是如此，各纪、传均有记载，不一一罗列。即便发很多郡甚至天下诸郡兵时，在军队中都是保持各地原有编制，如《后汉书·吴汉传》记载：

> 拜汉大将军，持节北发十郡突骑。更始幽州牧苗曾闻之，阴勒兵，敕诸郡不肯应调（注：调，发也）。（建武）八年，从车驾上陇……帝敕汉曰："诸郡甲卒，但坐费粮食，若有逃亡，则沮败众心，宜悉罢之。"

在兵卒之上始终冠以"郡"字，是各郡调来，又在军中编在一起，所以这"郡"字是有意义的。《后汉书·西羌传》的记载更为明显：

> 章和元年，（傅）育上请发陇西、张掖、酒泉各五千人，诸郡太守将之，育自领汉阳、金城五千人，合二万兵，与诸郡克期击之，令陇西兵据河南，张掖、酒泉兵遮其西。

此外，《吴汉传》又记载吴汉对彭宠说：

> 渔阳、上谷突骑，天下所闻也。

则各地士兵还有各地特色。如《补汉兵志》所说：

> 大抵金城、天水、陇西、安定、北地、河东、上党、上郡多骑士，三河、颍川、沛郡、淮阳、汝南、巴蜀多材官，江淮以南多楼船士。

有些地方以骑士为多，或者说骑士比较精良；有些地方材官较多，或者说训练有素；水乡之地人民水性好，当然可以有较多的楼船之士。这些说明各地士兵有各地的特色。又有轻车、锐卒、迹射士（或积射士）等，那是兵种问题，以下有专章记述。

同一地方的士兵编在同一部队，这在军队的组织上也反映出来。不是“将军营五部、部下有曲，曲下有屯”吗？乍一看不太容易理解何以名部、曲、屯？如果从同一地方的士兵编在同一部队这个特点来理解，就比较清楚的了，因为部、曲、屯均为地域名称，如：

部：《说文解字》注云：

> 分别部居，不相杂厕。

既是整体之一部分，也是一个较大的地方区域名称，如汉武帝把天下为十三部，即十三个大区域。或者在郡内分成几部，如《汉书·尹翁归传》云：

> 河东二十八县，分为两部，闳孺部汾北，翁归部汾南。

也有分东、西、南、北、中几部者。

曲：是所谓乡曲之曲，穷乡之地，僻处一隅，谓之乡曲。《庄子·秋水篇》：

> 曲士不可以语于道者，束于教也。

《释文》引晋司马彪云：

> 曲士，乡曲之士也。”

又《盐铁论·执务篇》：

> 一人行而乡曲恨。

乡曲显然比部的地域范围要小，虽不是朝夕相见之人，也必是彼此知道，才会“一人行而乡曲恨”，“乡曲”即同县同乡之人。乡曲后引申为乡里。

屯：亦为聚居之处，不过范围较小一些罢了。所以有屯落之名，屯落即村落。《汉书·陈胜传》师古注“屯长”时说：

> 人所聚曰屯，为其长帅也。

总之，部、曲、屯都与一定的地域有关，军队中部下有曲这样的编制，大约是起于秦汉，但渊源于战国，它是与古代地方组织和军事组织一致有关的。它本身也保持着按地区编制这样的特点。野战军中按地区编制部队，在秦汉时期是毋庸置疑的，以后如何？此制在我国历史上何时消灭？有待考查。

# 第四章　军队（三）
## ——边防军

秦汉大一统的帝国，四周边境线上，必须有大量的边防军守卫，如何建设边防军就成为当时政论家们讨论的重大问题之一。在长期的实践中，边防军也形成了一套组织和制度。现分述如下：

## 一　边防及边防军的发展

《盐铁论·备胡篇》说：

> 戍备自古有之。

但究竟古到何时？尚有待查考。至少在战国时期，各国之间已有了边防措施，那就是修建关塞亭障，乃至修筑长城，《盐铁论·险固篇》载：

> 大夫曰：楚自巫山起方城属巫、黔中，设扞关以拒秦；秦包商洛、崤函以御诸侯；韩阻宜阳、伊阙，要成皋、太行以安；周、郑、魏滨洛筑城，阻山带河以保；晋国、赵结飞狐、句注、孟门以存；荆、代、燕塞碣石，绝邪谷，绕援辽；齐抚阿甄，关荣历，倚太山，负海河。梁关者，邦国之固，而山川社稷之宝也。

梁关要塞派重兵把守，且有亭、障守望，如《战国策·韩策》载张仪之言所说：

> 料大王之卒，悉之不过三十万，……除守徼亭、鄣塞，见卒不过二十万而已矣。

据此，则守徼亭、障、塞之兵不下十万，占全国全部兵力的三分之一。较大的障即一城堡，有时派尉一级的武官驻守，如《史记·白起列传》记载，秦昭王四十七年：

六月，陷赵军，取二鄣四尉（《索隐》：鄣，堡城。尉，官也。《正义》：《括地志》云：赵鄣故城一名都尉城，今名赵东城……又有故谷城。此二城即二鄣也）。

其次，各国之间均筑长城以为防御，如楚之方城，齐、魏之长城以及赵、燕之南长城皆是①。战国后期，为防御东胡、匈奴、林胡、楼烦等游牧部族的侵扰，燕、赵、秦等国均在边境修建长城，这便是秦始皇时筑万里长城的基础。

秦建立统一的中央集权国家，其疆域空前辽阔，如《史记·秦始皇本纪》所谓：

地东至海暨朝鲜，西至临洮、羌中，南至北向户，北据河为塞，并阴山至辽东。

因而边防也大大加强，如《汉书·晁错传》晁错所云：

秦时北攻胡貉，筑塞河上，南攻扬越，置戍卒焉。

边防军的数字达到百万，《史记·秦始皇本纪》：

（三十二年）始皇乃使将军蒙恬发兵三十万人②，北击胡，略取河南地。

三十三年，发诸尝逋亡人、赘婿、贾人，略取陆梁地，为桂林、

① 杨宽：《战国史》，上海人民出版社1979年版，第296～299页。

② 《史记·匈奴列传》及《水经·河水注》则说为十万，《淮南子·人间训》为五十万。

象郡、南海，以适遣戍（《集解》徐广曰：五十万人守五岭）。西北斥逐匈奴。自榆中并河以东，属之阴山，以为四十四县，城河上为塞。又使蒙恬渡河，取高阙、阳山、北假中，筑亭障以逐戎人。徙谪，实之初县。

三十四年，适治狱吏不直者，筑长城及南越地。

北筑长城，南戍五岭，各为五十万人，《淮南子·人间训》有较详的记述：

（秦皇）发卒五十万，使蒙公、杨翁子将，筑脩城，西属流沙，北击辽水，东结朝鲜，中国内郡輓车而饷之。又……使尉屠睢发卒五十万为五军：一军塞镡城之岭；一军守九嶷之塞；一军处番禺之都；一军守南野之界；一军结余干之水。三年不解甲弛弩，使监禄无以转饷，又以卒凿渠而通粮道，以与越人战……（越人）夜攻秦人，大破之，杀尉屠睢，伏尸流血数十万。乃发适戍以备之。

据此而说百万边防军，大致差不离。对秦的这种边防，《淮南子》又接着说：

欲知筑修城以备亡，不知筑修城之所以亡也，发适戍以备越，而不知难之从中发也。

秦亡的原因虽不能这么简单地说，但秦始皇时边防政策、措施恐怕也确有失策之处，所以汉朝人注意在这方面总结经验教训。

继秦以后的汉朝，同样面临着一个边防问题，特别是北边的边防问题。如文帝时晁错所说：

汉兴以来，胡虏数入边地，小入则小利，大入则大利；高后时再入陇西，攻城屠邑，驱略畜产；其后复入陇西，杀吏卒，大寇盗。窃闻战胜之威，民气百倍；败兵之卒，没世不复。自高后以来，陇西三困于匈奴矣，民气破伤，亡有胜意。今兹陇西之吏……奉陛下之明诏，和辑士卒，底厉其节，起破伤之民以当乘胜之匈奴，用少击众，杀一王，败其众而有大利①。非陇西之民有勇怯，乃将吏之制巧拙异也。故兵法曰：有必胜之将，无必胜之民。由此观之，安边境，立功名，在于良将，不可不择也。

事实也是如此，从汉初开始就注意了北境的边防问题，还在楚汉战争期间，就采取了措施，《汉书·高帝纪》二年：

兴关中卒乘边塞（李奇曰：乘，守也。师古曰：乘，登也，登而守之，义与上乘城同）。

十年汉高祖又派自己所信任的人守边，他曾说：

（陈）豨尝为吾使，甚有信。代地吾所急，故封豨为列侯，以相国守代。

《汉书·卢绾传》记其事曰：

上至平城还，豨以郎中封为列侯，以赵相国将，监赵代边，边兵皆属焉。

显然是边防问题。后来陈豨反叛，又以齐右丞相傅宽将屯代地，《汉书·傅宽传》云：

徙为代相国，将屯（如淳曰：既为相国，有警则将卒而屯守也。师古曰：此说非也。时代国常有屯兵以备边寇，宽为代相，兼将此屯兵也）。二岁，为丞相，将屯。②

---

① 原为“而法曰大有利”，据《汉书补注》考证改。

② 《汉书补注》：“李慈铭曰：《史记》丞相上有代字，是也，时改诸王国之相国为丞相。”

王国之相即相当于郡太守，以后边郡太守也就成为边防军的主帅，如《汉旧仪》所说：

边郡太守各将万骑行障塞、烽火、追虏。置长史一人掌兵马，丞一人治民。当兵行，长史领。置部都尉、千人、司马、候、农都尉皆不治民。不给卫士。①

王国相守边开始是临时措施，后来发展成边郡太守职责之定制。

汉朝初年，无暇无力顾及边防，只能采取一些紧急临时措施，如上述高祖时的措施。吕后时多次受到骚扰，也多半应急对付，到文帝后期，才用较大的力量对付匈奴，《汉书·匈奴传》载：

孝文十四年，匈奴单于十四万骑入朝那萧关……于是文帝以中尉周舍、郎中令张武为将军，发车千乘，十万骑，军长安旁以备胡寇。而拜昌侯卢卿为上郡将军，宁侯魏脩为北地将军，隆虑侯周灶为陇西将军，东阳侯张相如为大将军，成侯董赤为将军，大发车骑往击胡。

汉代边防以汉武帝时为最盛，《盐铁论·本议篇》记大夫之言曰：

匈奴背叛不臣，数为寇暴于边鄙。备之则劳中国之士，不备则侵盗不止。先帝哀边人之久患，苦为虏所系获也，故修障塞，饬烽燧，屯戍以备之。

这先帝即指武帝。宣帝时，《汉书·赵充国传》又说：

北边，自敦煌至辽东，万一千五百余里，乘塞列隧，有吏卒数千人，虏数大众攻之不能害。

也是说的汉武帝的边防建设。据考证，西汉北边边防，除利用秦之长城

① 注引臣瓒曰："一宿曰宿，再宿曰信，过信为次。"

外，河西四郡及河套内外三千多里的边塞，均为汉武帝时所筑，即

| | |
|---|---|
| 元鼎六年（公元前 111 年） | 令居至酒泉 |
| 元封四年（公元前 107 年） | 酒泉至玉门 |
| 元封四年（公元前 107 年） | 眩雷塞① |
| 太初元年（公元前 104 年） | 受降城 |
| 太初三年（公元前 102 年） | 居延泽上② |
| 太初三年（公元前 102 年） | 光禄塞（五原塞外至庐朐） |
| 天汉元年（公元前 100 年） | 玉门至盐水 |

其中眩雷、光禄两塞及受降城在河套内外，余在河西四郡及其西。《史记·匈奴列传》说蒙恬缮治长城“起临洮至辽东万余里”，只是一个概数，加上汉武帝时所修或许才有赵充国所说的万一千五百余里，《后汉书·西羌传》说：

（汉武帝）初开河西，列置四郡……于是障塞亭隧出长城数千里。

据统计，汉武帝时所筑边塞约为三四千里，其中令居至玉门约长二千多里是东接秦长城的，故北边万一千五百里是从敦煌至辽东的北边③。

虽然秦汉边防均以北方为主，但同时也是“中国四方皆有关梁障塞”④的。所谓四方，除北方之外，东方临海，在海军尚未兴起的时代，边防上是没有大问题的，那就只有南方和西南方了（西北和东北均已属于北边）。南方和西南方边塞的情况记载不多，《汉书·地理志》有“自日南障塞⑤”的记载。又如《史记·司马相如列传》：

相如使略定西夷、邛、筰、冉、駹、斯榆之君皆请为内臣。除边

① 《汉书·地理志》增山县下本注云：“有道西出眩雷塞，北部都尉治。”

② 《史记·匈奴列传》“使强弩都尉路博德筑居延泽上”，乃指筑弱水两岸的障塞亭隧。

③ 以上参阅陈梦家：《汉武边塞考略》，见中华书局出版《汉简缀述》第 205～219 页。

④ 班固：《汉书》卷九十四，《匈奴传》，中华书局 1962 年版，第 3766 页。

⑤ 《汉书补注》：“朱一新曰：障塞犹筑亭乘障塞之障塞，非县名也。汪氏云：障塞无闻，殊误。”

关，边关益斥（《索隐》张揖曰：斥，广也），西至沫、若水（《索隐》张揖曰：沫水出蜀广平徼外，与青衣水合也；若水出旄牛徼外，至僰道入江），南至牂柯为徼（《索隐》张揖曰：徼，塞也。以木栅水为蛮夷界），通零关道，桥孙水，以通邛、筰。

可见，政治势力达到哪里，边关也就扩展到哪里。南方以木栅水之徼，即相当北方之塞。同时《司马相如列传》又记武帝责唐蒙之檄中还说：

夫边郡之士，闻烽举燧燔，皆摄弓而驰，荷兵而走，流汗相属，惟恐居后，触白刃，冒流矢，义不反顾，计不旋踵，人怀怒心，如报私仇。彼岂乐死恶生，非编列之民，而与巴蜀异主哉！计深虑远，急国家之难，而乐尽人臣之道也。

可见南方边郡也和北方一样，也有烽燧报警，《集解》骃案：

《汉书音义》曰："烽如覆米䈇，县著桔槔头，有寇则举之；燧，积薪，有寇则燔然之。""䈇，淅箕也。烽见敌则举；燧有难则焚。烽主昼，燧主夜。"

这都是就南方烽燧而言的。南方自然条件不同，不可能像北方沙漠中一样，至今仍有汉代积薪保留下来，没有遗物，但记载是可信的。

南方和西南方的边防，也是汉武帝时加强的。不过南方边境情况与北边不同，没有游牧民族经常反复的骚扰，形势相对稳定，所以不像北边有大量的边防军。

再者，虽然汉武帝时边防规模很大，但以后还是要继续维持和发展，所以历朝均有备边问题，也是不断废弛、破坏又不断整顿、重建的，如《汉官仪》记载说：

世祖中兴……边陲萧条，靡有孑遗，鄣塞破坏，亭燧绝灭。建武二十一年，始遣中郎将马援谒者分筑烽燧，堡壁稍兴。

又如《后汉书・马成传》：

拜（马成）扬武将军……十四年，屯常山、中山以备北边……缮治障塞，自西河至渭桥，河上至安邑，太原至井陉，中山至邺，皆筑堡壁，起烽燧，十里一候。

《后汉书・顺帝记》：

（永和五年）令扶风、汉阳筑陇道坞三百所，置屯兵。

后来的置、筑多半是在原来基础上修补性质的，所以《后汉书・西羌传》说是“缮城郭，置候驿”，同书《马援传》说是“缮城郭，起坞候”，同书《樊准传》更明确说是“修理坞壁”。当然新置的也有，修补者居多，因为汉武帝时已打下了基础。

## 二 戍卒和田卒

边防军士兵的名称，史书上有时称戍卒，有时称田卒，这两种名称比较多见，还有另外一些名称，如塞卒①、边兵②、田士③以及屯田吏士④等。汉简中还有河渠卒⑤、鄣卒⑥、守谷卒⑦、屯士⑧等名称，但汉简中也和史书一样，称戍卒、田卒者最多。可以这样认为，戍卒或田卒是总称，

① 《汉书・食货志》：“(武帝元鼎五年)，初置张掖、酒泉郡，而上郡、朔方、西河、河西开田官，斥塞卒六十万人戍田之。”又记晁错之言：“窃恐塞卒之食不足。”

② 《汉书・卢绾传》：“陈豨以赵相国将，监赵代边，边兵皆属焉。”《汉书・平帝纪》：“元始二年九月，使谒者大司马掾四十四人持节行边兵。”

③ 《汉书・西域传》：“郑吉司马熹发城郭诸国兵万余人，自与所将田士千五百人，共击车师。”

④ 《汉书・元帝纪》：“建昭三年，陈汤矫发戊己校尉屯田吏士。”又见《赵充国传》，该传又有“吏卒”：“北边自敦煌至辽东万一千五百余里，乘塞列隧，有吏卒数千人。”

⑤ 《居延汉简释文》卷 3，第 55 页：“河渠卒河东皮氏，毋忧里公乘杜建年二十五。”

⑥ 《居延汉简释文》卷 1，第 59 页：“北书五封，二月辛酉，鄣卒专以来。”

⑦ 《汉晋西陲木简汇编》二编，第 41 页：“万年燧长吉，守谷卒路翊记。”

⑧ 《居延汉简释文》卷 1，第 3 页：“马长史即有吏卒民屯士亡者，具署郡县里名姓年长物色房衣服赍操初亡年月日人数白。”

也有戍田卒[1]之名。塞卒、边兵、屯田吏士也是总称，泛称，不过用得较少。其他名称，有的是因其任务而名之，如河渠卒、鄣卒、守谷卒、库卒[2]等；有的则因来源不同而名，如良家子、应募士、徒以及谪卒[3]等。

特别值得注意的还是戍卒和田卒这两个名称。

戍者守边也，《说文》即作这样的解释[4]。戍卒即守边之卒，意义十分明确。田卒乃是屯田卒的省称，把边防士兵称为田卒，这中间有一个发展过程，反映了边防士兵来源和任务等方面的变化。

如上节所述，秦时已置戍卒守边，并且成为一个严重问题，《汉书·晁错传》记晁错之言曰：

> 秦时北攻胡貉，筑塞河上，南攻杨粤，置戍卒焉。……胡貉之地，积阴之处也。……秦之戍卒不能其水土，戍者死于边，输者偾于道。秦民见行，如往弃市，因以谪发之，名曰“谪戍”。先发吏有谪及赘婿、贾人，后以尝有市籍者，又后以大父母、父母尝有市籍者，后入闾，取其左。

上述五十万人北筑长城，五十万人南守五岭，即是戍卒。

汉承秦制，以戍卒守边毫无问题。但是谁去当戍卒？如何轮换？这些问题史书记载简略，因而较难弄清楚，如“屯戍一岁”还是“戍边三日”就有不同的解释和看法。但是在尽可能掌握和分析一些具体材料的基础上，全面来看，是可以得到符合历史实际的说明的。今略述己见如下：

《汉书·昭帝纪》元凤四年注所引如淳之说，应该说的还是比较全面的：

---

① 《居延汉简释文》卷1，第3页：“报与病已。谨案属丞始元二年戍田卒千五百人为骍马田官穿泾渠乃正月己酉淮阳郡。”

② 《居延汉简释文》卷3，第47页：“张掖居延库卒弘农郡陆浑河阳里大夫武便年二十四……”

③ 《流沙坠简考释·戍役类》第22页：“燧缺敬代适卒郭□今谴罢录□□（上下俱缺）。”又刑、徒之类，还有“大男”“见新徒”等称号，《居延汉简释文》卷2，第18页：“肩水见新徒大男王武”；卷3，第18页：“居延复作大男王建。”

④ 《说文解字》卷12：“戍，守边也，从人持戈。”

天下人皆直戍边三日，亦名为更，律所谓徭戍也。虽丞相子亦在戍边之调。不可人人自行三日戍，又行者当自戍三日，不可往便还，因便住一岁一更。诸不行者，出钱三百入官，官以给戍者，是谓过更也。……此汉初因秦法而行之也。后遂改易，有谪乃戍边一岁耳。

且不说这最后讲的所谓“改易”。按照《律》的规定，所有的人（当然是指役龄内的男子，甚至丞相子也不例外），都应该每年戍边三日，但这在实际上是无法实行的，不可能人人自行三日戍，并且，去戍边的人也无法实行这三日戍。这样，不去戍边的人（这还是天下人的大多数）要向政府交三百钱，由政府支付给戍役之人（实际就是他们的衣食等费用），就是所谓“过更”。而自行戍边的人，则一年一更（名义上似乎是雇请，实际上是强征去的）。

一岁一更是根据实行情况所作的规定（当然不是真实的情况，实际上或者还要超过一年），也可能有补充法令，如高后五年“初令戍卒岁更”①，文帝十三年的除戍卒令②。但这些不能证明天下男子皆有一岁屯戍的规定③。高后五年之令是专指“戍卒”而言，“初令”是什么意思呢？是开始才定出这个一岁而更的令吗？不是，因为在汉人心目中，秦已经是“一岁屯戍”的规定了。这个“初”只是汉朝之初，因为如前所述，早在楚汉之争时已发卒乘边塞了，以后又陆续置有边兵，战乱期间无暇顾及，也许乘边之人久而不代，再要人去戍边就会越来越困难，《汉书·高后纪》五年九月又有“发河东、上党骑屯北地”的记载，再不明令“戍卒岁更”，恐怕再难发动了。

那么，《史记·汉兴以来将相名臣年表》所记文帝十三年除戍卒令又是什么意思呢？这一条记载的原文是：

除肉刑及田租税律、戍卒令。

---

① 司马迁：《史记》卷二十二，《汉兴以来将相名臣年表》，中华书局1965年版，第1124页。

② 司马迁：《史记》卷二十二，《汉兴以来将相名臣年表》，中华书局1965年版，第1127页。

③ 说男子一生中有一年戍边的任务，主要是根据《汉书·食货志》董仲舒的话。其实董仲舒不过是讲实际情况，证明秦代力役三十倍于古。若果天下男子皆有一岁戍边的任务，那么不能（也不要）去戍边的人怎么办呢？并没有一岁折合多少钱的规定。

《史记·孝文帝本纪》上有“其除肉刑”“其除田之租税”的记载（《汉书》同），无“除戍卒令”的记载（《汉书》亦无）。但从总的方面看是可能有此令的，因为文帝即位以后，不仅有减刑法、减田租之类的措施，文帝二年也曾有“今纵不能罢边屯戍”[①]的说法。他即位之后就想罢边屯戍，而实际上不可能（当然也主要是匈奴的威胁[②]）。到了十三年，下一道除戍卒令也是可能的，因为文帝即位以来致力于对匈奴的和亲政策，三年以后也有一个较长时间的相对边境安定。不过，“除戍卒令”究竟是什么意思，还是有待查考的[③]。我们认为，可以连同除田之租税一起考察，现在也有人争论是除这一年田租税，还是永远取消。从实际情况看，无论是田租税还是屯戍，以后都没有取消，也不可能取消的。值得注意的是，就在除戍卒令的第二年，匈奴大举入侵，文帝不得不“大发车骑”[④]。

如果说减除田之租税是为了“劝农务本”的话，屯戍为人民所苦也会造成社会的不安定，所以统治者也比较注意这个问题，如上引晁错所说，对于屯戍，“秦民见行，如往弃市”，等于是叫人民去死，他总结历史的教训认为：

> 陈胜行戍至于大泽，为天下先倡，天下从之如流水者，秦以威劫而行之之敝也。

他认为秦末农民起义的爆发乃至迅速发展，就是因为屯戍这个问题引起的。汉代人民对此也视为畏途，《盐铁论·执务篇》说：

---

① 《史记·孝文帝本纪》的诏书。

② 《汉书·匈奴传》：“孝文即位，复修和亲。其三年夏，匈奴右贤王入居河南地为寇，于是文帝诏曰：‘……其发边吏车骑八万诣高奴，遣丞相灌婴将击右贤王。’”

③ 罗镇岳在《试析西汉男子“屯戍一岁”与“戍边三日”》（《中国史研究》1984年第1期）中说，是除戍卒岁更令。仍可商榷。

④ 《汉书·匈奴传》：“孝文十四年，匈奴单于十四万骑入朝那肖关，杀北地都尉卬，虏人民畜产甚多，……候骑至雍甘泉。于是文帝以中尉周舍、郎中令张武为将军，发车千乘、十万骑军长安旁，以备胡寇。……大发车骑往击胡。……匈奴日以骄，岁入边，杀略人民甚众，云中、辽东最甚，郡万余人。汉甚患之。”

若今则徭役极远，尽寒苦之地，危难之处，涉胡、越之域。今兹往而来岁旋，父母延颈而西望，男女怨旷而相思。身在东楚，志在西河，故一人行而乡曲恨，一人死而万人悲。

应该如何解决这一问题。文帝想罢，想除，事实上又不可能。晁错对此曾提出自己的看法和解决方案，《汉书·晁错传》说：

胡人衣食之业不着于地，其势易以扰乱边境……今使胡人数处转牧行猎于塞下，或当燕、代，或当上郡、北地、陇西，以候备塞之卒，卒少则入。陛下不救，则边民绝望而有降敌之心；救之，少发则不足，多发，远县才至，则胡又已去。聚而不罢，为费甚大；罢之，则胡复入。如此连年，则中国贫苦而民不安矣。陛下幸忧边境，遣将吏发卒以治塞，甚大惠也。然令远方之卒守塞，一岁而更①，不知胡人之能，不如选常居者，家室田作，且以备之。以便为之高城深堑，具蔺石，布渠答，复为一城其内，城间百五十步。要害之处，通川之道，调立城邑，毋下千家，为中周虎落。先为室屋，具田器，乃募罪人及免徒复作令居之；不足，募以丁奴婢赎罪及输奴婢欲以拜爵者；不足，乃募民之欲往者。皆赐高爵，复其家，予冬夏衣，廪食，能自给而止。郡县之民得买其爵，以自增至卿。其亡夫若妻者，县官买予之。人情非有匹敌，不能久安其处。塞下之民，禄利不厚，不可使久居危难之地。胡人入驱而能止其所驱者，以其半予之，县官为赎其民，如是，则邑里相救助，赴胡不避死，非以德上也，欲全亲戚而利其财也。此与东方之戍卒不习地势而心畏胡者，功相万也。以陛下之时，徙民实边，使远方无屯戍之事，塞下之民父子相保，亡系虏之患，利施后世，名称圣明，其与秦之行怨民，相去远矣。

这一大段议论，分析是比较透彻的。同时也说明了，文帝时就是发内地之民为戍卒，而且是一岁而更。但是弊病不少（“为费甚大”“不知胡人之

① 从上下文看，意思是说：“一岁而更”不能解决边防问题。所以，那种认为“除一岁而更，恢复三日戍边”之说是难以成立的。

能”等）。他提出改革的办法也比较具体，其总精神是“徙民实边”（包括招募罪人、自愿去边之民、鳏夫寡妇等，并给以较优的生活条件），使之一面“田作”，一面“备之”。这在实际上也就是要求废除“一岁而更”的屯戍办法。据《汉书·晁错传》记载是：

> 上从其言，募民徙塞下。

也许这就是十三年除戍卒令的原因。

但是，根本废除内地民戍边是不可能的，事实上也从来没有停止过征发。不过，文帝以后，特别是从武帝开始，征发戍卒是在逐渐减少，《汉书·贾山传》说，文帝减外徭。《汉书·武帝纪》记载：

> （元狩三年）减陇西、北地、上郡戍卒半。

同书《昭帝纪》：

> （元平元年）减外徭。

又《宣帝纪》：

> （五凤四年）以边塞亡寇，减戍卒什二。

减外徭也就是减少戍边之卒，《汉书·沟洫志》注：

> 孟康曰：外徭，戍边也。

一再削减外徭、戍卒，主要原因并不在于“边塞无寇”，武帝时还正是与匈奴大战的时期，就是减陇西、北地、上郡戍卒的元狩三年就有“匈奴入右北平、定襄，杀略千人”的记载。那么为什么要减？而且不断在减呢？就是因为实行了“徙民实边”。如《汉书·武帝纪》记载：

> （元狩）四年冬，有司言："关东贫民徙陇西、北地、西河、上郡、会稽，凡七十二万五千口，县官衣食振业。"

这一条显然与元狩三年的记载紧密相连。有司在四年冬（实际上是年初）统计上奏，并非这一年徙民这么多，而是元狩三年已经迁徙的数字。在陇西、北地等这几处充实了这么多人，少说也有五十万，壮年男子也不会少于十万，父子相保，自然是一支重要的边防力量。正因为如此，才能减陇西、上郡等地之戍卒。

因此，晁错"徙民实边"以解决边防的办法，文帝时实行过，乃至下"除戍卒令"，武帝时得到更大规模的实行。这样，边兵的结构显然起了变化，当地（包括外来定居的）人日益增多，远地来"一岁一更"的日益减少。

与此同时，戍卒、边兵的任务也在变化。秦和汉初是以戍守为主的，当然也有相关的徭役，如修长城、筑边塞等。而武帝以后，晁错所建议的"田作"这一项任务就逐渐加强了，戍卒要既戍且田。事实上，大规模的屯田就是从武帝时开始的，如《汉书·西域传》说：

> （武帝时）自敦煌西至盐泽，往往起亭，而轮台、渠犁皆有田卒数百人。

同书《食货志》则云：

> （武帝元鼎年间）初置张掖、酒泉郡，而上郡、朔方、西河、河西开田官，斥塞卒六十万人戍田之（师古曰：开田，始开屯田也。斥塞，广塞令却。初置二郡，故塞更广也。以开田之官、广塞之卒戍而田也）。

这所谓"广塞之卒"，显然是既戍且田的。因此，田卒、田士、屯田吏士等名称也就在武帝以后出现了。同时，边郡的太守、都尉也明确地有将兵、屯兵之任务，如陈梦家在《汉简缀述》中所说：

“居延都尉”前或冠以“将屯”或“将兵屯田官”，表示都尉兼将屯之事，犹“张掖太守”前冠以“将屯”一样，“将屯”即将兵屯田。居延是武帝时名将路博德所经营，约在太初元年至天汉四年（公元前104—前97年），“为强弩都尉，屯居延，卒”。故居延都尉或冠以“将屯”。《百官志》说“边郡置农都尉主屯田殖谷”，然部都尉似亦有兼管屯田者。敦煌郡的宜禾都尉，据其塞墙序列来看，应是部都尉而称宜禾，宜禾最初为屯田之义，故《后汉书·西域传序》谓永平“十六年明帝乃命将师北征匈奴，取伊吾卢地，置宜禾都尉以屯田”。①

戍卒屯田，边郡郡守、都尉兼管屯田之事，这些都是武帝以前所没有的。

总之，田卒等名称的出现，反映了边防士兵来源、结构以及任务等各方面的变化。汉代的屯田，主要是为了解决边防问题，如《汉书·赵充国传》所说：

屯田内有亡费之利，外有守御之备。

此后，终两汉之世，基本上采用此屯田备边的办法，如《汉书·冯奉世传》记载，羌破之后，元帝曰：

羌虏破散创艾，亡逃出塞，其罢吏士，颇留屯田，备要害处。

东汉边防主要在西羌，《后汉书·西羌传》记载，和帝永元十四年平定羌人寇乱之后，隃麋相曹凤上言：

……宜及此时，建复西海郡县，规固二榆，广设屯田，隔塞羌胡交关之路，遏绝狂狡窥欲之源。又殖谷富边，省委输之役，国家可以无西方之忧。

于是拜凤为金城西部都尉，将徙士屯龙耆。后金城长史上官鸿上开置归义、建威屯田二十七部，侯霸复上置东西邯屯田五部，增留、

① 《汉简缀述》，中华书局1980年版，第42页。

> 逢二部，帝皆从之。列屯夹河，合三十四部。其功垂立。至永初中，诸羌叛，乃罢。

该传又记顺帝永建元年事，校尉马贤击败陇西钟羌，因虞诩上疏之后：

> 书奏，帝乃复三郡。使谒者郭璜督促徙者，各归旧县，缮城郭，置候驿。既而激河浚渠为屯田，省内郡费岁一亿计。遂令安定、北地、上郡及陇西、金城常储谷粟，令周数年。
>
> 马贤以犀苦兄弟数背叛，因系质于令居。其冬，贤坐征免，右扶风韩皓代为校尉。明年，犀苦诣皓自言求归故地，皓复不遣。因转湟中屯田，置两河间，以逼群羌。皓复坐征，张掖太守马续代为校尉。两河间羌以屯田近之，恐必见图，乃解仇诅盟，各自儆备。续欲先示恩信，乃上移屯田还湟中，羌意乃安。至阳嘉元年，以湟中地广，更增置屯田五部，并为十部。二年夏，复置陇西南部都尉如旧制。

这些记载将屯田和边防的关系说得比较清楚。在没有大的叛乱的情况下，就是用这种屯田的办法加强边防。这些记载还告诉我们，屯田称部，显然是一种军事组织，由校尉及部都尉之类的军官统领。再值得注意的一点就是，其所将者称为“徙士”“徙者”，这就是当时的边防军，他们的任务，一方面是屯田，另方面“缮城郭，置候驿”，负责着守卫边防。

## 三 编制和组织

本节主要讲比较固定的边防军，临时派将领带兵的屯守或出击，事讫皆罢者，其编制和组织，即前一章野战军的编制和组织。真正的边防军——戍卒的编制和组织，与常备军和野战军是有所不同的。

首先说高级军官。

秦和西汉时期，边防的高级将领主要是边郡太守，如上引《汉旧仪》所说：

边郡太守各将万骑，行障塞、烽火，追虏。

郡守本有领兵之权，故称“郡将”，如《汉书·严延年传》师古注“绣见延年新将”云：

新为郡将也，谓郡守为郡将者，以其兼领武事也。

边郡太守统率戍卒是很明显的，如《敦煌汉简》中有明确记载：

制诏酒泉太守：敦煌郡到戍卒二千人，发酒泉郡。其假□如品司马以下，与将兵长吏，将屯要害处，属太守。察地形，依阻险。坚壁垒，远候望。

王国维对此所写之跋说：

此时酒泉太守即辛武贤，又其时敦煌戍卒已至酒泉，武贤奏言“屯兵在武威、张掖、酒泉万骑以上”，可证也。后从武贤大举之议，故敦煌戍卒二千人，别以敦煌太守快领之。此时太守未行，故令司马以下与将卒长史将屯要害处，受酒泉太守节度也。司马与将卒长史，皆统兵之官。将卒长吏即将兵长史，古史、吏二字通用。①

司马、将兵长史皆统兵之官，边郡太守就是边防军的最高统兵官。《后汉书·任延传》云：

（任延为九真太守）田畴岁岁开广，百姓充给……于是徼外蛮夷夜郎等慕义保塞，延遂止罢侦候戍卒（注：侦，伺也）。

……（拜武威太守）既之武威，时将兵长史田绀，郡之大姓，其子弟宾客为人暴害。延收绀系之，父子宾客伏法者五六人。绀少子尚乃聚会轻薄数百人，自号将军，夜来攻郡。延即发兵破之。自是威行

① 《观堂集林》卷十七，《敦煌汉简跋一》。

境内，吏民累息。

郡北当匈奴，南接种羌，民畏寇抄，多废田业。延到，选集武略之士千人，明其赏罚，令将杂种胡骑休屠黄石屯据要害，其有警急，逆击追讨。虏恒多残伤，遂绝不敢出。

可见边郡太守有止罢戍卒、选集屯兵乃至处置将兵长史的一切权力。直到东汉初仍然如此。

在未设郡的地区，则另设武官主持边防事务，如汉武帝通西域之后，先置使者校尉，后来形成西域都护、戊己校尉这样管理西域的官职。又如《后汉书·西羌传》记班彪之言云：

旧制：益州部置蛮夷骑都尉，幽州部置领乌桓校尉，凉州部置护羌校尉，皆持节领护，理其怨结，岁时循行，问所疾苦。

实际上都是履行边郡太守的职务。东汉时期，这后一类边防军将领发展更多，主要的有使匈奴中郎将、护乌桓校尉和护羌校尉等。说主要有这几个，是因为还有其他官职，如蛮夷骑都尉、度辽将军、破鲜卑中郎将等。《汉官仪》记载：

度辽将军，孝武皇帝初用范明友。明帝十八年行度辽将军事，安帝元初元年置真，银印青绶，秩二千石。长史、司马六百石。

又《后汉书·南匈奴传》记载：

（永平八年）始置度辽营，以中郎将吴棠行度辽将军事，副校尉来苗、左校尉阎章、右校尉张国将黎阳虎牙营士屯五原曼柏（注：《汉官仪》曰：光武以幽、冀、并兵克定天下，故于黎阳立营，以谒者监领兵骑千人）。

十六年……以骑都尉来苗行度辽将军。……

建初元年，来苗迁济阴太守，以征西（大）将军耿秉行度辽将军。……七年，耿秉迁执金吾，以张掖太守邓鸿行度辽将军。……

（永元）二年春，邓鸿迁大鸿胪，以定襄太守皇甫棱行度辽将军。……

六年春，皇甫棱免，以执金吾朱徽行度辽将军。……

元初元年，夔免，以乌桓校尉邓遵为度辽将军。……

建光元年，邓遵免，复以耿夔代为度辽将军。……

（永建四年）以东平相宋汉代为度辽将军。阳嘉二年，汉迁太仆，以乌桓校尉耿晔代为度辽将军。永和元年，晔病征，以护羌校尉马续代为度辽将军。

看来，这个度辽将军设置的时间相当长，其所率之兵为度辽营兵，也应该是东汉的一支主要边防军了。

此外，《后汉书·鲜卑传》记载，灵帝时曾拜田晏为破鲜卑中郎将，这一官职时间不长。

总之，边防主帅之不同，说明边防军有不同种类，各种边防军的编制和组织自然也有差异，下面分别叙述。

## （一）边郡兵之组织

边境之郡，特别是北边诸郡，一方面是人口稀少，另方面民族复杂，而且游牧民族与内地经济生活不同。由于地理上、经济上和军事上的种种关系，边郡组织和内地也有所不同。

边郡太守比内郡太守更多的管军事。因为地理条件和军事的需要，边郡太守之下分设部都尉。《汉旧仪》有边郡“置部都尉”的记载。《汉书·地理志》中记载有九十余都尉，其中一郡只有一都尉而在县名下注“都尉治”的共三十二郡，均为内地郡，而边郡则往往有两个或两个以上的都尉。据统计：

北边边塞西自敦煌、东至乐浪凡二十一边郡，它们的都尉数字如下：敦煌四；酒泉三；张掖三；武威二；金城无（《赵充国传》西部都尉，《河水注》有广武都尉，“允吾西四十里小晋兴城故都尉治”）；陇西一；天水二；安定二；北地二；上郡四；河西四；朔方三；五原四；云中三；定襄三；雁门二；代郡三；上谷二；辽西二；辽东三；

乐浪二。①

并且其中大部分称为东、西、南、北部都尉。重要的关塞也设都尉，如玉门关、阳关之都尉，实际上相当于部都尉。此外，在边郡往往还有属国都尉和农都尉，属国都尉属于典属国，农都尉属于大司农，但是很可能是双重领导，他们同时也受所在郡太守的节制，故郡太守亦率属国都尉出击。

部都尉主要管军事，如《汉旧仪》所说“不治民”，但也开府治事，有一套吏员组织，和太守府相仿，不过略小一些，可比较如下：

| | ［太守府］ | ［都尉府］ |
|---|---|---|
| 官员 | 太守、丞、长史、郡司马 | 都尉、丞、候、千人、司马 |
| 阁下 | 掾、卒史、属、书佐…… | 掾、卒史、属、书佐…… |
| 诸曹 | 主簿、功曹…… | 主簿、功曹…… |
| 仓库 | 仓、郡库 | 居延仓、肩水仓…… |
| 所属 | 部都尉 | 候、塞尉、城尉 |
| | 农都尉（属大司农） | 部候长 |
| | 属国都尉（属典属国） | 隧长 |
| | 县 | 其他 |

此表据陈梦家《汉简所见居延边塞与防御组织》②。不过，他认为边郡既有部都尉又有郡都尉，此说似可商榷。值得提出的是，都尉一般不治民事，其丞一人也不是治民的，与边郡太守“置长史一人掌兵马，丞一人治民”不同。同时，诸曹中当亦无管民事之曹。

再者，边郡组织系统比内郡要复杂，除太守府的吏员组织（即阁下诸曹）之外，另有好几个系统：候望系统（候、塞、部、隧）；屯兵系统（城尉、千人、司马）；有屯田系统（田官）；军需系统（仓、库）；交通系统（关、驿、邮亭、置、传、厩等）。当然，有些可能是一致的，如屯兵和屯田、候望和交通。这些系统都与军事有关，比较复杂就是了，内地就不会有候望、屯田等项。

从兵制方面来说，都尉以下的组织究竟怎样？也是一个比较复杂的问

① 陈梦家：《汉简所见居延边塞与防御组织》，《汉简缀述》，中华书局1980年版，第39页。
② 《汉简缀述》，中华书局1980年版，第38页。

题。有些人据汉简进行过研究，说法也颇不一，有待进一步考查。今且录陈梦家所制《张掖部都尉系属简表》[①] 略作说明：

都尉—丞
（1）候望系统　候———候长———隧长
　　—丞、掾、└候史　└隧史、助吏、吏、伍百
　　令史、士吏、尉史、候文书
　　└塞尉—丞、从史、尉史、士吏
（2）屯兵系统　城尉—司马
　　千人·骑千人—丞、令史
　　司马·骑司马·假司马
　　└丞、令史
（3）屯田系统　田官
（4）军需系统　仓、库
（5）交通系统　驿·置·关……

这里只想举此表以见一斑。其中许多具体官吏都是值得进一步研讨的，本篇就不多述了。

## （二）西域都护及其官属

汉代西域地区尚未设郡，但已有边防，置官吏遣戍卒，如《汉书·西域传》渠犁国条云：

> 自武帝初通西域，置校尉，屯田渠犁。

该传《序》则云：

> 自贰师将军伐大宛之后，西域震惧，多遣使来贡献，汉使西域者益得职。于是，自敦煌西至盐泽，往往起亭，而轮台、渠犁皆有田卒数百人，置使者校尉领护（师古曰：统领保护营田之事也），以给使

---

① 《汉简缀述》，中华书局1980年版，第69页。

外国者。

实际上不仅统领保护营田之事，而且全面负责西域地区的防务，其下亦有官属，其组织大略如下：

使者校尉——副校尉——丞——候
副校尉——屯田校尉（或称副卫司马）
使者校尉——伊循校尉——屯卒①

到宣帝时，正式设立西域都护，《汉书·郑吉传》云：

至宣帝时，吉以侍郎田渠犁，积谷，因发诸国兵攻破车师，迁卫司马，使护鄯善以西南道。神爵中，匈奴乖乱，日逐王先贤掸欲降汉，使人与吉相闻。吉发渠犁、龟兹诸国五万人迎日逐王，口万二千人、小王将十二人随吉至河曲，颇有亡者，吉追斩之，遂将诣京师。汉封日逐王为归德侯。吉既破车师，降日逐，威震西域，遂并护车师以西北道，故号都护（师古曰：并护南北二道，故谓之都。都犹大也，总也）。都护之置自吉始焉。上嘉其功效，乃下诏曰："都护西域骑都尉郑吉，拊循外蛮，宣明威信，迎匈奴单于从兄日逐王众，击破车师兜訾城，功效茂著。其封吉为安远侯，食邑千户。"吉于是中西域而立莫府②，治乌垒城，镇抚诸国，诛伐怀集之。汉之号令班西域矣，始自张骞而成于郑吉。

西域都护这个官职，《汉书·百官公卿表》记载说：

西域都护……有副校尉，秩比二千石，丞一人，司马、候、千人各二人。

这里不知是副校尉秩比二千石呢？还是西域都护秩比二千石？即便都护是

---

① 本表采用张维华：《西汉都护通考》，《汉史论集》，齐鲁书社 1980 年版，第 253 页。
② 《汉书补注》："周寿昌曰：'后遂称都护府。'"

以比二千石任职，其地位大体上相当于边郡太守，可以专制一方，诛伐怀集完全自主，代行汉之号令，又有副校尉、司马、候、千人等属官，这些属官基本上是武官，西域都护乃一边防军主帅无疑。

都护之下还有其他属官，重要的就是戊己校尉，《汉书·百官公卿表》在西域都护之下继续写道：

> 戊己校尉，元帝初元元年置，有丞、司马各一人，候五人，秩比六百石。

这比六百石看来是指戊己校尉而言，名为校尉，地位却如此之低，看来是位卑权重。关于戊己校尉是一个还是两个，史书记载本有分歧[①]，何以名“戊己”也解释不一，这里不作详述了，只肯定一条，戊己校尉隶属于西域都护是无疑的[②]。

东汉时亦有此二官，不过时置时废：明帝永平十七年，初置西域都护、戊己校尉；章帝建初元年，罢戊己校尉官；和帝永元二年，复置西域都护、戊己校尉官；安帝永初元年六月，置西域都护[③]。在不设都护之时，则以地位较低之武官替代，如《后汉书·西域传》序云：

> （永平十六年），明帝乃命将帅，北征匈奴，取伊吾卢地，置宜禾都尉以屯田，遂通西域，于寘诸国皆遣子入侍。西域自绝六十五载，乃复通焉。明年，始置都护、戊己校尉。……章帝不欲疲敝中国以事夷狄，乃迎还戊己校尉，不复遣都护，……时军司马班超留于寘，绥集诸国。（后以班超为都护，安帝初又罢）元初六年，乃上遣行长史索班，将千余人屯伊吾以招抚之……（安帝末年，群臣纷纷议论）乃以班勇为西域长史，将弛刑士五百人，西屯柳中。勇遂破乎车师。自

① 《汉书·百官公卿表》只言置戊己校尉，师古注却说：“有戊校尉，有己校尉”明言二官。《后汉书·西域传》序中，前面说：“元帝又置戊己二校尉”，后面又只说“始置”或“复置”戊己校尉。注引刘攽曰：“戊己本两校，今此下文云：又置戊部候。则此时当但置戊校也。《车师传》注中云：戊校尉所统。又传云：戊校尉阎祥，足明置戊校而已。后人不知，妄增己字，亦非章怀以前失之。”

② 参阅张维华：《西汉都护通考》，《汉史论集》，齐鲁书社，1980年版。

③ 见《后汉书》各帝纪及西域传。

建武至于延光，西域三绝三通。顺帝永建二年，勇复击降焉耆。于是龟兹、疏勒、于寘、莎车等十七国皆来服从，而乌孙、葱领已西遂绝。六年，帝以伊吾旧膏腴之地，傍近西域，匈奴资之，以为钞暴，复令开设屯田如永元时事，置伊吾司马一人。

由此可见，时置时废是因为时通时绝，在置废的过程中，往往以地位较低之“宜禾都尉”“军司马”“行长史”“西域长史”“伊吾司马”等官主持西域边防。十分明显，都是武官，他们的任务也绝非单纯的屯田，而是为了对付匈奴之“钞暴”，并予以“击”“破”之。

（附表于下）

- 都护
  - 副校尉——丞、司马、候、千人
  - 戊己校尉
    - 史、丞、司马、候
    - 戊校尉—屯卒
    - 己校尉—屯卒

## （三）使匈奴中郎将·护乌桓校尉·护羌校尉

使匈奴中郎将、护乌桓校尉、护羌校尉这几个官职，和西域都护的性质相同，也是某种边防军的主帅，《后汉书·百官志》记载：

使匈奴中郎将一人，比二千石。本注曰：主护南单于。置从事二人，有事随事增之，掾随事为员。护羌、乌桓校尉所置亦然（应劭《汉官》曰：拥节。屯中步南，设官府掾［史］。单于岁遣侍子来朝，谒者常送迎焉，得赂弓马毡罽他物百余万。谒者事讫，还具表付帑藏，诏书敕自受）。

护乌桓校尉一人，比二千石。本注曰：主乌桓胡（应劭《汉官》曰：拥节。长史一人，司马二人，皆六百石。并领鲜卑。客赐质子，岁时胡市焉。《晋书》曰：汉置东夷校尉，以抚鲜卑）。护羌校尉一人，比二千石。本注曰：主西羌（应劭《汉官》曰：拥节。长史、司马二人，皆六百石）。

这是东汉边防上的几个重要官职，但其始设均在西汉时。如护羌校尉，从汉武帝时起就一直存在，《后汉书·西羌传》云：

（武帝）时先零羌与封养牢姐种解仇结盟，与匈奴通，合兵十余万，共攻令居、安故，遂围枹罕。汉遣将军李息、郎中令徐自为将兵十万人击平之。始置护羌校尉，持节统领焉。羌乃去湟中，依西海、盐池左右。汉遂因山为塞，河西地空，稍徙人以实之。

李息、徐自为平西羌事，《汉书·武帝纪》记于元鼎六年。“始置”当从元鼎六年开始。以后宣帝时亦有此官，《汉书·赵充国传》云：

诏举可护羌校尉者，时充国病，四府举辛武贤小弟汤。充国遽起奏：“汤使酒，不可典蛮夷，不如汤兄临众。”时汤已拜受节，有诏更用临众。后临众病免，五府复举汤。汤数醉酗羌人，羌人反畔，卒如充国之言。

直到平帝时又有护羌校尉辛通①。可见西汉后期一直设有此官。

护乌桓校尉也始于西汉武帝时，《汉官仪》云：

护乌桓校尉。孝武帝时，乌桓属汉，始于幽州置之，拥节监领，秩比二千石。

又《后汉书·乌桓传》云：

武帝遣骠骑将军霍去病击破匈奴左地，因徙乌桓于上谷、渔阳、右北平、辽西、辽东五郡塞外，为汉侦察匈奴动静。其大人岁一朝见，于是始置护乌桓校尉，秩二千石，护节监领之，使不得与匈奴交通。

---

① 班固：《汉书》卷六十九，《辛庆忌传》，中华书局1962年版，第2997页。

至于使匈奴中郎将一官，虽无明确记载说始置于西汉，但西汉后期常以中郎将使匈奴，大约即使匈奴中郎将一官之开始。东汉初的情况与西汉相同，后来才正式成为官职，如《后汉书·百官志》集解引李祖楙所说：

> 《本纪》建武六年，匈奴遣使奉献，使中郎将韩统报命，中兴与匈奴通始此。十四年，中郎将刘襄使匈奴报命。此皆以中郎将权其事也。二十六年，遣中郎将段郴授南单于玺书，设官府，令入居云中，将兵屯西河美稷以卫护之，乃置真焉。或称护匈奴中郎将，详见《匈奴传》。

这和度辽将军开始是行度辽事一样，是以中郎将权领其事，后来发展为“置真”。

总之，以上所说东汉的这几个边防主帅，都是从西汉发展而来的，或为转真，或为复置，史书上说明了复置的情况，如护羌校尉和护乌桓校尉西汉均有，王莽时废置了，光武初，乌桓与匈奴连兵为寇，光武末乌桓重新归附，布于缘边诸郡，《后汉书·乌桓传》记班彪上言：

> 乌桓天性轻黠，好为寇贼，若久放纵而无总领者，心复侵掠居人，但委主降掾史（注：盖当时权置也），恐非所能制。臣愚以为宜复置乌桓校尉，诚有益于附集，省国家之边虑。
>
> 帝从之。于是始复置校尉于上谷宁城，开营府，并领鲜卑，赏赐质子，岁时互市焉。

护羌校尉也是从班彪之议而复置，《汉官仪》记载说：

> 护羌校尉，武帝置，秩比二千石，持节以护西羌，王莽乱遂罢。时班彪议宜复其官以理冤结，帝从之，以牛邯为护羌校都（?）尉，于陇西令居县。①

① 《后汉书·西羌传》亦有此复置记载：光武从班彪之言，“以牛邯为护羌校尉，持节如旧”。

既然是“拥节监领”“将兵卫护”，并且“设官府”“开营府”，就必有属官属吏。因为是边防军，故其属官也主要是各级武官，如乌桓校尉和护羌校尉之下，《汉官仪》记载均有：

长史一人，司马二人，皆六百石。

司马是武官无疑。长史必同于边郡长史掌兵马，如《汉旧仪》所谓“当兵行，长史领”。其他属吏，如《后汉书·百官志》所说，“随事为员”或“随事增之”。实际上，他们都率领一支军队，而且开设营府，属吏不会很少，不过记载不多罢了。《后汉书·温序传》云：

（建武）六年，拜谒者。迁护羌校尉。序行部至襄武，为隗嚣别将苟宇所拘劫……遂伏剑而死。序主簿韩遵、从事王忠持尸归敛。

这里“行部”，当指巡行所部，随从中既有“主簿”，又有“从事”，由此可见属吏之一般。

使匈奴中郎将的属官，《后汉书·百官志》说从事二人，有事，又“随事增之”，“掾随事为员”，没有全部列举。实际上，使匈奴中郎将往往有副职，如《汉书·匈奴传》记载：成帝时“遣中郎将夏侯藩、副校尉韩容使匈奴”；哀帝时“遣中郎丁野林、副校尉公乘音使匈奴责让单于”；平帝时两次遣使匈奴，一次是“中郎将韩隆、王昌、副校尉甄阜，谒者帛敞、长水校尉王歙”，一次是“中郎将王骏、王昌、副校尉甄阜、王寻”，同时派两个中郎将、两个副校尉。可见，使匈奴中郎将官职尚未正式设置，另方面副校尉则常有。《后汉书·南匈奴传》记载，光武二十六年，也是“遣中郎将段郴、副校尉王郁使南单于”，并在此基础上“置真”，设官府。其下之掾史，《南匈奴传》说：

令中郎将置安集掾史将弛刑五十人，持兵弩随单于所处，参辞讼，察动静。单于岁尽辄遣奉奏，送侍子入朝，中郎将从事一人将领诣阙。

这“安集掾史”即“随事为员”，他将五十人执行任务。从事“将领诣阙”，恐怕多少也要带点兵，可能也是“随事而增”的一个从事。这些从事、掾史都能带兵，都是武官。此外，使匈奴中郎将也有司马，那当然是正式的部伍带兵官，东汉桓帝时，张奂为护匈奴中郎将，其部下即有司马尹端和董卓，可以被派遣单独带兵作战①（附表于下）。

使匈奴中郎将——副校尉——从事、掾、史
　　　　　　　　　　　└——司马——营兵

护羌校尉——主簿、从事、掾、史
　　　　└——长史、司马——营兵

护乌桓校尉——主簿、从事、掾、史
　　　　　└——长史、司马——营兵

① 《后汉书·张奂传》。

# 第五章　军队（四）
## ——军兵种

随着社会的发展，军队的装备、组织、编制以及作战方式都不断地变化，军队的组织和作战方式是由经济条件决定的。春秋战国时期，经济发展较快，社会有很大变化，从而使战争和军队发生巨大的变化。首先，铁兵器的应用以及其他新武器的发明；其次，大量卒、徒逐渐成为军队中的主要成分，反映了兵士的质与量的变化。所以，军队人数大大增加了，军事行动的范围扩大了，步骑兵的野战、包围战代替了车阵战等。而所有这些变化，又在秦汉时期定型化、制度化。从军队的组织和编制来说，步兵、骑兵、水兵等军兵种也初步形成。今分别叙述于下。

### 一　步　　兵

恩格斯曾经说："步兵——军队中徒步的士兵。除了游牧部落以外，一切民族的军队，如果不是全部，那么大部分总是由徒步士兵组成的。"①

春秋时期，在整个军队中，步兵的数量最多，《史记·张仪列传》：

> 秦带甲百余万，车千乘，骑万匹，虎贲之士跿跔科头、贯颐奋戟者，至不可胜计。

或言：

> 虎贲之士百余万，车千乘，骑万匹。

---

①　中共中央马克思恩格斯列宁斯大林著作编译局：《马克思恩格斯全集》卷十四，《步兵》，人民出版社 2006 年版，第 354 页。

车以乘计，骑以匹数，十分明确，则“带甲”或“虎贲之士”即指步兵无疑。

秦末汉初皆以步兵为主。如楚汉之争时，汉兵（合诸侯兵）五十六万，从有关记载看，即大部分是步兵。《汉书·项籍传》云：

> 汉军皆走，迫之榖、泗水。汉军皆南走山，楚又追击至灵壁东睢水上。汉军却，为楚所挤，多杀。汉卒十余万皆入睢水，睢水为不流。汉王乃与数十骑遁去。

忽而上山，忽而下水，这十余万卒显然不是车兵和骑兵。

又，汉高祖亲自带兵打匈奴的平城之役，更明言是“多步兵”。《汉书·匈奴传》云：

> 于是汉悉兵，多步兵，三十二万，北逐之。高帝先至平城，步兵未尽到，冒顿纵精兵三十余万骑围高帝于白登，七日，汉兵中外不得相救饷。

步兵对付骑兵，特别是在平坦的地方，显然居于劣势。正因如此，汉初才积极发展骑兵以对付匈奴。到文帝时发展到“车骑八万”，以后才有十万或十几万骑兵①。但是，第一，主要是为了对付匈奴，才使用这么多骑兵，而且也几乎是全力以赴了；第二，骑兵最多也只十几万②，同时则必须有大量步兵配合，如《汉书·霍去病传》云：

> （元狩四年）上令大将军青、票骑将军去病各五万骑，步兵转者踵军数十万（师古曰：转者谓运辎重也。踵，接也）。

除开转运辎重者外，必有大量步兵。

至于东方、南方以及西南方诸战场，骑兵就很少了。

---

① 参阅《汉书》之《文帝纪》《武帝纪》。

② 最多的一次是元封元年武帝亲自巡边，“勒兵十八万骑”（《汉书·武帝纪》）。

如《武帝纪》记元封二年对朝鲜和西南用兵：

遣楼船将军杨仆、左将军荀彘将应募罪人击朝鲜。又遣将军郭昌、中郎将卫广发巴蜀兵平西南夷未服者，以为益州郡。

巴蜀这些地区用兵，骑兵会有一些，步兵也是主要的，如《汉书·西南夷传》记载一次西汉末年的“巴蜀骚动”：

大发天水、陇西骑士，广汉、巴、蜀、犍为吏民十万人，转输者合二十万人，击之。

就是北方边境的戍卒，也是步兵多于骑兵的。这可从赵充国所上“屯田奏”见其一斑。《汉书·赵充国传》：

……臣前部士入山，伐材木大小六万余枚，皆在水次。愿罢骑兵，留弛刑应募，及淮阳、汝南步兵与吏士私从者，合凡万二百八十一人……分屯要害处。冰解漕下，缮乡亭，浚沟渠，治湟狭以西道桥七十所，令可至鲜水左右。田事出，赋人二十亩。至四月草生，发郡骑及属国胡骑伉健各千，倅马什二，就草，为田者游兵。

这既是屯田也是备边，如他对答皇帝所问之言：

留田便宜十二：步兵九校、吏士万人，留屯以为武备，因田致谷，威德并行，一也。

这说明除大规模出击需要较多骑兵外，平常的屯守骑兵是不多的，而以步兵为主。

总而言之，秦汉时期的军队，无论从哪方面说，都是以步兵为主的。

秦汉时期的步兵总称材官。

《汉书·刑法志》记载说：

汉兴……天下既定，踵秦而置材官于郡国。

郡国置兵，不可能仅置步兵，因地制宜，有的地方除步兵外还有骑兵或水兵。《后汉书·光武帝纪》注引《前书音义》曰：

旧时郡国皆有材官、骑士。

《刑法志》只说“置材官”，有两种可能：一是因为当时军队以步兵为主，以步兵之名材官总言其他；另一可能即“材官”为“材士”之误。旧注以为“材官”又称“材士”①，如《史记·秦始皇本纪》二世元年“尽征其材士五万人”，《正义》解释“材士”说：

谓材官蹶张之士。

此处“材士”似应为“材官骑士”的简称。“材士”甚至可以包括水兵而言的。因为战国时即名水兵为“材士”，《墨子·备水篇》云：

必善以船为辒辒，二十船为一队，选材士有力者三十人共船……先养材士，为异舍食其父母、妻子以为责。视水可决，以临辒辒。

这里“材士”即指水兵②。到汉代就不怎么用“材士”这个笼统的名称了。或“材官、骑士”连用，或“车骑、材官”连用。至于“材官蹶张”“材官引强”那又是另一种意义，底下再说。

“材官”之名因何而起？不可详考。师古注《汉书》时，在《高帝纪》十一年引应劭曰：

---

① 《尉缭子》：“吴起与秦战，未合。一夫不胜其勇，前获双首而还，吴起立斩之，军吏谏曰：此材士也，不可斩。起曰：材士则是也，非吾令也。斩之。”

② 《通典》卷152：“速造船一二十只，简募解舟檝者，载以弓、弩、锹、钁，每船载三十人，自暗门衔枚而出，潜往斫营，决彼隄堰，觉即急走。城上鼓噪，急出兵助之。”文与《墨子》略同，其“简募解舟檝者”即《墨子》之“选材士”，是水兵。

材官，有材力者。

没有更多的说明。应劭的《汉官仪》则说得多一些：

高祖命天下郡国选能引关蹶张、材力武猛者，以为轻车、骑士、材官、楼船。常以立秋后讲诣课试，各有员数。平地用车骑，山阻用材官，水泉用楼船。

这里“山阻用材官”，是对“山阻”不能用“车骑”而言，并不排斥平地也能用“材官”，《汉书·晁错传》载晁错上言兵事时就说：

平地通道，则以轻车、材官制之。

“材官”是步兵的总名称。因使用武器不同或任务不同，还可能分成若干种步兵队。恩格斯在叙述埃及军队的情况时曾说：

军队的力量在于它的步兵，特别是在于它的弓箭手。除后者外，军队还有使用不同武器而且按武器类型分编为营的各种步兵队：长矛队、短剑队、狼牙棍队、投石队等。①

在叙述罗马步兵时又说：

每个军团都包括四种步兵：轻装兵、长矛兵、主力兵和后备兵。轻装兵是由新兵组成的轻步兵；后备兵是由老兵组成的预备队；其他两种步兵组成军队的其余部分，他们是主要的战斗力量，即基干步兵；主力兵是从在作战经验上仅次于后备兵的人员中挑选出来的，这一点正是他们与长矛兵不同之处。②

---

① 中共中央马克思恩格斯列宁斯大林著作编译局：《马克思恩格斯全集》卷十四，人民出版社2006年版，第5页。

② 中共中央马克思恩格斯列宁斯大林著作编译局：《马克思恩格斯全集》卷十四，人民出版社2006年版，第359～360页。

在讲希腊步兵时，又有重步兵、轻步兵之分，以及投石手、弓箭手、梭镖手以及盾牌手等分别①。恩格斯根据古代史料所作的科学的分析和叙述，对我们是有很大启发的。

那么，我国秦汉时期的步兵队伍中，是怎样分工和编制呢？

首先，步兵中的弓箭手是步兵力量的重要表现。秦汉时期有“引强”“蹶张”。《汉书·周勃传》说周勃在秦时为“材官引强”，师古注云：

> 服虔曰：能引强弓弩官也。孟康曰：如今挽强司马也。

又，同书《申屠嘉传》：

> 以材官蹶张从高帝击项籍，迁为队率。

师古注云：

> 如淳曰：材官之多力，能脚踏强弩张之，故曰蹶张。律有蹶张士。师古曰：今之弩，以手张者曰“擘张”，以足蹋者曰“蹶张”。

《史记·申屠嘉传》《集解》云：

> 徐广曰：勇健有材力开张。

其《索隐》曰：

> 孟康云：言张强弩……《汉令》曰：蹶张士百人也。

诸注家大同小异，指弓箭手无疑。但《说文》的记载是：

① 中共中央马克思恩格斯列宁斯大林著作编译局：《马克思恩格斯全集》卷十四，人民出版社 2006 年版，第 356～357 页。

汉令曰：趆张百人。

“趆张”当即“蹶张”①。新出土的云梦秦简之《秦律杂抄》云：

轻车、趆张、引强、中卒所载傅（传）到军，县勿夺。

则秦时本作“趆张”。

说“材官引强”或“材官蹶张”，表明是步兵“材官”之一种。当然骑兵中也有弓箭手，恩格斯著作中提到有马弓手和步弓手，冠以“材官”二字者，当指步弓手。

弓箭手在秦汉时还有其他名称。如《汉书·宣帝纪》的“佽飞射士”，注云：

服虔曰：周时渡江，越人在船下负船，将覆之。佽飞入水杀之。汉因以材力名官。如淳曰：《吕氏春秋》荆有兹非，得宝剑于干将，渡江中流，两蛟绕舟，兹非拔宝剑赴江刺两蛟杀之。荆王闻之，任以执圭。后世以为勇力之官。……臣瓒曰：本秦左弋官也，武帝改曰蹭飞官，有一令九丞，在上林苑中结蹭缴弋凫雁，岁万头，以供祀宗庙。许慎曰：“佽，便利也。”便利蹭缴以弋凫雁，故曰佽飞。诗曰：“抉（决）拾既佽”者也。师古曰：取古勇力人以名官，熊渠之类是也；亦因取其便利轻疾若飞，故号佽飞。弋凫雁事，自使佽飞为之，非取飞鸟为名。瓒说失之。

这些注着重解释“佽飞”一名的来历，“佽飞”在秦汉时是一官名无疑。《汉书·百官公卿表》有“掌弋射”之“佽飞”，“佽飞射士”当即“佽飞”所辖之弓箭手。又，《汉书·冯奉世传》有“迹射、佽飞彀者”，注云：

彀者，谓能张弩者也。

① 段玉裁《说文解字注》以为字有误，是如淳、孟康等人将趆张误作蹶张。

“迹射”即指“迹射士”，或作“积射士”，东汉记载中较多，《后汉书·邓晨传》记载，邓晨发郡内“积射士千人”配合光武击铜马，注云：

积与迹同，古字通用，谓寻迹而射之。

同书《马防传》记载，西羌反，拜防行车骑将军事，以长水校尉耿恭为副，将北军五校兵又诸郡积射士三万人击之。又《南匈奴传》记载，永元六年，邓鸿等将左右羽林、北军五校士及郡国积射、缘边兵讨叛胡，注又云：

汉有迹射士，言寻迹而射之。积亦与迹同，古字通也。

还有称“习战射士”者，《汉书·昭帝纪》始元二年：

发习战射士诣朔方。

总之，弓箭手称“射士”，其上冠以“佽飞”、“迹”或“积”、“习战”等字，或属某官主管，或成为一般形容。

据上所述，我们不难看出，弓箭手在秦汉军队中的重要性，在战争中常常用到他们，需要他们。东汉时期，募兵、职业兵多了，郡国兵少了，但却常常有征发诸郡积射士的事实。弓箭手是军队力量的表现，此言不虚。

秦汉时期的军队中有没有投石队、狼牙棍队之类的分工呢？史无明文。但在战争中使用这样的武器是无疑的。如投石，《汉书》记载中有“蔺石”“垒石”（详后），《晁错传》注曰：

服虔曰：蔺石，可投人石也。

作战时要放石投人，平时也必有这方面的训练，故《汉书·甘延寿传》记延寿为羽林时：

投石拔距绝于等伦。

师古注云：

应劭曰：投石，以石投人也。……张晏曰：《范蠡兵法》飞石重十二斤，为机发，行二百步。廷寿有力，能以手投之。

从以上记载看，军队中即便没有固定的投石队，但在需要以石投人时，也得临时组织专门的投石队。

秦汉时期大约还没有狼牙棍这样的武器，但有白梃①、木棍和竹杖，如孟子所说："杀人以梃与刃有以异乎！"② 当时刀、矛、剑、戟各种武器固然都有了，而且有的还特别精良③。但战争规模大了，士兵多了，精良的武器数量还是有限的，还必有大量的非金属武器，这就是木梃和竹杖。史书这方面的记载比较少，但新出土的云梦秦简中却提供了一些材料，《法律答问》中写道：

邦客与主人斗，以兵刃、投（殳）、梃、拳指伤人，擎以布。……

这里殳和梃与兵刃同举，说明是武器之一，与上引孟子说法相同。另一条则专门解释"梃"：

以梃贼伤人。●可（何）谓梃？木可以伐者为"梃"。

可以伐当然是武器了。《效律》中关于"殳"的一条简文写道：

殳、戟、弩，鬃汧相易殹（也），勿以为羸、不备，以职（识）耳

① 《吕氏春秋·简选篇》有"锄櫌白梃"，注"櫌，椎；梃，杖也"。

② 《孟子·梁惠王篇》。

③ 《荀子》曰："楚人鲛革犀兕以为甲，鞈如金石，宛钜铁釶，惨如逢虿……"（《议兵篇》）《史记·苏秦列传》："韩卒之剑戟皆出于冥山、棠溪、墨阳、合赙、邓师、宛冯、龙渊、太阿，皆陆断牛马，水截鹄雁，当敌则斩坚甲铁幕，革抉、㕹芮，无不毕具。"

不当之律论之。

这显然是指武库里的兵器，殳与戟、弩并列，殳不过是一种竹杖，长丈二尺无刃①。

由此可见，木棍、竹杖之类的武器在军队中是肯定有的，临潼秦俑坑中有殳的发现。是否有专门的木棍队或竹杖队就不一定了，可能是和其他武器夹杂在一起的。自西周至战国时期，以五种兵器为一组配套使用，据《司马法·定爵篇》说，是弓矢、殳、矛、戈、戟五种。这是以步兵的基本编制单位——伍来配套的，其中就有殳。从一些出土的水陆攻战图也可以看到，有持各种不同兵器的士兵配合成套②。看来，不按武器分编队伍，和古埃及那种分编军队相比，是一种进步的表现。各种武器配合使用，对作战有利，《司马法·天子之义篇》中说：

兵不杂则不利，长兵以卫，短兵以守③。太长则难犯；太短则不及；太轻则锐，锐则易乱；太重则钝，钝则不济。

夏后氏则“其兵不杂”。看来，五兵配合成套还有一个发展过程，兵器杂用是历史的进步。

这一进步之后，对士兵的技艺要求也较高，《周礼·夏官·司右》云：

凡国之勇力之士，能用五兵者属焉。

《吕氏春秋》有《简选》一篇，讲“简选精良”的重要性，士兵要是不会使用武器，好的武器也会和差武器一样：

今有利剑于此，以刺则不中，以击则不及，与恶剑无择。

---

① 《说文》：“殳，以杸殊人也。《周礼》：殳以积竹，八觚，长丈二尺……”或以为木杖者，如《淮南子·齐俗训》注。字或作杸。

② 参阅郭宝钧《山东彪镇与琉璃阁》图10～12。

③ 同书《定爵篇》则云：“五兵当长以卫短，短以救长，迭战则久，皆战则强。”

因而主张要“教卒”，要使士兵学会使用武器。如晋文公“造五两之士”，注云：

> 两，技也，五技之人。

这“五技”当即“能用五兵者”。

总之，在步兵队伍中，多种兵器相杂使用这是肯定的。临潼秦俑坑也可以提供实际的证明。虽然该处兵马俑坑是有特殊性的，例如它的武器精良，殳、梃之类的武器不多，但是兵器相杂这一点是比较明显的，不仅弓、弩列为前锋与整个步兵队伍配合，其他的武器戈、矛、剑、戟等也是相间杂的。步兵队伍中也会有少量战车和马匹，但与车兵、骑兵部队不同。

从总的编制看，我国秦汉时期没有古埃及那种以武器分工的队伍编制。但因为后勤、供养等不同任务，也会有与战斗队伍不同的编制。

如前所述，作战时因战斗的需要，临时组成投石队或者其他什么专门队是完全可能的。例如，在作战中常常需要敢死队这样的队伍，两汉时期，称为“勇敢”“奔命”者，大约就是敢死队性质的专门编制，如武帝天汉四年与匈奴作战，“发天下七科谪及勇敢士”，这“勇敢士”不单与“七科谪”相区别，恐怕是与一般“材官”也是不同的。《汉书·平帝纪》载：

> （元始二年）募汝南、南阳勇敢吏士三百人，谕说江湖贼。

这所召募之“勇敢”显然与一般士兵不同。又如《汉书·翟义传》：

> 以九月都试日斩观令，因勒其车骑材官士，募郡中勇敢，部署将帅。

“勇敢”与车骑材官士有别。可见，军队中因作战的需要，常常会有敢死队的编制。至于“奔命”，《汉书·昭帝纪》：

（始元元年）募吏民及发犍为、蜀郡奔命击益州（应劭曰：旧时郡国有材官骑士以赴急难。今夷反，常兵不足以讨之，故权选取精勇。闻命奔走，故谓之奔命）。①

这“奔命”与一般所募吏民也有区别。总之，勇敢、奔命都是不同于常兵的。

## 二　骑兵

恩格斯也研究过骑兵史，根据他所掌握的历史材料，做过一些精辟的论述。例如他曾在《军队》一文中指出：

在中世纪，骑兵是有决定意义的兵种。

中世纪所赐给我们的唯一进步是骑兵的创立，我们时代的骑兵就是从那个时代的骑兵直接传下来的。②

又在《骑兵》一文中说：

骑兵——骑马的兵士的总称。马匹用于乘骑和军队编有骑马的部队，这自然首先发生在那些自古以来就产马，而且气候和青草适与马匹生长的国家。……但是，起初马匹大概仅用于驾车；至少在军事史上，战车比武装骑手出现早得多。③

恩格斯根据的是古代埃及和罗马等的材料，但所作的科学论断却常常有普遍的意义。中国古代的军事史也恰恰就是如此。春秋以前以车战为主，骑

① 《后汉书·光武帝纪》“所过发奔命”注引《前书音义》的解释与此相同。

② 中共中央马克思恩格斯列宁斯大林著作编译局：《马克思恩格斯全集》卷十四，人民出版社 2006 年版，第 27 页。

③ 中共中央马克思恩格斯列宁斯大林著作编译局：《马克思恩格斯全集》卷十四，人民出版社 2006 年版，第 298 页。

兵的记载是不多的。

中国古代的骑兵究竟创立何时，还有待详考。战国时期，赵武灵王“胡服骑射”，无疑是发展骑兵的一个重大措施。战国后期，各国都有了独立的骑兵这个兵种，或万骑，或数千骑不等①。秦国的整个兵力比其他各国要大一些，张仪所说“骑万匹”这个数字并未夸大。秦赵长平之战时，《史记・白起列传》：

> （秦军）张二奇兵以劫之……秦奇兵二万五千人绝赵军后，又一军五千骑绝赵壁间。

这“二奇兵”好像都是骑兵，五千骑则毫不含糊。

秦时除步兵材官之外，骑士也是很普遍的，所谓汉“踵秦置材官骑士于郡国”。《史记・灌婴列传》也记有秦骑士的具体例子：

> 楚骑来众，汉王乃择军中可为（车）骑将者，皆推故秦骑士重泉人李必、骆甲习骑兵，今为校尉，可为骑将。……令李必、骆甲为左右校尉，将郎中骑兵击楚于荥阳东，大破之。

这不仅说明确有“骑士”，而且骑兵也确实是一个独立兵种，有专门的“骑将”率领骑兵。并且仅“郎中骑兵”就派两个将领率领，少说也是几千。

从汉初情况看，骑兵数量已经不少，成为一个重要的兵种。据《史记・灌婴列传》记载，文帝三年：

> 匈奴大入北地、上郡，令丞相婴将骑八万五千往击匈奴。

又《汉书・匈奴传》记载：

---

① 《史记・苏秦列传》载苏秦所言：燕“带甲数十万，车六百乘，骑六千匹”，赵“带甲数十万，车千乘，骑万匹”，魏“武士二十万，苍头二十万，奋击二十万，厮徒十万，车六百乘，骑五千匹”，楚“带甲百万，车千乘，骑万匹”。

> 孝文十四年，匈奴单于十四万骑入朝那萧关……于是文帝以中尉周舍、郎中令张武为将军，发车千乘，十万骑，军长安旁以备胡寇。而拜昌侯卢卿为上郡将军，宁侯魏遬为北地将军，隆虑侯周灶为陇西将军，东阳侯张相如为大将军，成侯董赤为将军，大发车骑往击胡。

此处似乎十万骑之外还大发车骑，《本纪》的记载略异，大约击匈奴之军就是“车千乘、骑卒十万人”。这十万左右的骑兵已经是空前大的骑兵队伍了，没有这么多，也是难以对付匈奴十四万骑的。

汉代的边患主要来自西北游牧民族匈奴的骚扰，匈奴以骑兵为主，要与之驰骋角逐，就必须要建立一支训练有素、强健的骑兵队伍。因此，汉代很重视骑兵的建设。从汉初到武帝时期，骑兵建设有重大的发展，其表现是：第一，能经常保持一支十万左右的骑兵队伍。与匈奴作战，每次出兵，少则三五万，多则十余万骑①，即便战死者数以万计②，也能及时得到补充。并且十万战斗骑兵，实际不只十万马匹③。第二，培养了一大批骑兵将领。卫青、霍去病为“最”，其下还有一批将、校，据《汉书·卫青霍去病传》记载：

> （大将军青）其裨将及校尉侯者九人，为特将者十五人，李广、张骞、公孙贺、李蔡、曹襄、韩说、苏建皆自有传。

其余的有李息、公孙敖、李沮、张次公、赵信、赵食其、郭昌、荀彘，共十五人，均属大将军卫青。

> （票骑将军去病）其校尉吏有功侯者六人，为将军者二人（路博得、赵破奴）。

这些还只是佼佼者，实际还有许多。第三，总结和创造了骑兵作战的战略战术（详后十一章）。

---

① 《汉书·武帝纪》，元封元年准备御驾亲征，“勒兵十八万骑，旌旗径千余里”。
② 《汉书·匈奴传》，有时“汉马死者十余万匹”。
③ 《汉书·匈奴传》，元狩五年“发十万骑，私负从马凡十四万匹”。

骑兵发展成为独立兵种之后，必然有专门带领骑兵的军官。上引《史记·灌婴列传》的记载中已有“骑士”“骑将”等。《汉书·灌婴传》记载相同。而《汉书》注“右司马”时还说：

> 张晏曰：主右方之马，左亦如之。晋灼曰：下所谓左右千人之骑。

据此，则“左右司马”以及“左右千人”皆为骑兵之将领。又《汉书·傅宽传》：

> 傅宽，以魏五大夫骑将从，为舍人……从入汉中，为右骑将……从击项冠……所将卒斩骑将一人敖下。

《汉书·靳歙传》：

> ……击秦军开封东，斩骑千人将一人（如淳曰：骑将率号为千人。《汉仪注》：边郡置部都尉、千人、司马、候也）……又战兰田北，斩车司马二人，骑长一人（张晏曰：骑之长）……沛公为汉王，赐歙爵建武侯，迁骑都尉。从定三秦。别西击章平军于陇西……所将卒斩车司马、候各四人、骑长十二人。……别之河内，击赵贲军朝歌，破之，所将卒得骑将二人、车马二百五十匹。……别攻破赵军，得其将司马二人，候四人，降吏卒二千四百人。……以骑都尉从击代，攻韩信平城下，还军东垣。有功，迁为车骑将军。

从这些记载看，大约汉初以前，骑兵将官多用“骑将”“骑都尉”“骑长”等称号，多冠以骑字。“骑长”是下级军官，“千人”（或“骑千人”“左右千人”）、“司马”（或“左右司马”），则是中级军官。

从以后的情况看，除郎中令之下“有车、户、骑三将”[①] 之外，一般“骑将”的名称很少见了。“司马”“千人”则常常能见到，不过非骑兵队

---

① 班固：《汉书》卷十九，《百官公卿表》，中华书局1962年版，第727页。

伍中也常有此官。以后的高级将领有“车骑将军”。车骑将军之设，似始于高帝八年，以骑都尉靳歙“为车骑将军，并将梁、赵、齐、燕、楚车骑”①，其本意还是统率车兵和骑兵，而在车兵日益减少的情况下，又主要是统率骑兵了，从记载看，靳歙本人是一员骑兵将领。但是，后来的车骑将军不限于统率骑兵，成为一种虚衔，其地位仅次于大将军，冠以大司马，兼领尚书事等。如《汉书·张安世传》：

（宣帝地节三年），拜（张安世）为大司马车骑将军，领尚书事。

武帝以后，骑兵大大发展，率领骑兵作战的高级将领，皆以将军为号，大将军、票骑将军相当于集团军总司令，其他也称将军，更有明确称“骁骑将军”（李广）、“骑将军”（公孙敖）者。

次一级的军官，则和步兵一样，称校尉。武帝时，中央常备军所增设八个校尉，至少有四个是率骑兵的，如《汉书·百官公卿表》记载的有：

屯骑校尉，掌骑士。
越骑校尉，掌越骑。
长水校尉，掌长水、宣曲胡骑②。
胡骑校尉，掌池阳胡骑。不常置。

此外还有：

驸马都尉、掌驸马。

皆以“校尉”和“都尉”为称，看来是和步兵等兵种统一了军衔。如卫青、霍去病皆统帅有骑兵，其下除将军和大校之外，有不少的校尉官，已见上述。

---

① 班固：《汉书》卷四十一，《靳歙传》，中华书局1962年版，第2087页。

② 师古注曰：“长水，胡名也。宣曲、观名，胡骑之屯于宣曲者。”《汉书补注》：“王鸣盛曰：顾氏云：长水，非胡名也……先谦曰：……长水、宣曲皆胡骑，屯长水者，谓之长水胡也，屯宣曲者，谓之宣曲胡骑，各为营校。《刘屈氂传》如侯持节发长水及宣曲胡骑可证。”

再次一等的骑兵军官主要有“司马”和“千人”①。关于“司马”的记载较多，《汉书·赵充国传》有“诸校司马”的说法。可以笼统地称“军司马”（杨敞）或“营军司马”（谷永），实即军中之司马，也可以冠以具体名号，如票骑将军下有“鹰击司马赵破奴”。

骑兵中的基层军官，包括领一二百骑和数十骑的基层军官，史籍所见较少。掾史假佐是可能有的②，带兵的叫什么？骑长后来是否还存在？这些还有待详考。

骑兵是否也有什伍呢？从《汉书·韩延寿传》的记载看，他在东郡试骑士时，“五骑为伍”，或者军中骑兵也是以什伍编制的。其详待考。

此外，在骑兵中是否也有像步兵敢死队性质的编制呢？《后汉书·光武帝纪》云：

> 会上谷太守耿况、渔阳太守彭宠各遣其将吴汉、寇恂等将突骑来助击王郎（注：突骑，言能冲突军阵）。③

同书《张纯传》：

> （建武）五年，拜（张纯）太中大夫，使将颍川突骑安集荆、徐、杨部，督委输，监诸将营。

突骑恐非一般骑兵，至少是精锐骑兵。《后汉书·景丹传》：

> 丹等纵突骑击，大破之，追奔十余里，死伤者纵横。丹还，世祖谓曰：“吾闻突骑天下精兵，今乃见其战，乐可言邪？”

《汉书·晁错传》注亦云：

---

① 《汉书·王莽传》有车骑将军千人。注曰：“千人，官名，属车骑将军。”

② 如《汉书·律历志》有大将军史。《汉书·艺文志》有票骑将军史。

③ 《后汉书集解》：“何若瑶曰：前书《刑法志》：‘是犹以鞿而御捍突。’如淳注：突，恶马也。突骑言冲突如恶马。”

突骑，言其骁锐可用冲突敌人也。

## 三 车兵

自战国时期大规模步骑兵的野战代替古代车阵战以后，战车逐渐减少，但战争中并没有废除车兵。秦统一后兵车的情况，记载不多，但秦有车兵是可以肯定的。云梦秦简中有“轻车”与“趆张”“引强”[①] 并列，轻车即为车兵之称。又，《史记》和《汉书·靳歙传》有“斩车司马”的记载，张晏曰：“车司马，主官车。”汉代有关车将的记载，无疑也是源于秦代。

《汉书》中有关发车骑的记载很多，是既包括骑兵，也包括车兵的。仅有一例外，即《汉书·汲黯传》“发车二万乘”的记载，看样子是没有实行，也不知是否掉一骑字。一般是发车骑连用的，骑代表骑兵，车代表车兵，或称“车士”，是独立的兵种，有自己的将领和军官，如《汉书·冯唐传》：

（文帝时）拜唐为车骑都尉，主中尉及郡国车士（服虔曰：车战之士也）。

同书《卫青传》：

元光六年，拜（青）为车骑将军……公孙贺为轻车将军，出云中；太中大夫公孙敖为骑将军，出代郡……元朔五年春，……太仆公孙贺为骑将军，代相李蔡为轻车将军，皆领属车骑将军，俱出朔方。

又《百官公卿表》：

虎贲校尉，掌轻车。

① 《秦律杂抄》，已见前引。

这是中央的车兵，地方也有，上面已提到“郡国车士”，《汉书·宣帝纪》本始二年：

秋，大发兴调关东轻车锐卒（师古曰：调亦选也。锐，利也，言其勇利也），选郡国吏三百石伉健习骑射者。

此次“大发兴”，包括各地之车士和骑士，车士与骑士一样，与步兵不同，所要求的技能较高，因此要选调。自然平时也是经过训练的。

不过，车兵虽是一个独立的兵种，但在秦汉时期的战争中，很少（也不太可能）单独使用车兵，都是与骑兵和步兵配合，特别是在野战中，编入较大的野战部队中，配合步兵、骑兵作战，如上述卫青大部队中的轻车将军当即如此。或者分散于骑兵和步兵的部队中，这从战车的种类和使用情况方面得到证明。使用在战争中的车辆有如下一些：

首先，主要是轻车和武刚车，《后汉书·舆服志》记载说：

轻车，古之战车也。洞朱轮舆，不巾不盖，建矛戟幢麾，辄辄弩箙。藏在武库。大驾、法驾出，射声校尉、司马吏、士载，以次属车，在卤簿中。诸车有矛戟，其饰幡斿旗帜皆五采，制度从周礼。吴、孙《兵法》云：“有巾有盖，谓之武刚车。”武刚车者，为先驱。又为属车轻车，为后殿焉。

这是从天子用车的角度记述的，天子出巡时，浩荡的队伍中也有兵车，所以平时藏在武库，出巡时以为“先驱”“后殿”。当然是象征性的，装饰比真正作战用的会好得多自无疑问。我们所取者，是轻车与武刚车皆为战车（或兵车）之名，区别在于“不巾不盖”和“有巾有盖”。轻车之名用得较为普遍，常常是“轻车”成为整个兵种或车兵士兵的代名词，或者用以名车兵的将领，如上述武帝时之轻车将军①。武刚车的实际运用，见《汉书·卫青传》，后面第九章再详述。

战车（兵车）除了称轻车和武刚车者之外，也还有其他名称。如戎

① 见《汉书·武帝纪》元光二年、六年。

车、革车，这是较为古老的名称，《诗经·秦风》中有《小戎》，即兵车。又《孙子·作战篇》：

凡用兵之法，驰车千驷，革车千乘。

注云：驰车为轻车，革车为重车。混言之，革车即指战车。又如辎车，《史记·淮南衡山列传》“作辎车镞矢”，《集解》引徐广曰：“辎车，战车也”，《汉书·衡山王传》直作“兵车镞矢”。

有的仅仅是名称不同，有的名称不同则反映用途不同。《后汉书·光武帝纪》中记载说：

……列营百数，云车十余丈（注：云车即楼车，称云，言其高也，升之以望敌，犹《墨子》云：“公输般为梯之械。”），瞰临城中，旗帜蔽野，埃尘连天，钲鼓之声闻数百里。或为地道，冲辎橦城（注：冲，橦车也。《诗》曰：“临冲闲闲。”许慎曰：“辎，楼车也。”）。积弩乱发，矢下如雨，城中负户而汲。

云车或辎车是攻城用的楼车①，冲车、橦车则是冲锋陷阵之车②。

战车一般是马车，或一马，或二马。楼车因为比较高大，又不怎么需要快速，或者可以用牛驾车。《汉书·刘屈氂传》云：

以牛车为橹（师古曰：橹，楯也。远与敌战，故以车为橹，用自蔽也。一说橹，望敌之楼也）。

当以“一说”为是，《后汉书·南匈奴传》云：

---

① 《左传》宣公15年：“登诸楼车，使呼宋而告之。”《墨子·备城门》曰轩车，或巢车。《通典》卷160攻城战具云：“以八轮车上树高竿，竿上安辘轳，以绳挽板屋上竿首，以窥城中。板屋方四尺，高五尺，有十二孔。四面布车，可进退，圜城而行，于营中远视，亦谓之巢车，如鸟之巢，即今之板屋也。”

② 秦以前即有攻城之车，名曰轒辒，或轒辒。《六韬》云：“攻城围邑，则有轒辒、临冲。”《孙子·谋攻》云：“修橹轒辒。”杜牧注：“轒辒，四轮车、排大木为之，上蒙以生牛皮，下可容十人，往来运土填堑，木石所不能伤，今所谓木驴是也。”

初，帝造战车，可驾数牛，上作楼橹，置于塞上，以拒匈奴（注：橹即楼也。《释名》曰："楼无屋为橹也。"）。

以上所举，不论是用于攻城，或者用于陷阵，都是战车，有些数量不一定多，如楼车体大笨重，但很重要，部分像现代之装甲车，作用很大。

此外，还有些车虽非直接用于战斗，但也是军队中不可缺少的，如用于运输的辎车[①]，军用之器械、粮秣、材料等，统称辎重，《汉书·韩安国传》师古注曰：

辎，衣车也。重谓载重物车也。故行者之资，总曰辎重。

辎车即运送辎重之车。但是运输辎重有畜拉人挽之分，人挽者则称辇车，《汉书·淮南厉王传》云：

谋以辇车四十乘反谷口（师古曰：辇车，人挽行以载兵器也）。[②]

既然是人挽，而且又是拉兵器，则决非一二人。这样，四十乘车在一起，至少也是百把人，就是一个车队了。

运输车之畜力，马、牛均有。牛车作为运输工具是早有的，如《史记·穰侯列传》穰侯魏冉出关，"辎车千乘有余"。而《史记·范雎列传》则说：

因使县官给车牛以徙，千乘有余。

所以其他记载（如《资治通鉴》等）就写作"牛车千乘"。一般说辎车即为牛车是可能的，用于军队之中的也有，如李广利征大宛，动用的运输力

---

① 《汉书·张良传》："上虽疾，强载辎车，卧而护之。"注："辎车，衣车也。"《释名·释车》："辎车，载辎重卧息其中之车也。"

② 唐人有以辇车为王者之车的解释。《通典·礼典》云："夏后氏末代制辇，秦为人君之乘，汉因之。"又《一切经音义》："古者卿大夫亦乘辇，自汉以来，天子乘之。"辇主要是人挽之意（见《说文》），天子是有时乘人末之车，但此处辇车四十乘即明非天子所乘，唐人解释过于拘泥。

量，《汉书·李广利传》：

牛十万，马三万匹，驴橐驼以万数赍粮，兵弩甚设。

作为运输用的辎重车，或用人拉或用畜拖，或用马或用牛（还有驴、橐驼之类），或载物或载人，或载武器或载粮秣，有种种不同情况，也有种种不同名称，除上述辇车之外，见于记载的有大车，《汉书·李陵传》：

军居两山间，以大车为营。

始军出时，关东群盗妻子徙边者随军为卒妻妇，大匿车中（按：或当为匿大车中）。

还有厨车，见《汉书·刘屈氂传》，师古曰：

厨车，载食之车也。

也还有可以寝卧其中之车，如辒辌车之类，《史记·李斯列传》：

宦者辄从辒辌车中可诸奏事（《集解》引孟康曰：如衣车，有窗牖，闭之则温，开之则凉，故名之"辒辌车"也）。

这如果在军中有，也不过供高级军官乘坐，与军用车关系不大。

## 四 水兵

我国水战始于何时有待详考。春秋时南方各国已有水战，《左传》中有关吴楚二国之间的水战有：襄公二十四年，楚子为舟师以伐吴；昭公十九年，楚子为舟伐师以濮；二十四年，楚子为舟师以略吴疆。又《墨子·鲁问篇》曰：

昔者楚人与越人舟战于江，楚人顺流而进，迎流而退。见利而进，见不利则其退难。越人迎流而进，顺流而退。见利而进，见不利则其退速。越人因此若势，亟败楚人。公输子自鲁南游楚焉，始为舟战之器，作为钩强之备，退者钩之，进者强之。量其钩强之长而制为之兵。楚之兵节，越之兵不节，楚人因此若势，亟败越人。

从春秋到战国，水战日益发展。当时中原地区也有了水攻和陆攻同时并用，有些出土文物上的水陆攻战图便是很好的证明。南方的吴、越等国自不待言，战国末年的秦国也就有不少的水兵。如《史记·张仪列传》云：

秦西有巴蜀，大船积粟，起于汶山，浮江以下，至楚三千余里。舫船载卒，一舫载五十人与三月之食，下水而浮，一日行三百余里，里数虽多，然而不费牛马之力，不至十日而距扞关。

同书《苏秦列传》云：

告楚曰："蜀地之甲，乘船浮于汶，乘夏水而下江，五日而至郢。汉中之甲，乘船出于巴，乘夏水而下汉，四日而至五渚。"秦正告魏曰："……乘夏水，浮轻舟，强弩在前，锬戈在后。决荥口，魏无大梁；决白马之口，魏无外黄、济阳；决宿胥之口，魏无虚、顿丘。陆攻则击河内，水攻则灭大梁。"

又，《华阳国志》三：

司马错率巴蜀众十万，大舶船万艘，米六百万斛，浮江伐楚。

虽然船所载者必有一些是步兵，但水兵也肯定是有的，单单驾驶那上万艘船只，也就是几万水手。

秦之水兵称为楼船之士，《汉书·严安传》说：

（秦）使尉屠睢将楼船之士攻越。

楼船是一种较大的战船，《史记·平准书》记载说：

是时（武帝时），越欲与汉用船战逐（《集解》韦昭曰：战斗驰逐也），乃大修昆明池[①]，列观环之。治楼船，高十余丈，旗帜加其上，甚壮（《索隐》：盖始穿昆明池，欲与滇王战，今乃更大修之，将与南越吕嘉战逐，故作楼船，于是杨仆有将军之号）。

又《汉书·武帝纪》元封二年注引应劭曰：

楼船者，时欲击越，非水不至，故作大船，上施楼也。

以“楼船之士”称水军，但决不只有楼船是战船，水军之船有多种，如《后汉书·岑彭传》记载水战情况说：

（建武）九年，公孙述遣其将任满、田戎、程汎，将数万人乘枋箄下江关（注：枋箄，以木竹为之，浮于水上。《尔雅》曰：“舫，泭也。”郭景纯曰：“水中簰筏也。”），击破冯骏及田鸿、李玄等。遂拔夷道、夷陵，据荆门、虎牙。横江水起浮桥、斗楼，立攒柱绝水道，结营山上，以拒汉兵。彭数攻之，不利，于是装直进楼船、冒突露桡数千艘（注：并船名。楼船，船上施楼。桡，小檝也。〔方言〕曰：“檝谓之桡。”露桡谓露檝在外，人在船中。冒突，取其触冒而唐突也）。十一年春，……又发桂阳、零陵、长沙委输棹卒，凡六万余人（注：棹卒，持棹行船也。《东观记》作“濯”。《前书》邓通以濯船为黄头郎），骑五千匹，皆会荆门。吴汉以三郡棹卒多费粮谷，欲罢之。彭以蜀兵盛，不可遣，上书言状。帝报彭曰：“大司马习用步骑，不晓水战，荆门之事，一由征南公为重而已。”彭乃令军中募功浮桥，先登者上赏。于是偏将军鲁奇应募而前。时天风狂急，奇船逆流而上，

---

① 《平准书》“作昆明池”句下《索隐》又云：“案《黄图》：武帝穿昆明池，周四十里，以习水战。荀悦云：昆明子居滇河中，故习水战以伐之也。”《汉书·武帝纪》元狩三年注引臣瓒曰：“《西南夷传》有越巂、昆明国，有滇池方三百里。汉使求身毒国，而为昆明所闭。今欲伐之，故作昆明池，以习水战。”

直冲浮桥，而攒柱钩不得去（《续汉书》曰："时天东风，其攒柱有反把，钩奇船不得去。"），奇等乘势殊死战，因飞炬焚之，风怒火盛，桥楼崩烧。彭复悉军顺风并进，所向无前。蜀兵大乱，溺死者数千人。

从这一大段文字中可以看到，战船有大小之分，大的称"楼船"，小的称"冒突露桡"，后者大约是冲撞用的。至于运载，则大木排亦可，即所谓"枋箄"。

水兵的一般称呼是"楼船"，或称"楼船之士"，或称"楼船卒"①，以上这段文字中又提到"棹卒"，由于"棹""濯""楫""檝"等字的意思都一样②。"辑濯士"也是水兵的名称，《汉书·刘屈氂传》"发辑濯士，以予大鸿胪"，师古曰：

辑濯士，主用辑及濯行船者也。短曰辑，长曰濯。

中央水军。水衡都尉之属官有辑濯令、丞，如淳解释为船官③。如果此种船官不是正式水军的话，羽林黄头是可以算中央水军的，《汉书·枚乘传》云：

汉知吴之有吞天下之心也，赫然加怒，遣羽林黄头循江而下（注：苏林曰：羽林黄头郎习水战者也），袭大王之都。

关于黄头郎的记载和解释，《史记·佞幸列传》邓通"以濯船为黄头郎"，《集解》云：

徐广曰："著黄帽也。"骃案：《汉书音义》曰：善濯船池中也。一说能持濯行船也。土，水之母，故施黄旄于船头，因以名其郎曰黄

---

① 《汉书·严助传》："楼船卒水居击櫂。"师古曰："言常居舟中水上，而有击櫂行舟之役。"

② 《方言》卷九："楫谓之桡，或谓之棹，所以隐棹谓之桨，所以县櫂谓之缉（系棹头索也），所以刺船谓之槁。"

③ 班固：《汉书》卷十九，《百官公卿表》，中华书局 1962 年版，第 736 页。

头郎。

《汉书·邓通传》师古的解释是：

濯船，能持濯行船也。土胜水，其色黄，故刺船之郎皆著黄帽，因号曰黄头郎也。

地方水军。与材官、骑士的情况大体相同，所以《汉官仪》记述说：

高祖命天下郡国选能引关蹶张、材力武猛者，以为轻车、骑士、材官、楼船，常以立秋后讲诣课试，各有员数，平地用车骑，山阻用材官，水泉用楼船。

民年二十三为正，一岁以为卫士，一岁为材官、骑士，习射御骑驰战阵……水家为楼船，亦习战射行船。

水军和骑兵一样，也是武帝时有较大的发展，即《汉书·刑法志》所说：

至武帝时乎百粤，内增七校，外有楼船，皆岁时讲肄，修武备云。

“外有楼船”，并非楼船从武帝时开始，是说增加的意思，武帝时有较大的发展，《汉书·武帝纪》上记载有几次较大的水军行动：

（建元二年），东瓯告急。遣中大夫严助持节发会稽兵，浮海救之。

（元鼎五年），遣伏波将军路博德出桂阳，下湟水；楼船将军杨仆出豫章，下浈水；归义越侯严为戈船将军，出零陵，下离水；甲为下濑将军，下苍梧。皆将罪人，江淮以南楼船十万人。越驰义侯遗别将巴蜀罪人，发夜郎兵，下牂牁江，咸会番禺（按：《汉书·食货志》所记全为楼船士：“南粤反……因南方楼船士二十余万人击粤。”）。

（元鼎六年）东越王余善反，攻杀汉将吏。遣横海将军韩说、中尉王温舒出会稽，楼船将军杨仆出豫章，击之。

这些事例可略见水军之规模。元封五年记武帝巡行长江：

自寻阳浮江，亲射蛟江中，获之。舳舻千里（李斐曰：舳，船后持柂处也。舻，船前头刺櫂处也。言其船多，前后相衔，千里不绝也），薄枞阳而出……

“舳舻千里”说明水军之盛。这一记载还告诉我们，武帝建设水军的中心是在长江中下游，汉武帝由寻阳浮江，从枞阳上岸，寻阳在今湖北黄梅县境，枞阳在今安徽安庆附近。《汉书·严助传》的一条材料可以说明寻阳是楼船所聚之处：

闽越王……阴计奇策，入燔寻阳楼船（师古曰：汉有楼船贮在寻阳也），欲招会稽之地，以践句践之迹。

闽越王想要称霸，首先就阴谋破坏汉水军。为什么会在寻阳贮楼船呢？这里，上可以控制长江中上游，下可以与东南相通。《汉书·伍被传》记伍被与淮南王之对话云：

略衡山以击庐江，有寻阳之船，守下雉之城，结九江之浦，绝豫章之口，强弩临江而守，以禁南郡之下，东保会稽，南通劲越，屈强江淮间。

武帝时的水军主要是用于东南的闽越和南方的南粤，所以以寻阳这一带为中心屯聚水军。

水军的数量不少，因而置将军统帅。楼船将军是水军将领自不待言。上面提到的几个将军看来也是水军将领，如：伏波将军：因为船行江海，欲使波浪之伏息，故有此名。西汉路博德伐南越时为之。东汉马援为伏波将军更是闻名于后世。伏波与楼船紧密相连，庾信之文曰：

伏波受胀，楼船推毂。①

戈船将军：《汉书·武帝纪》注："张晏曰：……越人于水中负人船，又有蛟龙之害，故置戈于船下，因以为名也。臣瓒曰：《伍子胥书》有戈船，以载干戈，因谓之戈船也。……师古曰：以楼船之例言之，则非为载干戈也。此盖船下安戈戟，以御蛟鼍水虫之害。张说近之。"

关于戈船的解释历来有分歧意见，《汉书补注》列举说：

刘攽曰：船下安戈，既难措置，又不可以行。且今造舟船甚多，未尝有置戈者。颜北人，不知行船，故信张说，予谓瓒说是。宋祁曰：戈船将军，当时所建之官，如骠骑、虎牙之类是也。戈船今有之，设干戈于船上，以御敌也。

不论哪一种解释，都可以说明戈船将军是水军将领。

下濑将军：《汉书·武帝纪》注：

臣瓒曰：濑，湍也，吴越谓之濑，中国谓之碛。《伍子胥书》有下濑船。

横海将军：《汉书·闽王传》：

上遣横海将军韩说出句章，浮海从东方往。

以上诸水军将领，在东汉初年仅见伏波将军马援和楼船将军段志。《后汉书·马援传》记载：

（光武十七年）交阯女子征侧及女弟征贰反……于是玺书拜援伏波将军，以扶乐侯刘隆为副，督楼船将军段志等南击交阯。

① 庾信：《庾开府集·周柱国大将军纥于弘神道碑》。

此次用兵，据《马援传》说：

将楼船大小二千余艘，战士二万余人。

光武二十四年，马援六十二岁时，又曾率兵击五溪蛮夷，也用水攻①。自此以后，水战记载不多，水军大大减少，主要是整个南方的郡县制比较巩固了，刺史太守就地解决南方各地的问题。

水军编制：将军以下同样有校尉、司马等军官。《汉书·闽粤传》云：

及汉破番禺，楼船将军仆上书愿请引兵击东粤。上以士卒劳倦，不许。罢兵，令诸校留屯豫章梅领待命。明年秋，余善闻楼船请诛之，汉兵留境，且往，乃遂发兵距汉道，号将军驺力等为“吞汉将军”，入白沙、武林、梅领，杀汉三校尉……上遣横海将军韩说出句章，浮海从东方往；楼船将军仆出武林，……元封元年冬，咸入东粤。东粤素发兵距崄，使徇北将军守武林，败楼船将军数校尉，杀长史。楼船军卒钱唐榱终古斩徇北将军，……横海校尉福为缭荌侯。

这里，楼船将军之下有数校尉，横海将军之下有横海校尉，当不止此一个。从“诸校尉留屯”看，其编制与步兵同，校是相对独立的支队。

司马，苏弘曾为伏波将军下之司马，《汉书·景武昭宣元成功臣表》云：

海常严侯苏弘，以伏波司马得南越王建德侯。

《汉书·南粤传》云：

伏波又问降者，知（吕）嘉所之，遣人追。故其校司马苏弘得建德，为海常侯（师古曰：校之司马，若今行军总管司马也）。

---

① 《后汉书·马援传》：“帝从援策。三月，进营壶头，贼乘高守隘，水疾，船不得上。”

总之，校尉、司马等中级军官，大体与步、骑兵相同。

再以下的编制如何？就有待进一步查考了。如上引马援传所云，大小二千余艘船，有战士二万余人，则平均每船十人左右。当然，大船肯定不止十人，小船亦当少于十人。但既要划船，又设干戈于船上（应有弓箭手和使用戈矛之士），至少也不会少于五人。水军很可能也是什伍编制。

# 第六章　装备

军队的装备包括军队的武器和一切军用物资。本章着重讲武器和车船，这也是秦汉时期军事装备的主要内容。

## 一　武器

我国古代有一种传说，认为武器的制造首先是为了对付野兽的侵袭，而不是用于战争[①]，如《墨子·节用篇》说：

> 古者圣人，以猛禽狡兽暴人害民，于是教民以兵行。

又《淮南子·氾论训》也说：

> 为鸷禽猛兽之害伤人而无以禁御也，而作为之铸金锻铁以为兵刃。

另一种传说是蚩尤作兵，《吕氏春秋·荡兵篇》说：

> 人曰"蚩尤作兵"，蚩尤非作兵也，利其械矣。未有蚩尤之时，民固剥林木以战矣。

这又说明以兵器作战很早就有了，在传说中的蚩尤时代，戈矛剑戟各种武器早就有了，传说是蚩尤所造，《管子·地数篇》说：

---

① 直到新中国成立前，倮罗族还保持这种遗风。该族人无不带兵器，但只是为了防御禽兽，人与人争，则只辨析是非，没有互相辱骂的，更不说斗殴之事了。参见《吕思勉读史札记·兵器长短》，上海古籍出版社 1982 年版，第 329 页。

吾欲陶天下而以为一家，为之有道乎？伯高对曰：山之见其荣者，君谨封而祭之，距封十里而为一坛。……修教十年，而葛卢之山发而出水，金从之，蚩尤受而制之，以为剑铠矛戟。是岁，相兼者诸侯九。雍狐之山发而出水，金从之，蚩尤受而制之，以为雍狐之戟、芮戈。是岁，相兼者诸侯十二。

弓矢的发明似乎要晚一些，据《易系辞》所记：

（尧舜之时），弦木为弧，剡木为矢。弧矢之利，以威天下。①

我国古代各种主要武器究竟具体在何时发明，此处不做细考。各种各样的武器发展到春秋战国都已经非常精良了，自无疑问。今仅就秦汉时期所使用的武器略述于下：

## （一）武器的种类

在战争中，不同的武器有不同的用途。自古以来就有“五兵”之说，《墨子·节用篇》：

其为甲盾五兵何？以为以围寇乱盗贼。若有寇乱盗贼，有甲盾五兵者胜，无者不胜，是故圣人作为甲盾五兵。

但是，究竟是哪五种兵器，一直存在着不同的解释，孙贻让《墨子间诂》曰：

《周礼》司兵云：掌五兵五盾，又军事建车之五兵。郑众注云：五兵者：戈、殳、戟、酋矛、夷予。郑康成云：步卒之五兵，则无夷矛而有弓矢。《司马法·定爵篇》云：弓矢围，殳矛守，戈戟助。凡五兵，当长以卫短，短以救长。案：五兵古说多差异，惟郑君与《司马法》合，当为定论。此甲、盾、五兵并举。而卫宏《汉旧仪》说五

① 《山海经》：“少皞生般是始为弓。”《荀子·解蔽篇》：“倕作弓，浮游作矢，而羿精于射。”

兵有甲铠；《周礼·肆师》贾疏引《五经异义》、《公羊》说、《谷梁》庄二十五年范宁注、《曾子问》孔疏引《礼记隐义》、杨雄《太玄经·玄数》，说五兵并有盾，皆非也。

列举了许多不同解释。颜师古注《汉书·百官公卿表》之“羽林孤儿教以五兵”时说：

五兵，谓弓矢、殳、矛、戈、戟也。

大约是采用郑康成和司马法的解释。其实，不论“五兵”原意如何，到了汉代，“五兵”应该是泛指各种兵器，教羽林孤儿以“五兵”，难道不教他们使用防卫武器——盾？前面在步兵中说到，各种武器互相配合，不但是长以卫短，短以救长，还有进攻和防卫之分。

下面再具体地讲一讲各种武器：

1. 弓箭

这是古代远射程的武器，或“川谷居间”，或“仰高临下”，可以很好地发挥杀伤敌人的作用。其主要组成部分是：

弓弩。《释名·释兵》云：

弓，穹也，张之穹隆然。

弓的进一步演进就有弩，《说文》云：“弓有臂者”，《释名》解释得较为详细：

弩，怒也，有势怒也。其柄曰臂，似人臂也。钩弦曰牙，似齿牙也。牙外曰郭，为牙之规郭也。下曰悬刀，其形然也。合名之曰机，言如机之巧也，亦言如门之枢机开合有节也。

不仅弓、弩是有区别的，弓和弩的本身也有许多种，如《周礼·夏官·司弓矢》的记载：

司弓矢掌六弓、四弩、八矢之法。……及其颁之，王弓、弧弓以授射甲革椹质者；夹弓、庾弓以授射豻侯鸟兽者；唐弓、大弓以授学射者、使者、劳者。……凡弩、夹、庾利攻守，唐、大利车战、野战。

这所谓六弓、四弩大体上是以强弱而分的。秦汉时期，当然有强弓、强弩，《汉书·晁错传》：

劲弩长戟，射疏及远（师古曰：疏亦阔远也。刘奉世曰：长戟恐误。或者劲弩如今九牛大弩以枪为矢欤？可射疏及远也，然戟有钩又不可射）。

秦汉的强弓、劲弩究竟是什么样子，恐怕是无法得知了。但从前述“引强”“趆张”来看，强弓、劲弩是不少的，并且如《汉书·申屠嘉传》注所云：

弩，以手张者曰擘张，以足蹋者曰蹶张。

还有手拉、脚踏之分。

此外，春秋战国时期，楚有“大屈弓”“乌嗥弓”“繁弱弓”，韩有“溪子弩”“肘力弩”“距来弩”都是比较精良的弓和弩。《战国策》有“一弩一矢俱发”的记载，见于《汉书》的则有：

游弩往来（《晁错传》）。
以大黄（服虔曰：黄肩弩也）射其裨将（《李广传》）。
发连弩射单于（《李陵传》）。

可见弩的威力是较大的。

以上这些都是特别精良的弓和弩，在大部队中，在实战中，大量使用的是一般的弓和弩，即弱小之弓。

箭：箭也就是矢，《方言》云：

箭，自关而东谓矢，江淮之间谓之篌，关西曰箭。①

箭包括两个基本的部分，那就是箭杆和箭头，箭头或叫簇（与镞通），或叫镝。

矢的种类很多，《周礼・夏官・司弓矢》就记有所谓“八矢”：

凡矢、枉矢、絜矢利火射，用诸守城、车战；杀矢、镞矢用诸近射田猎；矰矢、茀矢用诸弋射；恒矢、庳矢用诸散射。

注云：

此八矢者，弓弩各有四焉。枉矢、杀矢、矰矢、恒矢，弓所用也。絜矢、镞矢、茀矢、庳矢，弩所用也。枉矢者取名变星，飞行有光，今之飞矛是也，或谓之兵矢。絜矢象焉。二者皆可结火以射敌，守城、车战，前于重后微轻，行疾也。杀矢，言中则死。镞矢象焉。镞之言候也。二者皆可以司候，射敌之近者及禽兽。前尤重。中深而不可远也。结缴于矢，谓之矰。矰，高也。茀矢象焉。茀之言刜也。二者皆可以弋飞鸟，刜罗之也。前于重又微轻，行不低也。《诗》云：弋凫与雁。恒矢，安居之矢也。庳矢象焉。二者皆可以散射也。谓礼射及习射也。前后订其行平也……

讲了八种名称的矢及其用途，这些不同用途的矢在汉代仍然有（名称也许不同）。不过夕这八种矢不会是矢的全部，如注中提到的“今之飞矛”，这个“今”就是汉代。清人惠士奇在其《礼说・夏官・司弓矢》中认为，“飞矛”即古之“飞凫”：

汉之飞矛，古之飞凫也。以其飞行有光，一名电影。凡车战，以强弩矛戟为翼，飞凫电影副之。飞凫赤茎白羽，铜为首。电影，青茎

① 《汉书・晁错传》注，如淳曰：“驺，矢也。”师古曰：“驺谓矢之善者也。《春秋左氏传》作菆字，其音同耳。”

赤羽，铁为首。画以绛缟，长六尺，广六寸，为光耀夜，以白缟长六尺，广六寸，为流星，大黄参连弩用之。

名称不同，制作也稍异。

矢箙：盛矢之器叫，所以叫矢箙。作为武器，弓箭是不可分离的，箭放射后不可能马上收回，也不能全部收回。因此，一张弓决不只才配一两支箭。《周礼·夏官·司弓矢》云：

其矢箙皆从其弓（注：从弓数也。每弓者一箙百矢）。

也有一箙五十矢的解释，《诗经·泮水篇》“束矢其搜”，毛注云：

五十矢为束。

又《荀子·议兵篇》云：

操十二石之弩，负服矢五十个。

或者劲弩五十，弱弓一百，此所谓“其矢箙皆从其弓”欤？旧注指出了五十与一百之异，但未作解释，郑注“从弓数也”，意义模糊。是否说不同之弓有不同的矢数呢？且存论于此，以待详考。

一说套弓之器也称箙，不过多半是指盛矢器而言，载弓的东西也有，如《诗经·小戎篇》中有“虎韔”，即以虎皮为弓室。这当然是上层人物使用的高级弓。一般人恐无盛弓之器。

2. 殳、矛、戈、戟

这是所谓的长兵器，就其用途来讲，主要是用来进攻的，有时也用于防守。长兵，一般都是将近一丈或一丈以上。《周礼·考工记》云：

庐人为庐器，戈柲六尺有六寸，殳长寻有四尺，车戟常，酋矛常有四尺，夷矛三寻。

郑注云：

> 柲，犹柄也。八尺曰寻。倍寻曰常。酋、夷长短名，酋之言遒也，酋近夷长矣。

酋矛常有四尺，即为两丈，与《说文》所说相同：

> 酋矛建于兵车，长二丈。

夷矛更长，二丈四尺，这是柄和刃一起讲的，柄长设有这么多，《释名·释兵》云：

> 夷矛：夷，常也，其矜长丈六尺，不言常而曰夷者，言其可夷灭敌，亦车上所持也。

经文所云酋矛、夷矛长度通柄和刃而言（柄或作“柲”，或作“矜”，皆所谓“庐器”）。但“戈柲六尺有六寸”，则是单言柄长了，故注云“柲犹柄也。”“戈柲”是明确讲的“戈之柲”。贾疏以为“此经所云柄之长短，皆通刃为尺数而言”，这个看法恐不正确。如果我们的解释正确，柲长六尺六寸，再加上矛的长度，也就是一丈左右了。以下分述几种长兵器：

殳：前步兵节已指出，殳和梃是因竹、木之分。殳的古文作杸，本有木旁，则竹木棍皆可称为殳。有时也作为兵器的名称（见《方言》），它是古代兵器之一种，而且是数量较多的一种兵器，《释名·释兵》云：

> 殳，殊也，长丈二尺而无刃，有所撞挃于车上，使殊离也。

这种武器在秦国很普遍，《周礼·考工记》总序中说：

> 秦之无庐也，非无庐也，夫人而能为广庐也（注：秦多细木，善作矜柲）。

关于梃作为杀人武器，在新出土的云梦秦简中得到了更有力的证据，已于前述，不再重复。临潼秦俑坑中也有实物出土。

秦汉时期，在战斗中使用竹竿、木棍乃是常事，不独农民起义揭竿斩木而起，政府军中也少不了，有时甚至还很多，如《后汉书·西羌传》记载永初元年羌叛时说：

> 时羌归附既久，无复器甲，或持竹竿木枝以代戈矛，或负板案以为楯，或执铜镜以象兵。

矛：矛大约是最长的一种兵器，上述《周礼·庐人》所载“酋矛”“夷矛”的长度已经很明显，其他一些记载也可说明这一点。《汉书·晁错传》言：

> 草木蒙茏，支叶茂接，此矛鋋之地也（师古曰：鋋，铁把短矛也），长戟二不当一。

这是因为矛可直刺，又长，能在树林、草丛中发挥作用，《尉缭子·制谈篇》云：

> 杀人于五十步之内者矛戟也。

就是发挥长的作用。夷矛最长，一般在车上使用，步兵就不用夷矛，《周礼·夏官·司兵》郑注云：

> 车之五兵，郑司农所云者是也（按：指戈、殳、车戟、酋矛、夷矛五者）。步卒之五兵，则无夷矛而有弓矢。

但酋矛或其他的矛也不短，故而不使用时要立之于地，即《尚书·牧誓篇》所云：

> “立尔矛。”（传云：矛长，故立之于地）

矛还有别的名称，《方言》云：

矛，吴、扬、江淮、南楚、五湖之间谓之鍦，或谓之鋋，或谓之鏦。

其实，除鍦可以说是矛之别名外，鋋和鏦都不是长矛。鋋，上引师古注已加区别，说是铁把短矛，《史记·匈奴列传》更加明确地说：

短兵则刀鋋（《集解》：鋋，形似矛，铁柄。《索隐》：《埤苍》云：鋋，小矛铁矜）。

因为它形似矛，所以叫它小矛也可以。是属于短兵之列的。同样，鏦也是小矛，《淮南子·兵略训》：

修铩短鏦（注：鏦，小矛）。

又，《诗经·小戎篇》有"厹矛"，传云"三隅矛也"。今人以为"厹矛"即"酋矛"①。

戈：俗云"大动干戈"，《天工开物》写道：

凡干戈，名最古，干与戈相连得名。

干就是盾，是防卫武器，戈是进攻武器，既防卫又进攻，故以干戈相连作武器之总名，干戈有时又是兵事的代称。戈在某一段时间是用得最多的一种武器，因为它在长武器中最短，使用比较灵活方便。《尚书·牧誓篇》中说"称尔戈"，和矛长需要立于地不同，可以执手中称举。《说文》解释戈时说是"平头戟"，徐锴注曰：

戟，小支上向则为戟，平上则为戈，一曰戟偏距为戈。

① 高亨：《诗经今注》，上海古籍出版社1980年版，第167页。

这是从形状解释的。《释名·释兵》的解释：

> 戈，过也，所刺捧则决，所钩引则制之弗得过也。

这是从作用方面解释的。大体上与戟同类，比矛更精致一些，作用也大一些，既可刺又可钩。但戟比戈更精一些。在不能遍举各种长兵器时，则“矛戟”连举，则戟包含了戈。

戟：作为常用武器，戟和矛比戈要多，所以史书中常有“持戟百万”① 或“长戟百万”② 的说法。上面已提到了戟的解释，其主要特点如《集韵》所云：“有枝兵也。”《释名·释兵》：

> 戟，格也，傍有枝格也。

但枝是什么样子，诸书记载不一，除上面说的“小支上向”之外《增韵》又说：

> 双枝为戟，单枝为戈。

《周礼·考工记》注云：

> 戟，今三锋戟也，内长四寸半，胡长六寸，援长七寸半。

《说文》段注解释说：

> 戟为有枝之兵，则非若戈平头，而亦非直刃，似木枝之衺出也。

综合以上诸说，也许就是一个三叉形的武器（见明刘绩《三礼图》）。“车戟常”，有一丈六尺长，为仅次于矛的长武器，故晁错又称“长戟”。

---

① 《汉书·高帝纪》田肯贺上之言。
② 范晔：《后汉书》卷七十四，《袁绍传》，中华书局1963年版，第397页。

汉代有以“棨戟”为名之兵器，实非戟类。《汉书·韩延寿传》：

东郡试骑士，建幢棨，功曹引车皆驾四马，载棨戟。

《后汉书·舆服志》亦云：

公以下至二千石，骑吏四人，千石以下至三百万，县长二人，皆带剑，持棨戟为前列。

棨戟究竟是什么呢?《后汉书·郭躬传》说：

汉制：棨戟即为斧钺。

均未加具体解释。《后汉书·杜诗传》“赐以棨戟”，注云：

《汉杂事》曰：“汉制：假棨戟以代斧钺。”崔豹《古今注》曰：棨戟，前驱之器也①，以木为之，后代刻伪，无复典刑，以赤油韬之，亦谓之油戟，亦曰棨戟，王公以下通用之以前驱也。

看来是一种象征性的东西，以木为之。

3. 刀、剑

这就是所谓短兵器了。短兵的特点就是短，一般是三尺左右，或少于三尺。《周礼·考工记》讲到剑的长短时，注云：

上制：长三尺，重三斤十二两；中制：长二尺五寸，重二斤十四两三分两之二；下制：长三（?）尺，重二斤一两三分两之一，此今之匕首也。人各以其形貌大小带之。

三尺左右，这才可以短兵相接。

---

① 沈钦韩所引《古今注》：“棨戟，殳之遗象，前驱之器。”

刀：在金属武器中，刀的历史应该是较早的①，因为它制作比较简单，《说文》所云：

兵也，象形（徐锴曰：象刀背与刃也）。

《释名·释兵》：

刀，到也。以斩伐到其所也。

刀虽然起源较早，但曾一度为剑所取代。战国时，贵族、官吏曾风行以佩剑为荣，至秦和西汉初仍然如此。不过后来（特别是东汉以后）帝王公卿均佩刀而不再佩剑，所以《后汉书·舆服志》专有一段佩刀的记述：

佩刀，乘舆黄金通身貂错，半鲛鱼鳞，金漆错，雌黄室，五色罽隐室华。诸侯王黄金错，环挟半鲛，黑室。公卿百官皆纯黑，不半鲛。小黄门雌黄室，中黄门朱室，童子皆虎爪文，虎贲黄室虎文，其将白虎文，皆以白珠鲛为鐔口之饰（《通俗文》曰：刀锋曰鐔）。乘舆者，加翡翠山，纡婴其侧。

这种种规定可见服刀之制的盛行一时②，如《后汉书·李通传》注引《续汉书》：

先是李通同母弟申徒臣能为医、难使，伯升杀之。上恐其怨，不欲与（李）轶相见。轶数请，上乃强见之。轶深达通意，上乃许往，意不安，买半臿佩刀怀之。至通舍，通甚悦，握上手，得半臿刀，谓上曰："一何武也！"上曰："苍卒时以备不虞耳。"

---

① 《初学记》说"黄帝采首山之铜始铸为刀"，此乃就铸币而言。既然是象刀之钱始于黄帝，刀就更早。

② 《后汉事·舆服志》刘昭案："自天子至于庶人，咸皆带剑。剑之与刀，形制不同，名称各异，故萧何剑履上殿，不称为刀，而此志言不及剑，如为未备。"是未了解一时风尚不同。

又班固与窦宪笺曰：

昨上以宝刀赐臣曰：此大将军少小时所服，今以赐卿。

以上所说佩刀，是很讲究的，多半是铜制或钢制。一般作战使用则是铁刀。今西安、洛阳、长沙、贵县、辽阳以及山东苍山等地均有东汉大铁刀出土①。

剑：或写作劍，《说文》云：

劒，人所带兵也。

《释名·释兵》云：

剑，检也，所以防检非常也。又敛也，以其在身，拱时敛在臂内也。

说明了其为短兵的特点，可以随身携带。它两面有刃，可刺可割，比刀要精致。春秋战国时期的剑，不仅数量多，而且质量也很好，有许多有名的宝剑，如《越绝书》记载：

楚王召风胡而问之曰：寡人闻吴有干将，越有欧冶子……乃令风胡之吴，见欧冶子、干将使之作铁剑，欧冶子、干将凿茨山泄其溪取铁英，作为铁剑三枚：一曰龙渊，二曰泰阿，三曰工布（市）。

《越绝书·外传记宝剑》记有各种宝剑，此不俱引。又《晋太康地理记》云：

天下宝剑韩为众：有曰棠溪、曰墨阳、曰合伯、曰邓师、曰宛冯、

① 参阅《文物》《考古》等杂志所载各地出土文物简讯。

曰龙渊、曰太阿、曰莫邪、曰干将。

这些宝剑或因人而名，或以地为号。成为名剑之后，各国都可能有，如“太阿”，楚有韩也有，《玉海》还说：“秦有太阿、工市。”

在秦统一之前，有秦简公六年“初令吏带剑”① 的记载，说明官吏是普遍带剑的。秦始皇九年，“王冠带剑”②，说明成年之后的王也要带剑。带剑是当时一种风尚。《史记·货殖列传》云：

游闲公子，饰冠剑，连车骑，亦为富贵容也。

又同书《淮阴侯列传》：

（韩信）始为布衣时，贫无行……淮阴属中少年有侮信者，曰：“若虽长大，好带刀剑，中情怯耳。”……及项梁渡淮，信杖剑从之。

自天子至于庶人咸皆带剑。西汉前期仍然如此，如萧何之剑履上殿，即是拜见皇帝还随身佩剑，直至武帝末年，一般官吏也还是带剑自卫，《汉书·隽不疑传》云：

（暴胜之）遣吏请与相见。不疑冠进贤冠，带櫑具剑（应劭曰：櫑具，木摽首之剑，櫑落壮大也。晋灼曰：古长剑首以玉作井鹿庐形，上刻木作山形，如莲花初生未敷时。今大剑木首，其状似此。师古曰：晋说是也。曰音磊），佩环玦，褒衣博带，盛服至门上谒。门下欲使解剑，不疑曰：“剑者君子武备，所以卫身，不可解。请退。”

在佩刀代替佩剑以前，短兵以剑为代表，故晁错云：

曲逆相伏 险阸相薄，此剑循之地也。

---

① 司马迁：《史记》卷十五，《六国年表》，中华书局 1959 年版，第 708 页。
② 司马迁：《史记》卷六，《秦始皇本纪》，中华书局 1959 年版，第 227 页。

大约西汉中期是佩剑向佩刀过渡的时期。《春秋繁露·服制象第十四》云：

> 剑之在左，青龙之象也；刀之在右，白虎之象也；韨之在前，朱雀之象也；冠之在首，玄武之象也。四者人之盛饰也。

或佩剑，或佩刀，是刀的地位在提高。到东汉初年，出现帝王将相均佩刀而不佩剑的情况。但是，剑不可能完全被排斥，仍然有一定的身价，如《东观汉记》曰：

> 建武二年，……（上）赐冯异乘舆七尺玉具剑。

《后汉书·礼仪志》曰：

> （皇太子）即皇帝位。中黄门掌兵以玉具，随侯珠，斩蛇宝剑授太尉，告令群臣……

同书《南匈奴列传》：

> （永元）四年，遣耿夔即授玺绶，赐玉剑四具，羽盖一驷。

又汉安二年赐"玉具刀剑"等物，注云：

> 玉具，摽首镡卫尽用玉为之。

即剑（包括剑格、剑茎、剑首）和剑室等均用玉制，而且雕刻精美，可见，剑的数量也许减少了，但特种剑的制作更讲究了。

实际上仍然是刀剑并用的。至三国初年还大量生产这两种兵器，据陶弘景《刀剑录》云：

> 吴王孙权黄武四年，采武昌山铜铁，作千口剑，万口刀，各长三尺九寸，刀头方，皆是南钢越炭作之。

但显然是刀比剑多。

4. 甲、盾

甲盾乃是卫身之器，甲像衣服一样，是披挂在人身上的。所以《考工记》中有“凡为甲，必先为容”的说法，这就是量体裁衣，贾疏云：

凡造衣甲，须称形大小长短而为之，故为人之形容乃制鞄。

郑司农以为，容谓像武，即甲之通武，大致也相差不多。甲的用途完全是自卫防身。盾则以手执之，遮挡敌人之兵刃石矢，虽然主要也是防卫，必要时可用以推压敌人，故旧注中也有以盾列入五兵者。

甲：《尚书》中“甲胄”连称，如《说命篇》“惟甲胄启戎”，传曰：

甲，铠；胄，兜鍪也。

疏云：

经传之无铠与兜鍪，盖秦汉以来始有此名，传以今晓古也。古之甲胄皆用犀兕，未有铁者，而鍪、铠之字皆从金，盖后世使用铁耳。

甲的产生很早，它的名称有多种，故《释名·释兵》曰：

甲，以物有孚甲以自御，亦曰介，曰函，曰铠，皆坚重之名。

古介甲同声，故甲胄又称介胄（见《礼记·曲礼》）。《考工记》有“函人为甲”。关于“铠”，《说文》又云：

首铠谓之兜鍪，亦曰胄；臂铠谓之钎；颈铠谓之錏鍜。

未言胸铠和腿铠。从出土的甲骑装具看，前胸后背是铠甲的主要组成部分。

当然，战争中能有甲胄卫身的不可能是多数，战国以前甲士和徒兵的比例就是明证。战国秦汉时期亦如此，如陕西咸阳杨家湾出土的骑兵俑，披铠甲者仅占百分之八[①]。尽管如此，铠甲的需要量仍很大，解决这种需要的途径之一是罚令犯罪者缴纳甲兵，如《国语·齐语》记载：

桓公问曰：……齐国寡甲兵为之若何？（注：甲，铠也；兵，弓矢之属）管子对曰：轻过而移诸甲兵。桓公曰：为之若何？管子对曰：制重罪赎以犀甲一戟（注：犀，犀皮，可用为甲也）；轻罪赎以鞼盾一戟（注：鞼盾，缀革，有文如鞼）……[②]

云梦秦简的《秦律》中，有许多因犯罪或失职，辄罚以甲或盾的条文。其中“赀一甲”或“赀二甲”的记载近九十条。

秦汉时期虽有了铁制铠甲，但还是皮制为多。皮制甲以犀甲、兕甲[③]为上乘，楚人以鲛鱼皮为甲[④]亦非恒制。牛皮也可以为甲，然而这些均不易获得，最常见最容易得到的兽皮是狗皮。动辄赀甲盾，一般人只得以狗皮为甲了。秦简中有一条《田律》写道：

……百姓犬入禁苑中而不追兽及捕兽者，勿敢杀；其追兽及捕兽者，杀之。河（呵）禁所杀犬，皆完入公；其他禁苑杀者，食其肉而入皮。

为什么对狗特别是对狗皮感兴趣（律文中也有保护其他兽的记载，或亦与兽皮有关），可能与需要大量的甲盾有关。

盾：盾的需要量比甲更大，因为披甲的人要手执盾牌，无甲的人更要使用盾牌，以挡兵刃矢石，盾的制作比甲要简单，所以较轻的犯罪或失职，就不罚甲而赀盾了。这在秦简中有许多事例。

《周礼正义》的一些资料，大致说明一些问题：

---

① 参看《文物》1977年第10期《咸阳杨家湾汉墓发掘简报》。

② 《管子·小匡篇》略同。

③ 见《周礼·考工记·函人》。

④ 《荀子·议兵篇》：“楚人鲛革犀兕以为甲，鞈如金石。”

《说文》盾部云：盾，瞂也，所以捍身蔽目。又木部云：櫓，大盾也。《释名·释兵》云：盾，遁也，跪其后，避刃以隐遁也。大而平者曰吴魁，本出于吴，为魁帅者所持也。隆者曰滇盾，本出于蜀，蜀滇所持也。或曰羌盾，言出于羌也。约胁而邹者曰陷虏，言可以陷破虏敌也，今谓之露见是也。狭而长者曰步盾，步兵所持，其刀相配者也。狭而短者曰子盾，车上所持者也，子，小称也，以缝编版，谓之木络。以犀皮作之曰犀盾①。以木作之曰木盾。皆因所用为名也。《广雅·释器》云：吴魁、干、瞂、樀戟，盾也。案：瞂即伐也。《毛诗·秦风·小戎》：蒙伐有苑。《传》云：伐，中干是也。五盾，盖即《诗传》之中干及《释名》所说步盾、车盾之类。总举大数，无五者之名，故云未尽闻。

据此，盾有皮制、木制的不同，有大小长短的不同，还有地区的不同，车兵和步兵使用的不一样，魁帅所持与一般士兵所持的也不一样。

5. 其他

以上均为经常的、大量使用的武器，其他还有短兵如匕首、铜锤；长兵如斧钺。防御武器中，尚有几样值得一述：

蔺石和渠答：《汉书·晁错传》记载晁错关于守边备塞的意见说：

高城深堑，具蔺石，布渠答（服虔曰。蔺石，可投人石也。苏林曰：渠答，铁蒺藜也。如淳曰：蔺石，城上雷石林。《墨子》曰：城上二步一渠，立程长丈三尺，冠长十尺，臂长六尺。师古曰：蔺石，如说是也；渠答，苏说是也）。

蔺石就是雷石，或作垒石，《汉书·李陵传》：

单于遮其后，乘隅下垒石，士卒多死，不得行（师古曰：言放石以投人，因山隅曲而下也）。

① 《韩非子》："赵简子围卫，犀楯，犀橹立于矢石之所及。"

或写作礧[1]（礌）。石头作为武器，自古皆然，所谓“凡国有大故而用金石”[2]，在武器当中金（包言铜铁）石并用，或者矢石并称，《左传》襄公十年有“亲受矢石”，孔颖达解释说：

服虔云：古者以石为箭镝。……若石是箭镞，则犹是矢也何须矢石并言。杜言在矢石间则不以石为矢也。《周礼·职金》……郑玄云：用金石者作枪雷之属。雷即礌也。《兵法》：守城用礌石以击攻者。陈思王《征蜀论》云“下礌成雷，榛残木碎”是也。

蔺石不是石制箭镞之类的石器，而是可以投人的石头。不过，有的石头比较大，甚至要用机械投发，清人惠士奇在其《礼说·周礼·职金》中说：

《晁错传》：具蔺石。如淳曰：城上雷石……一名炮石，《间居赋》云，炮石雷骇。注云炮石，今之抛石也。《范蠡兵法》：飞石重二十斤，为机发，行三百步。《说文》：建大木，置石其上，发其机以䭔敌也。

至于渠答，古释为铁蒺藜。今人岑仲勉在注《墨子·备城门篇》时提出了怀疑，他说：

此言城上置渠答之法。《尉缭子》：无渠答而守。则渠与答是守城之具。《汉书》注引苏林：渠答，铁蒺藜也。但观本文所记，渠和答尺度各异，苏林的解释显然不适合。程者直立之杠，冠即渠顶，辟即臂字，观此，知渠制有臂，但他书都无记载，其法必早已失传，今依本书所示，尚可推知大概……。

答为何物？旧解不详，余按：粤俗呼竹编之遮障物为笪，与答音甚近，据《字书》，笪一曰答（即答），一云覆舟簟，无疑是遮障矢石之物。

---

① 司马相如：《子虚赋》：“礧石相击。”

② 《周礼·秋官·职金》。

在“城上七尺一渠”之下又注曰：

古人常渠答连言，此两者必互有关系，今合本节及前11推之，余以为渠制先立一柱（即前文之程），凿两孔，臂是横木，于当中凿一孔，悬之柱上，作十字形，然后外面张答。渠夫长十二尺，答亦长十二尺，可见其相配之迹。渠答即用来阻挡矢石，则立柱必易受抛掷之力而摇动，故埋柱处须用瓦填充，冬日土燥，再以物填塞之，如此解释，则本书所记渠答，皆无不可通之处。苏林乃以为蒺藜，正是谬以千里，再换言之，渠像船上之桅，答就是帆。《通典》一五二：“布幔，复布为之，以弱竿横挂于女墙外，去墙七八尺，折抛石之势，则矢石不复及墙。”（参《太白阴经校正》）殆即答之遗制（《通典》守具无答之名称）《周书》三一《韦孝宽传》：“城外又造攻车……孝宽乃缝布为缦，随其所向，则张设之，布既悬于空中，其车竟不能坏。”则又推广其用途者。①

渠答是一种布幔式的遮障矢石之物（或者竹编物），这一点似可相信。渠答不是铁蒺藜，《墨子》守城各篇的记载可以证明，《备城门》中在讲布渠答之法的同时又说：

城上九尺一弩、一戟、一椎、一斧、一艾，皆积垒石、蒺藜。

显然是渠答之外另有蒺藜。

刁斗：刁斗是一种夜间守卫报警之器。《汉旧仪》曰：昼漏尽，夜漏起，宫中卫，官城门击刁斗，周庐击木柝。

又《汉书·西域传》杜钦论遣使罽宾时说：

斥候士百余人，五分夜，击刁斗自守。

① 岑仲勉：《墨子城守各篇简注》，古籍出版社1958年版，第9、16～17页。

可见汉代宫中和军中夜间均以击刁斗报时报警，刁斗是一种守卫之器。军中夜间一般应该击刁斗，李广“不击刁斗自卫”，是属于特例。关于刁斗的解释，《汉书·李广传》注比较详细：

孟康曰：刁斗，以铜作鐎，受一斗。昼炊饭食，夜击持行夜，故名曰刁斗，今在荥阳库中也。苏林曰：形如鋗，无缘。师古曰：鐎……温器也……鋗即铫也。今俗或呼铜铫。

刁斗在当时是两用的，白天用作煮饭，夜间击以报时报警。虽非兵器，亦附论如此。

### （二）武器的制造和收藏

兵器的制造和收藏，都由国家统一管理，自古皆然，秦汉也不例外。《汉书·毋将隆传》记哀帝时毋将隆上奏之言曰：

武库兵器，天下公用，国家战备，缮治造作，皆度大司农钱。……古者诸侯方伯得颛征伐，乃赐斧钺。汉家边吏，职在距寇，亦赐武库兵，皆任其事然后蒙之。《春秋》之谊，家不藏甲，所以抑臣威，损私力也。

虽然国家统管武器，但不论制造和收藏，都不能集中在京师一地，因而地方上也有武库，也有工官。制造和收藏则是分开的，现分述于下。

1. 制造

据上所述，缮治造作的钱由大司农平支。但制造机构却不属于大司农。西汉时，少府属官有考工室令丞（武帝太初元年改考工室为考工）似乎是主作器械的。《后汉书·百官志》考工令属太仆卿，其职掌有明确记载：

考工令一人，六百石。本注曰：主作兵器弓、弩、刀、铠之属，成则传执金吾入武库，及主织绶诸杂工（《汉官》曰：员吏百九人）。左右丞各一人。

制造兵器的钱既然是大司农开支，西汉考工令属少府本不合理，东汉何以又置于太仆之下呢？或者兵器和车马相连也是一种可能，因为车骑和兵器一样，也被称为“武备”①。太仆管车骑，因而也管兵器之制造。那么所谓“主织绶诸杂工”，就是指车饰、马鞍、刀鞘、箭袋以及铠甲之缀制等杂工了。然而，中央制作兵器的机构不止这一处，御用武器就仍由少府下属制造，这就是尚方令，《后汉书·百官志》：

尚方令一人，六百石。本注曰：掌上手工作御刀剑诸好器物（《汉官》曰：员吏十三人，吏从官六人）。丞一人。

地方也有工官制造兵器，无论西汉或东汉，在有条件的地方都设工官，《西汉会要》卷五十七《京师兵器》中写道：

《地理志》：河南、南阳、济南、泰山、颍川、河内、蜀、广汉等郡皆有工官。徐天麟按：工官虽在外郡，而所作器械，实输京师。故武帝边兵不足，乃发武库工官兵以赡之也。

指出了工官是制作器械的，又主要是兵器。但都输送到京师是不正确的，因为地方也有武库（详下）。各地制造武器是从秦代就开始的，如《周汉遗宝》图版第 55 上载朝鲜乐浪出土的“上郡守庙戈”铭文云：

廿五年，上郡守庙造，高奴工师灶、丞申、工鬼薪戠。

郭沫若在《金文丛考》中说此戈盖秦始皇二十五年物。各个时期的上郡守所造之戈出土还有好几个②。足见上郡一直设有制作武器的工官。云梦秦简又提供了新的材料，其《工律》云：

为器同物者，其大小、短长、广亦必等。

① 《汉书·食货志》载晁错之言曰：“车骑者，天下武备也。”
② 参阅马非百：《秦集史·金石志》。

这说明制作器物（当然包括武器）是有一定规格的。只是这种规格的详细情况无法知道罢了。这方面《考工记》的材料是可以证明的，在《考工记》中，从原材料的保存到成器规格都有详细而具体的记载。秦汉自然也有规定，秦简《效律》说：

> 官府臧（藏）皮革，数穆（炀）风之。有蠹突者，赀官啬夫一甲。

这是就保藏皮革而言的，这皮革显然是“甲旅札”（亦见秦简）的原料。不让虫咬坏这是最基本的要求。器物作出来之后是要检验的，又有《效律》说：

> 省殿，赀工师一甲，丞及曹长一盾，徒络组廿给。省三岁比殿，赀工师二甲，丞、曹长一甲，徒络组五十给。
>
> 非岁红（功）及毋命书，敢为它器，工师及丞赀各二甲。县工新献，殿，赀啬夫一甲，县啬夫、丞、吏、曹长各一盾。城旦为工殿者，治（笞）人百。大车殿，赀司空一盾，徒治（笞）五十。

叫制作什么就制作什么，不能擅自制作他物。制作的器物要检验、评比，不行就得受罚挨打。既然是检验、评比，那就是有大小、长短等规格要求的。因为有规格的要求，所以在器物上要刻上官府和制造者的姓名，如秦简《工律》说：

> 公甲兵各以其官名刻久之，其不可刻久者，以丹若髼书之。

传世的许多兵器，都如上述“上郡守庙戈”一样，刻有“工师”和“工”的名字。

2. 收藏

兵器制造之后就移交武库，“武库精兵所聚”。中央的武库设令主管，西汉和东汉均属于中尉（执金吾）①。《三辅黄图》云：

---

① 《后汉书・百官志》：“武库令一人，六百石，本注曰：主兵器、丞一人。”

武库在未央宫，萧何造以藏兵器。

这是西汉初的情况。中期以后洛阳武库也占很重要的地位，以丞相之子为令主管。《汉书·魏相传》霍光责魏相曰：

幼主新立，以为函谷京师之固，武库精兵所聚，故以丞相弟为关都尉，子为武库令。

洛阳武库令由河南太守管辖。其他各地亦有武库，如《汉书·成帝纪》：

（阳朔三年）颍川铁官徒申屠圣等百八十人杀长吏，盗库兵。
（鸿嘉三年）广汉男子郑躬等六十余人攻官寺，篡囚徒，盗库兵。
（永始三年）山阳铁官徒苏令等二百二十八人攻杀长吏，盗库兵。

又《汉书·平帝纪》：

（元始三年）阳陵任横等自称将军，盗库兵，攻官寺，出囚徒。

这些“库兵”即各地之武库，同样也设令主管，如见于记载的“上郡库令”，《汉书·成帝纪》注引如淳曰：

《汉官》：北边郡库，官之兵器所藏，故置令。

武库所藏或云“官之兵器”，或云“国家武库”，其性质十分明确。因而保管及其发领都有一套制度。上已举出武帝时发武库工官兵所赡边之不足，所谓发必有诏制，《汉书·武五子传》：

（燕刺王）旦命令群臣曰：寡人赖先帝休德，获奉北藩，亲受明诏，职吏事，领库兵，饬武库，任重职大。

同书《刘屈氂传》：

太子亦遣使者矫制……发武库兵。

燕王旦和戾太子皆诈称有诏或矫制发武库兵，这说明必须有诏有制才能发武库兵。

云梦秦简又提供了一些关于保管、收藏以及领发武器的一些具体条例，如《工律》：

公甲兵各以其官名刻久之，其不可刻久者，以丹若髼书之。其段（假）百姓甲兵，必书其久，受之以久。入段（假）而毋（无）久及非其官之久也，皆没入公，以赍律责之。

百姓领用武器，必须登记武器上的标记，按照标记收还。又《效律》：

甲旅札赢其籍及不备者，入其赢旅衣札，而责其不备旅衣札。

殳、戟、弩、髼汧相易殹（也），勿以为赢、不备，以职（识）耳不当之律论之。

又《秦律杂抄》：

……●禀卒兵，不完善（缮），丞、库啬夫、吏赀二甲，法（废）。

此处所言库啬夫或即武库令下属的各库之主管。这里所说的兵器不完善，是指保管而言的，不是指制造讲的，制造的要求已如上述。那就是说，入库时就应该验收，然后要妥善保藏。这又有收藏之律作具体规定，如《秦律杂抄·臧（藏）律》说：

臧（藏）皮革橐（蠹）突，赀啬夫一甲，令、丞一盾。●臧（藏）律。

此虽就皮革的收藏而言，但既名《藏律》，决不只讲皮革的收藏。是有专门的保藏条律，武器自不例外。

## 二 车船

车，是车兵的主要装备，步兵和骑兵中也有数量不等、用途不同的车。船，就主要只是水兵的装备了。

### （一）车的种类和制造

我国古代车的制造起源很早，《太平御览》卷773引《古史考异》曰：

> 黄帝作车，少皞时略加牛，禹时奚仲驾马，仲叉造车，更广其制度也。

《宋书·舆服志》亦曰：

> 车服以庸，著在唐典。夏建旌旂，辨其尊卑。至于殷瑞山东者金车也，故殷人制为大辂金根之色也。周人则有玉、金、象、革、木五路之制，其物致巧，备于考工。①

秦汉以前，车制已经相当完备。车的种类很多，制作也很精良。

秦汉时期的车，主要是坐车和兵车两大类②。关于王公贵族乘坐之车，《后汉书·舆服志》记载较详；关于兵车则记载简略。大体来说，秦汉时期的兵车一般称为轻车，其种类已述于前章，这里就不再重复了。前所未述者尚有两种，似亦属于军用，《北堂书钞》卷140引崔豹《古今注》云：

> 指南车法具在尚方故事，汉末丧乱，其法中绝，马钧悟而作焉。
>
> 大章车所以识道程也，起于西京，亦曰记里鼓。尚方故事，有作车法。

---

① 此处引文据《太平御览》引，《宋书》无《舆服志》，但在《礼志》中有此内容，文字有所不同。

② 此外还有耕车（《后汉书·舆服志》）、纺车（《说文》）。

这是说“指南车”和“记里鼓”汉代都有了，在军事上必然要使用它们的。

关于车的制造。《周礼·考工记》说：

一器而工聚焉者，车为多。

制造车辆要多种工序才能完成，也就是《吕氏春秋》所说：

今之为车者，数官然后成。

注云：

轮、舆、辕、轴各自有材，故曰数官然后成。

这不只是就木工而言的。《淮南子·主术训》说：

古之为车也，漆者不画，凿者不斫，工无二伎。

漆者当属于《考工记》中的设色之工，不完全是攻木之工了。到了秦汉，舆、轴完全可以金属为之。再加上车上的巾盖以及配给车辆的各种器物（包括武器），所聚之工就更多了。云梦秦简有一条《司空律》说：

一脂、攻间大车一两（辆），用胶一两、脂二锤。攻间其扁解，以数分胶以之。为车不劳，称议脂之。

这里就可能有加油、用胶之工。

车的主要部分是轮和舆，《考工记》首先述轮人和舆人（还包括辀人），足见其重视。《考工记》最后又有车人为车，据孙诒让的意见：

此车人为三车（任载之车有三，行泽者曰大车，行山者曰柏车，介乎行山行泽间者曰羊车），皆牛车，上轮人、舆人、辀人三职所为驷马车不同，其制粗略，故轮、舆及辕以一工为之。①

载重车为牛车的说法是符合当时实际的。秦简中有两条记载说：

都官有秩吏及离官啬夫……十人，车牛一两（辆），见牛者一人，都官之佐、史冗者……十五人，车牛一两（辆），见牛者一人；不盈十人者，各与其官长共养、车牛，都官佐、史不盈十五人者，七人以上鼠（予）车牛、仆……小官毋（无）啬夫者，以此鼠（予）仆、车牛。……金布律。

官府叚（假）公车牛者□□□叚（假）人所。或私用公车牛，及叚（假）人食牛不善，牛訾（胔）；不攻间车，车空失，大车轱段；及不芥（介）车，车蕃（藩）盖强折列（裂），其主车牛及吏、官长皆有罪。司空。

由此可见，秦汉时期牛车的使用仍然是很普遍的。“将相或乘牛车”是说不很光彩，不如马车神气，一般官吏特别是下级官吏则多半乘牛车。大车也是牛车。

此外，上引后一条简文还涉及车的使用和保管的问题，不加修缮，乃至不把车盖好，主管牛车的人及领用的吏和官长都有罪。还有几条关于保修和制造的律文：

传车、大车轮，葆缮修邪，可殴（也）。……取不可葆缮者，乃粪之。金布。

……为大车折鞪（鞣），辄治（笞）之……司空。

……大车殿、赀司空啬夫一盾，徒治（笞）五十（《秦律杂抄》）。

从最后一条可以看出，车的制造是有规格要求的，而且是要评比的，制造成功后又特别注意维修和保养。

最后要说的一点是，秦汉时期和先秦一样，车子一般是两轮的，有大

---

① 《周礼正义》卷八十六，《车人》。

有小，也有四轮的，如“辒辌”，《孙子·谋攻篇》之“修橹辒辌”，杜牧注为四轮车（已见前引）。《六韬》云：

攻城围邑，则有辒輗，临冲。

辒輗即辒辌，四轮车起初是在军事上使用，大约在西汉末年才开始用于乘坐，如《汉书·王莽传》曰：

莽乃造华盖九重，高八丈一尺，金瑵羽葆，载以秘机四轮车，驾六马，力士三百人黄衣帻，车上人击鼓，輓者皆呼登仙。莽出，令在前。百官窃言：此似輀车，非仙物也。

又蔡邕《独断》曰：

永安（?）七年，建金根、耕根诸御车皆一辕，或四马，或六马，金根箱轮，皆以金铸（注：当作薄），正黄两臂前后刻金，作龙虎鸟龟形，上但以青缣为盖，羽毛无后户。

四轮车的出现，当是制造技术的一个发展。

### （二）战船种种

在古代称船为舟，《易系辞》曰：“刳木为舟。”后来各地叫法不同，《方言》曰：

舟，自关而西谓之船，自关而东谓之舟，或谓之航。南楚江湘凡船大者谓之舸，小舸谓之艖（今江东呼艖小底者也），艖谓之艒艏，小艒艏谓之艇（艇也），艇长而薄者谓之艜，短而深者谓之艄（今江东呼艖艄者），小而深者谓之要洒樑（即长舼也）。东南丹阳、会稽之间谓艖为欚（音礼），泭谓之篺（音敷），篺谓之筏（音伐）。秦晋之通语也。江淮家居篺中谓之薦（音符），方舟谓之濆（扬州人呼渡津航为抗，荆州人呼树音横），艁舟谓之浮梁（即今浮桥）……

这中间讲了方言的不同，同时也讲了因船大小、形制不同而名称不同。作为军用战船，因为大小和用途不同也有不同的名称，《越绝书》的一段记载可为参考：

> 阖闾见子胥敢问船运之备何知？对曰：船名大翼、小翼、突冒、楼舡、桥舡、今舡军之教比陵军之法乃可用之。大翼者当陵军之车，小翼者当陵军之轻车，突冒者当陵军之冲车，楼舡者当陵军之行楼车也，桥舡者当陵军之轻足剽定骑也。

这大体能说明战船的种类，不仅有大小不同，用处也不同。《释名・释船》也有关于战船名的一些解释：

> ……狭而长曰艨冲，以冲突敌船也。轻疾者曰赤马舟，其体正赤，疾如马也。上下重床曰舰，四方施板以御矢石，其内如牢槛也。五百斛以上还有小屋曰斥候，以视敌进退也。三百斛曰䑠，䑠貂也，貂短也，江南所名，短而广安不倾危者也。二百斛以下曰艇，其形径挺一人，一人所行也。①

这各种各样的战船是秦汉时期都已有的，上一章中已提到了这里所列举的船名。当然，因时因地而异的船名还不只这些。西汉武帝时，造船事业也有一个较大的发展，如《太平御览》卷 770《叙舟》引《汉宫殿疏》曰：

> 武帝作大池，周匝四十里，名昆明池，作豫章大舡，可载万人、舡上起官室。

又《西京杂记》卷六曰：

> 太液池中有鸣鹤舟、容舆舟、清旷舟、采菱舟、越女舟……昆明池中有戈船、楼船各数百艘，楼船上建楼橹，戈船上建戈矛，四角悉

① 《太平御览》卷 770 所引作："二百斛以下曰艇，其形艇一人，二人所乘行者也。"

垂幡旄，旌葆麾盖，照灼涯矣。

这些与上章所引《史记·平准书》“治楼船”的记载是一致的。由此可见，无论造船数量（各数百艘）或船只本身的规格（可载万人，高十余丈等）都反映了当时造船规模之大，技术之精。1975年，对广州秦汉造船工场遗址的发掘，可以清楚地了解到当时的造船台是由枕木、滑板、木墩组成的，枕木在船台下面排列作基础，在枕木上，平行铺放两行厚重的滑板，构成一组滑道，在两行滑板面上平置木墩，作两面排列，造船时用来架承船体。在造船台附近有木料加工场地。①

## 三　其他

军队的装备，武器、车船（对车兵和水兵而言与武器同等重要）当然是主要的。但是还有其他一些东西是必不可少的，例如炊事用具，除刁斗可能是炊具之外，军队中是有釜和甑的，《太平御览》卷751引：

《兵书》曰：初出军行日三炊，釜不得覆，覆釜军败。

往往要决一死战的时候就“破釜甑”。如项羽救巨鹿，即沉船破釜甑以示决战。又如王莽纳言将军严尤欲据宛，伯升乃陈兵示众，焚积聚，破釜甑，鼓行而前，亦示必死也。又，《管子》曰：“军中必有一斧一锯。”这也与炊事有关，同时也与安营扎寨有关，因而是必备之物。

其次，旗鼓也是很重要的装备，军中不可或缺。《管子·兵法篇》有所谓“三官五教九章”：

三官：一曰鼓，鼓所以任也，所以起也，所以进也；二曰金，金所以坐也，所以退也，所以免也；三曰旗，旗所以立兵也，所以利兵也，所以偃兵也。此之谓三官，有三令而兵法治也。

---

① 参阅《文物》，《广州秦汉造船工场遗址试掘》1977年第4期。

这些东西关系到军队的一举一动。

旗：古代军旅之中早有各种各样的旗帜。《诗经·小雅·出车》中描述周宣王击玁狁时就写道：

> 设此旐矣，建彼旄矣。彼旟旐斯，胡不旆旆。
> 出车彭彭，旂旐央央。

其中旐是一种画有龟蛇的旗，旄的旗杆头曲上饰旄牛尾，旟是一种画有鹰鸟的旗；旂是一种画有蛟龙的旗。可见旗的种类是很多的，是因为各有用处，《礼记·曲礼》曰：

> 武车绥旌，德车结旌。

陈澔注云：

> 武车亦革路也，取其建戈刃即云兵车，取其威猛即云武车也。旌，车上旌旛也，尚威武，故舒散若垂绥然。玉、金、象、木四路不用兵，故曰德车，德美在内，不尚赫奕，故缠结其旌于竿也。

《曲礼》又曰：

> 前有水则青旌（陈注：王行宜警备，故前有变异则举类示之。青旌者，青雀也，是水鸟）。前有尘埃则载鸣鸢（陈注：鸢，鸱也，鸱鸣则风生，风生则尘埃起）。前有车骑则载飞鸿（陈注：鸿，雁也，雁飞有行列，与车骑相似）。前有大师则载虎皮（陈注：虎威猛，亦士师之象，士师非所当警备者，亦举类以示众，或者禁止暴横之意欤!）。前有挚兽则载貔貅（陈注：挚兽，虎狼之属，貔貅亦有威猛，举此使众知为备，但不知为载其皮为画其形耳）。行：前朱鸟而后玄武，左青龙而右白虎，招摇在上，急缮其怒，（陈注：行，军旅之出也。朱鸟，玄武，青龙，白虎四方宿名也，以为旗章，其旒数皆放之……招摇，北斗七星也，居四方宿之中，军行法之，作此举之于上

以指正四方，使戎阵整肃也……）。进退有度，左右有局，各司其局。

又《周礼·地官·大司徒》云：

大军旅，大田役，以旗致万民，而治其徒庶之政令（注：旗，画熊虎者也，征众，刻日树旗，期于其下）。

同书《夏官·大司马》云：

中春教振旅，司马以旗致民，平列陈如战之陈（注：以旗者，立旗，期民于其下也）。

据上所述，旗在军旅之中，一是作为标帜，二是起指挥作用。民聚于旗下，即组成部队，因此称部下为麾下，《史记·项羽本纪》：

项王乃上马骑，麾下壮士骑从者八百余人。

麾亦为旌旗之属，而且有指挥之意。

秦汉时期的旗帜，意义和以前完全一样。既作为标帜，就各有特点，秦代“旄旌节旗皆上黑”[①]，汉代则“旗帜皆赤”[②]。这是大的区别，人们可以一望而知。又如《汉书·李陵传》记载，军候管敢投降匈奴，说李陵军无后救，独将军麾下及成安侯校各八百人，以“黄与白为帜”要匈奴使精骑破之。关于旗帜在战争中的作用，今录如下材料可作说明，《汉书·高帝纪》：

（秦二世三年九月）子婴诛灭赵高，遣将将兵距峣关。沛公欲击之，张良曰：秦兵尚强，未可轻。愿先遣人益张旗帜于山上为疑兵（师古曰：益，多也，多张旗帜，过其人数，令敌疑有多兵）……

---

① 司马迁：《史记》卷六，《秦始皇本纪》，中华书局1959年版，第237页。
② 班固：《汉书》卷一，《高帝纪》，中华书局1962年版，第10页。

同书《韩信传》：

（韩信张耳以兵数万欲东下井陉击赵），未至井陉口三十里，止舍。夜半传发，选轻骑二千人，人持一赤帜，从间道萆山而望赵军，戒曰：赵见我走，必空壁逐我，若疾入，拔赵帜，立汉帜。……信谓军吏曰：赵已先据便地壁，且彼未见大将旗鼓，未肯击前行，恐吾阻险而还。乃使万人先行，出，背水陈。赵兵望见大笑。平旦，信建大将旗鼓，鼓行出井陉口。赵开壁击之，大战良久。于是信、张耳弃鼓旗，走水上军，复疾战。赵空壁争汉鼓旗，逐信、耳。信、耳已入水上军，军皆殊死战，不可败。信所出奇兵二千骑者，候赵空壁逐利，即驰入赵壁，皆拔赵旗帜，立汉赤帜二千。赵军已不能得信、耳等，欲还归壁，壁皆汉赤帜，大惊，以汉为皆已破赵王将矣，遂乱，遁走。赵将虽斩之，弗能禁。于是汉兵夹击，破虏赵军，斩成安君泜水上，擒赵王歇。

又《后汉书·刘盆子传》：

延岑及更始将军李宝合兵数万人，与逢安战于杜陵。岑等大败，死者万余人，宝遂降安，而延岑收散卒走。宝乃密使人谓岑曰：子努力还战，吾当于内反之，表里合势，可大破也。岑即还挑战，安等空营击之，宝从后悉拔赤眉旌帜，更立已幡旗。安等战疲还营，见旗帜皆白，大掠乱走，自投川谷，死者十余万，逢安与数千人脱归长安。

以上这几个实例，充分说明了旗帜在战争中的作用，运用得当，可以取得意外的成功。

综上所述，部队之所属，人数之多少，将领之级别，都要在旗帜上反映出来，如师古注《汉书·卫青传》所说："每军一校，则别为幡。"因此，旗帜是部队的重要装备之一，数量不少，韩信一次就使用二千面旗，其军中尚不只此数。

鼓：《后汉书·隗嚣传》记载汉光武给隗嚣之手书曰：

如令子阳到汉中、三辅，愿因将军兵马，鼓旗相当。

鼓旗相当是说势均力敌之意，同时也可见鼓和旗一样，是军中重要装备之一。《吴子·论将》曰：

鼙鼓金铎，所以威耳；旌旗麾帜，所以威目。

古代出征以鼓为号，如《诗经·邶风·击鼓》云：

击鼓其镗，踊跃用兵。

又《小雅·采芑》云：

……钲人伐鼓，陈师鞠旅。显允方叔，伐鼓渊渊，振旅阗阗。

击鼓以指挥军队，如《吴子·治兵》云：

教战之令……勇者持金鼓……一鼓整兵，二鼓习阵，三鼓趋食，四鼓严辨，五鼓就行。闻鼓声合，然后举旗。

同书《应变》云：

昼以旌旗旛麾为节，麾左而左，麾右而右。夜以金鼓笳笛为节，鼓之则进，金之则止。一吹而行，再吹而聚。不从令者诛。

又《尉缭子·勒卒令》亦云：

金、鼓、铃、旗，四者各有法：鼓之则进，重鼓则击。金之则止，重金则退。铃，传令也。旗麾之左则左，麾之右则右，奇兵则反是。一鼓一击而左，一鼓一击而右。一步一鼓步鼓也，十步一鼓趋鼓也，音不绝骛鼓也。商，将鼓也；角，帅鼓也；小鼓伯鼓也。三鼓同，则将、帅、伯其心一也，奇兵则反是。鼓失次有诛，欢哗者有诛，不听金、鼓、铃、旗而动者有诛。

同书《兵教》：

伍长教其四人，以板为鼓，以瓦为金，以竿为旗。击鼓而进，低旗则趋，击金而退。麾而左之，麾而右之。金鼓俱击而坐。

这些是就平时训练而言的。平时训练，没有真的旗鼓，伍长就以板、瓦、竿代替旗鼓进行训练，以便在战时能听旗鼓号令指挥。

秦汉时期，鼓的作用基本如此。学习兵法的人也必学钲鼓之教，如《汉书·东方朔传》载其所上书曰：

十九学孙吴兵法，战阵之具，钲鼓之教（师古曰：钲鼓，以为进退士众之节也），亦诵二十二万言。

在实战当中自然运用钲鼓之教，《汉书·李陵传》载李陵与单于相值：

令曰：闻鼓声而纵，闻金声而止。

后来连战数日，稍有不利，陵曰：

吾士气少衰，而鼓不起者，何也？（师古曰：击鼓进士而士气不起也。一曰：士卒以有妻妇，故闻鼓音而不时起也？）军中岂有女子乎！

关于鼓的制造，《风俗通》曰：

谨按《易》称"鼓之以雷霆"，圣人则之。不知谁所作也。鼓者，郭也，春分之音也。万物郭皮甲而出，故谓之鼓。①

① 《说文》释义与此相同。

第一，汉人已弄不清为谁所造，说明比较古老[①]；第二，鼓主要由木板和皮革组成。关于它的具体制作，《周礼·考工记·韗人》有较详细记述，不赘引。

鼓的种类也很多，《周礼·地官·鼓人》云：

> 鼓人掌教六鼓四金之音声，以节声乐，以和军旅，以正田役。

所谓六鼓，郑玄注曰：

> 雷鼓，八面鼓也。灵鼓，六面鼓也。路鼓，四面鼓也。大鼓谓之鼖，鼖鼓长八尺。鼛鼓长丈二尺。晋鼓长六尺六寸。

前三种用于祭祀，后三种用于军役之事。此外，在我国南方还有一种铜鼓，为少数民族作战时使用。

由上述可知，与鼓相配合的是钲，或名金。《释名·释兵》曰：

> 金，禁也，为进退之禁也。

金钲也有好些种，或名“铙”，或名“镯”，《字彙》解释说：

> 钲，铙也，镯也。镯似小钟，铙似铃，有大小之异。濮斗南曰：《周礼·鼓人》以金镯节鼓，以金铙止鼓。即无钲名。则镯，铙通谓之钲，而节止实用于鼓。故《采芑》之诗曰：钲人伐鼓。

或者还叫作“铎”，《说文》云：

> 铎，大铃也。……军法：五人为伍，五伍为两，两司马执铎。[②]

---

① 《通志·乐略》曰：“《世本》云：夷作鼓。”

② 《说文》又云：“铙，小钲也……军法，卒长执铙。”可见小钲、大铃各级军官所执不同。

《释名·释兵》曰：

> 铎，度也，号令之限度也。

总而言之，金鼓配合使用，一则指挥号令，二则以佐士气，如《左传》僖公二十二年所说，“金鼓以声气也”，即云金鼓左士众之声气。李尤《钲铭》云：

> 申严号令，誓饬师旅，以肃纪律，万众是听。

## 四 汉简中的军用器物

汉简中有关兵器和其他军用器物记载不少，今摘抄几条以见一斑：

《居延汉简释文》卷2《烽燧类》有简文云：

> 甲渠武贤燧北到诚北燧回望，候吏一人，燧长一人，□四人，□□卒六人，六百石具弩二，弩楯二，稾矢五，寅矢五百六十，□□□各二，系承弦十，枭长弦三，革甲鞮瞀各四，□□□各四。(23页)
>
> 第二十七燧长李宫，锯不任事，斧一不任事，鉴一不往事，脂少一杯，转摫皆毋柅，薪六石具弩一弦起火。(27页)

同书卷3《器物类》有简文云：

> 守御器簿：具弩四，皆破，长椎四，长棓四，长杆上，木置□三，弩长臂二，芀马矢橐各一，蛤十斤，出燧二具，皮置枭箄各一，案坐二，破蓬一，芮薪木薪各二石，瓦箕柳各二斗少一，沙马矢各二石，羊头石五百，枪四十，小苣三百，柱苣九，传卅，深目四，布篷三，布表一，鼓一、狗斤、狗二，门关，楼樑四，木椎二，门戍二，扁一，橐户墼三百，户上下合各一，储水罂二，没荫二，大积薪三，

药盛橐四。（8 页）

有破胡燧兵物，具弩一张，力四石木关，陷坚羊头铜鍭箭卅八枚，故釜一口，有锢口，呼长五寸，硙一合，上盖缺二所，合大如疏。（27 页）

简文甚多，不必一一列举，从这些有关简文中分析研究可以说明许多问题：

第一，军中（烽燧台即边防军）所有器用均有簿录登记，武器更不例外。同时，损坏及短少情况也有详细记载。这说明部队的装备是有严格管理制度的。

第二，边防军中使用之兵器是国家统一发给的。故有京师铸造的，也有其他郡国铸造的。如《居延汉简释文》中有“左弋弩六百石”，当即中央所造①。水衡都尉属官有佐代令丞。又如《敦煌汉简校文》中有“盾一完元康三年南阳工官造”②，即为郡国所造兵器。

第三，所述武器有些种类比文献记载得更为具体，如弩，简文中即有“三石具弩”“四石具弩”“五石具弩”“六石具弩”等，或无“具”字，“这也许是按其射力而分的”，如“三石具弩射百四步”，“五石具弩射百廿步”，“具弩一令力四石射二百”，多少石的弩能射多远。“官六石第一弩今力四石卅斤伤两柄可缮治”，不够六石，只四石卅斤了，可以修理，又“教充弩故力三石今力三石二”。此外，尚有“大黄弩”“左弋弩”之类的名称。还有弓，弓和矢是配套的，标准的是“出弓一矢五十”，也许五十为一札，“□矢三札不事用”。或称矢，或称箭，“弩二张箭八十八枚”的记载不止一条。矢也不止一种，有“槀矢”、“寅矢”（“盲矢”）、“陷坚寅矢”、“芀马矢”、“沙马矢”等名称。有铜鍭的矢要特别注明，如“藁矢铜鍭三十完”，“藁矢铜鍭三百”，或“陷坚羊头铜鍭箭卅八枚”。总之，前述“四弩”“八矢”之言，固非虚也③。

第四，简文中有些器物是史书中比较少见的，可以互相参证，如前述“釜”“锯”“斧”之类必备之物。还有很多器物则是史书记载中所没有的，

① 《敦煌汉简校文》第 8 页又有“盾一完神爵元年寺之造，”当亦为中央某官署造。

② 《簠斋吉金录》卷 6 弩机类 17，有“南阳工官造弩机”，与此同。

③ 简文未注出处者，均见《居延汉简释文》卷 3，《器物类》。

如“靳千篷七”“靳幡篷七”，也许是旗类的。如“赤白缯篷一完”。“布蓬三”，也许是帐蓬之类的。如“鞮瞀各一”，瞀或为鍪字之误，合起来即为首铠（兜鍪），此言各一，鞮为革履，鍪为车饰，又有“革鞮瞀四”，“鞮瞀二百”。“登山隧铁鞮瞀一”，看来还是指首铠而言，有革制的，也有铁制的。此外，还有“出火燧二”不只一见，不知为何物。“铜铫一直五十”，有一些较为贵重的物品。凡此等等，仔细考察分析，还可以列出不少。

总之，汉简中记述的许多器物是属于军事装备物质，与文献记载可以互相印证。

# 第七章　军马

马在古代的用途很广，《周礼·夏官·校人》说：

辨六马之属，种马一物，戎马一物，齐马一物，道马一物，田马一物，驽马一物。

郑玄注云：

种，谓上善似母者，以次差之，玉路驾种马；戎路驾戎马；金路驾齐马；象路驾道马；田路驾田马；驽马给宫（官）中之役。

这虽然是就马的好坏等级而言的，但也涉及用途，既用在交通上，也用在军事上，并且还用在田事上。

从军事上看，古代的车战离不开马，后发展起来的骑战更离不开马。自战国以来，骑战大大发展，各国骑兵多到数以万计。到了汉代马的需要量更大，一方面是骑兵日益发展，另方面车兵也需要马匹，如《汉书·汲黯传》：

（武帝初）匈奴浑邪王帅众来降，汉发车二万乘。县官之钱，从民贳马。民或匿马，马不具。上怒，欲斩长安令。黯曰：长安令亡罪，独斩臣黯，民乃肯出马……

因此，在汉人心目中马是很重要的，不仅说车骑乃天下武备，还如《后汉书·马援传》所说：

马者甲兵之本，国之大用。

马政在汉代军事制度中应加以记述。

## 一 马政发展的大概

### （一）秦马政管窥

秦人的祖先非子以善于养马而为周孝王主马于汧渭之间①，战国时的秦国也是“车千乘、骑万匹”的车骑大国，而且秦国的骑兵是比较精良的，《史记·张仪列传》说：

> 秦马之良，戎兵之众，探前趹后，蹄间三寻腾者，不可胜数。

关于如何蓄养马匹的具体情况，史书很少记载。秦的马政不可详考，但可以肯定是比较发展的。云梦秦简提供了一些零星材料可以说明一些问题。如：

> 乘马服牛禀，过二月弗禀、弗致者，皆止，勿禀、致。……田律
> 官长及吏以公车牛禀其月食及公牛乘马之禀，可殴（也）……
> 司空

这是有关领发马牛饲料的规定。

> 将牧公马牛，马［牛］死者，亟谒死所县，县亟诊而入之，其入之其弗亟而令败者，令以其未败直（值）赏（偿）之。……其大厩、中厩、官厩马牛殴（也），以其筋、革、角及其贾（价）钱效，其人诣其官。其乘服公马牛亡马者而死县，县诊而杂买（卖）其肉，即入其筋、革、角，及索（索）入其贾（价）钱。钱少律者；令其人备之而告官，官告马牛县出之。……

① 司马迁：《史记》卷五，《秦本纪》，中华书局1959年版，第177页。

官府的牛马有专人放牧，牛马死在外面还要及时上报和上缴，或只交皮、角，肉卖钱以后上缴，卖价不够，还要赔偿。

马牛误职（识）耳，……赀官啬夫一盾。

只有在马牛身上加以标记，方可知是否误识，《居延汉简甲编》中有这样的记载：

牛一，黑牡，左斩首，三岁，久在右。(2071)

久就是加标记的意思。

蓦马五尺八寸以上，不胜任，奔挚（絷）不如令，县司马赀二甲，令、丞各一甲。先赋蓦马，马备，乃粼从军者，到军课之，马殿，令、丞二甲，司马赀二甲，法（废）。

这是专讲军用马，对军马的饲养、训练要考核、评比，不符合规定要处罚有关主管官员，直至免官。

伤乘舆马，夬（诀）革一寸，赀一盾；二寸，赀二盾；过二寸，赀一甲。课驶騠，卒岁六匹以下到一匹，赀一盾。志马舍乘车马后，毋（勿）敢炊饬，犯令，赀一盾。已驰马不去车，赀一盾。

肤吏乘马笃、掌（胔），及不会肤期，赀各一盾。马劳课殿，赀厩啬夫一甲，令、丞、佐、史各一盾。马劳课殿，赀皂啬夫一盾。

这都是关于管理和考核马匹的规定。

吏自佐、史以上负从马、守书私卒，令市取钱焉，皆䙴（迁）。

不能利用公家的马匹贸易牟利，否则给以流放的处罚。

从以上的记载可以看出，秦有专门养马牛的厩苑，其《效律》中还有一条材料写道：

司马令史掾苑计，计有劾，司马令史坐之，如令史坐官计劾然。

显然是有牧养军马的苑囿。有主管官员所谓县司马或司马令史，以及丞、佐、掾等。有一套详细的牧养和管理的律令、规定，包括饲养及其规格、定期考核及考核要求、管理职责、使用规定等，简中有《厩苑律》之律名。并且规定都是相当严格的，如：

计脱实及出实多于律程，……人户、马牛一以上为大误。……

达不到或者违反了规定的要求，要受到各种处罚，罚物、免官等。以公营私的处罚很重，要被流放。如果偷盗官马恐怕是要处以死刑的，《盐铁论·刑德篇》中所说“盗马者死”的规定，可能不只是汉代才有的①。

## （二）汉初马政方针

汉朝初年，社会经济残破，马匹也严重缺乏，《汉书·食货志》做了典型的描述：

天下既定，民亡盖藏，自天子不能具醇驷，而将相或乘牛车。

这当然是夸大之辞。我们可以看到，吕后时陈平一次就送给陆贾“奴婢百人，车马五十乘”②，紧俏的东西，特权阶层手中并不十分缺乏。不过，从整个国家情况看，特别是从军事上看，马匹确实是不多，汉高祖七年的平城之役，兵力虽有三十二万，但“多为步兵”，无法对付匈奴的骑兵。马匹少，骑兵弱，是当时国防的主要问题。因此，汉初采取措施加强骑兵的建设，马匹是首要问题。

汉初政府所需用的马多半是用钱购买的，《汉书·高帝纪》记载，早在楚汉战争之中，高祖四年八月就“初为算赋”，注引如淳曰：

---

① 秦简中有关于盗牛的法律：“甲盗牛，盗牛时高六尺，毄（系）一岁，复丈，高六尺七寸，问甲可（何）论？当完城旦。”惩罚不轻。

② 班固：《汉书》卷四十三，《陆贾传》，中华书局1962年版，第2115页。

《汉仪注》：民年十五以上至五十六出赋钱，人百二十为一算，为治库兵车马。

汉初因为铸荚钱，引起物价猛涨，“米至石万钱，马至匹百余”①。以至“车骑马乏，县官钱少，买马难得”②。

又《汉书·汲黯传》和《汉书·咸宣传》：

县官亡钱，从民贳马。

卫将军专使买马河东。

据此至少可以说，买马是增加马匹的一个重要途径。收来的算赋钱一部分是用于买马。因此，政府对于马的价格是关心的，《汉书·武帝纪》元狩五年：

天下马少，平牡马匹二十万（如淳曰：贵平牡马价，欲使人竞畜马）。

如淳“贵平”之说令人怀疑。平当然可以当定字讲，但平价一般不可能是定高价。《法言·学行篇》，“一哄之市，必立之平”，在汉人心目中，平是平抑，不是贵平。而《汉书·景武昭宣元成功臣表》的记载更是证明：

（梁期）侯（任）当千嗣，太始四年，坐卖马一匹贾钱十五万过平，臧五百以上，免。

如果是贵平，决不会因为过平而得罪。

政府应付钱买马是法令的规定，至于赊买或强买那是实行的问题，如果不当，人民就匿马（如《汲黯传》所言）。

汉初除了买马以外，还有两个办法。

一个是用免兵役的办法鼓励人民出马。《汉书·食货志》载文帝时晁

---

① 班固：《汉书》卷二十四，《食货志》，中华书局 1962 年版，第 1153 页。

② 班固：《汉书》卷二十四，《食货志》，中华书局 1962 年版，第 1173 页。

错所上疏曰：

> 今令民有车骑马一匹者，复卒三人。车骑者，天下武备也，故为复卒。

马匹直接充实国防，故可以抵兵役，出一匹马可免除三人的兵役。

另一个办法即政府畜养，如《食货志》所载：

> （景帝时）始造苑马以广用（师古曰：苑马，谓为苑以牧马）。

为苑以牧马的苑，边境有，内地也有，边境不甚安全，常常成为匈奴掠夺的目标，如《汉书·景帝纪》中元六年六月：

> 匈奴入雁门，至武泉，入上郡，取苑马。

《汉书·武帝纪》载，武帝即位之初，即下令：

> 罢苑马以赐贫民。

很可能就是罢边郡之苑马，而集中在内地牧养。《食货志》还记载说：

> 天子为伐胡故，盛养马，马之往来食长安者数万匹，卒掌者关中不足，乃调旁近郡。

长安及其附近就有几万匹。

此外，还采取一些保护关中武备、禁止壮马出关的措施，如《汉书·景帝纪》中元四年：

> 御史大夫绾奏：禁马高五尺九寸以上，齿未平，不得出关（服虔曰：马十岁，齿下平）。

高大而又未老的马，都要保留在关中，不许外流。

## （三）武帝时马政的发展变化

上述汉初的基本方针政策，武帝时是继续实行的，但有不少变化。当时，没有马就不能与匈奴作战，所以《汉书·霍去病传》记载说，有时候：

> 以汉马少故久不伐胡。

所以要“盛养马”。

武帝时在原来马政方针政策的基础上又进一步采取各种措施，有如：

（1）增加人民的口税，自三岁至十四岁，每人每年出口钱二十三，其中三钱为补车骑马的费用，《汉书·昭帝纪》元凤四年注引如淳曰：

> 《汉仪注》：民年七岁至十四出口赋钱，人二十三。二十钱以食天子，其三钱者，武帝加口钱，以补车骑马。

意思似乎说，武帝时只是在原有的口赋中加了三钱，而且这加收的三钱用作补车骑马。但《汉书·贡禹传》又说：

> 禹以为古民亡赋算口钱，起武帝征伐四夷，重赋于民，民产子三岁则出口钱。

这是说武帝时从三岁起就要收口赋。究竟是从武帝时开始增加了口钱这一项呢？还是只在原有基础上增加了三钱？其用作补车骑马的只是增加的三钱呢？还是全部？（如果是全部，则“二十钱以食天子”可解作食天子之车骑）这都可作进一步查考[①]。这里我们主要说明，武帝为征伐四夷而重

---

① 征收多少，起收年龄，不同时候是有变化的，如文景之世曾有“民赋四十，丁男三年而一事”的规定，《汉书·贾捐之传》注引如淳曰：“常赋岁百二十一，岁一事。时天下民多，故出赋四十，三岁而一事。”又昭宣之时也常有减口算的诏令，元平元年，“诏减口赋钱，有司奏请减什三，上许之”，五凤三年“减天下口钱”，甘露二年还“减民算三十”等。元帝时贡禹建议：“儿七岁去齿乃出口钱，年二十乃算。”

赋于民，其实还远远不止增加口钱，如《汉书·西域传赞》所云：

> （武帝）用度不足，乃榷酒酤，筦盐铁，铸白金，造皮币，算至车船，租及六畜。

用各种方法增加收入，以解决巨大的开支。增加的赋税当然包括补充车骑马之用。

（2）《汉书·食货志》曰：

> 除千夫、五大夫为吏，不欲者出马。

这是因为“兵革数动，民多买复及五大夫、千夫，征发之士益鲜”所引起的连锁反应。人们为了免役而买爵至千夫、五大夫，并不想做官为吏，于是武帝采取这种不欲为吏就出马的办法。这是变相的征敛马匹，反映了军马补充的需要。

（3）在上述变相征敛的基础上，进一步征用诸侯、官吏以及人民的马匹。《汉书·食货志》又说：

> 车骑马乏，县官钱少，买马难得，乃著令，令封君以下至三百石吏以上，差出牝马。

这是强迫征用。据《汉书·高惠高后文功臣表》记载：

> （黎顷侯延）元封六年坐不出持马，要斩（师古曰：时发马给军，匿而不出也）。①

真是雷厉风行，执行得非常严格的。《汉书·武帝纪》太初二年又记载：

> 籍吏民马，补车骑马（师古曰：籍者，总入籍录而取之）。

---

① 《潜夫论》：“黎阳侯邵延，坐不出持马，身斩国除。”

看来这种强征硬取是武帝末年所采取的一些措施。

（4）将马匹放租给人民，用取利息的办法繁殖马匹，《食货志》有两处记述：

> 上北出肖关，从数万骑，行猎新秦中，以勒边兵而归。新秦中或千里无亭徼，于是诛北地太守以下，而令民得畜边县（孟康曰：令得畜牧于边县），官假马母，三岁而归，及息什一（李奇曰：边有官马，今令民能畜官母马者，满三岁归之，十母马还官一驹，此为息什一也）。
>
> 车骑马乏，（乃著令）天下亭，亭有畜字马，岁课息。

字马或称字牝，亦作牸牝，即母马。将政府的母马租借给百姓蕃殖，虽说只息什一，对百姓也是一种责任和负担，母马的饲养和保护也不是很容易的，出了问题赔偿、受罚是免不了的（如前述秦简中的规定一样）。特别是规定天下之亭都要畜养，这就是强行摊派的任务了。北方边境要好一些，因为适宜于牧养，可以造成“马牛故纵，畜积布野”① 的局面。

从以上情况看，武帝时因为对匈奴战争，需要大量的马匹，采取种种办法补充军马，其中都带有强征的性质，过去那种出马一匹复卒三人的办法也废止了。又，为了求得大宛的好马，重金求取不得，不惜发动战争，《汉书·西域传》云：

> （大宛）多善马。马汗血，言其先天马子也。张骞始为武帝言之，上遣使者持千金及金马，以请宛善马。宛王以汉绝远，大兵不能至，爱其宝马不肯与。汉使妄言。宛遂攻杀汉使，取其财物。于是天子遣贰师将军李广利将兵前后十余万人伐宛，连四年。宛人斩其王毋寡首，献马三千匹，汉军乃还。

这四年的战争消耗甚大，先是动员大量人力物力，损失惨重，所得无几。《汉书·李广利传》记载较详：

---

① 桓宽：《盐铁论》卷八，《西域篇》。

发恶少年及边骑，岁余而出敦煌六万人，负私从者不与。牛十万，马三万匹，驴橐驼以万数赍粮，兵弩甚设。天下骚动，转相奉伐宛，五十余校尉。……益发戍甲卒十八万……而发天下七科谪，及载糒给贰师，转车人徒相连属至敦煌。……取其善马数十匹，中马以下牝牡三千余匹，……军还，入玉门者万余人，马千余匹。

真是得不偿失。

总而言之，马政在当时是一个非常突出的问题。汉武帝晚年下诏放弃西域轮台，人们称之为轮台诏或罪己诏。在民穷财尽，社会极度不安的情况下，武帝对局势和政策作了一翻检讨，其结论中马政占很重要地位，《汉书·西域传》记载说：

当今务在禁苛暴，止擅赋，力本农，修马复令，以补缺，毋乏武备而已。郡国二千石各上进畜马方略补边状，与计对。

“禁苛暴，止擅赋，力本农”是抽象的，马政则较为具体：其一是修马复令，师古注曰：

马复，因养马以免徭赋也。

也许就是恢复汉初出马复卒的那种办法，其用意在鼓励人们畜养马匹；其二，军马不足要补充，但只要求“毋乏武备而已”，自然就会减少大量的强征强取。同时进一步要求各地方长官提出“畜马方略”，这无异于否定原来那些扰民的强取方略，他在这篇诏书中否定了增加民赋以助边的建议：

前有司奏，欲益民赋三十助边用（师古曰：三十者：每口转增三十钱也），是重困老弱孤独也。

前面已经说过，他曾增加口钱以补车骑马，现在有司主张再增加三十，至少也包括补车骑马之费，但被武帝否定了。至于各地上了哪些畜马方略，史书缺载，大概就没有什么好的方略。

## （四）西汉后期的马政

武帝大量搜刮军马，成为一项重大的扰民苛政，《盐铁论·散不足篇》说：

> 一马伏枥，当中家六口之食，亡丁男一人之事。

如上所述，武帝晚年已经要解决这一问题。以后，不再与匈奴进行大规模交战了，军用马的需要大大减少，所以从昭帝开始，马政方面采取了一些缓和措施，如《汉书·昭帝纪》：

> （始元四年）七月诏曰：比岁不登，民匮于食，流庸未尽还，往时令民共出马，其止勿出。诸给中都官者，且减之。

这“往时”当指武帝时的马政，特别太初二年那种“籍吏民马补车骑马”的措施。第二年（始元五年）又下令：

> 罢天下亭母马及马弩关（应劭曰：武帝数伐匈奴，再击大宛，马死略尽，乃令天下诸亭养母马，欲令其繁孳，又作马上弩机关，今悉罢之。孟康曰：旧马高五尺六寸齿未平，弩十石以上，皆不得出关，今不禁也。师古曰：亭母马，应说是，马弩关，孟说是也）。

这是对以前的马政，包括武帝以前的马政（如马弩关即在景帝时），进行了修改。又，元凤二年六月诏曰：

> 朕闵百姓未赡，前年减漕三百万石。颇省乘舆马及苑马，以补边郡三辅传马。其令郡国毋敛今年马口钱（文颖曰：往时有马口出敛钱，今省。如淳曰：所谓租及六畜也）。

马口钱或者也是武帝时增加的税收，但如何收法，不得其详。这里仅免收一年，看来已成为常制。其次，昭帝以后，作战的军马需要少了，驿传所用之马是不可少的，故有“省乘舆马及苑马，以补边传及三辅传马”的措施，传马也是军用性质的。军马之外的官马，乘舆所用为一大项，因而只有从其中节省。如《汉书·元帝纪》初元元年：

> 省苑马以振困乏。太仆减谷食马。
> （二年）诏罢黄门乘舆狗马。

《成帝纪》建始二年亦有：

> 减乘舆厩马。

这些记载说明，武帝以后的马政，有除扰民苛政的一种倾向，但没有什么好的办法。而马的需要量又不减少。其中赏赐就是一大宗。元帝以后多次大规模的赏赐宗室及有属籍者①。西汉后期宗室有十几万②，赏赐需要的马匹就是一个很大数目。

所以，到西汉末年，马也是很缺乏的，以至于驿传之马都无法保证，《汉书·王莽传》载：

> 乘传使者经历郡国，日且十辈，仓无见谷以给，传车马不能足，赋取道中车马，取办于民。

为了解决军马问题，王莽天凤六年又仿效汉武帝的办法：

> 令公卿以下至郡县黄绶皆保养军马（师古曰：保者，言不许其死、失），多少各以秩为差。

---

① 《汉书·元帝纪》：初元元年，“赐宗室有属籍者，马一匹至二驷”，五年“赐宗室于有属籍者马一匹至二驷”，《哀帝纪》：哀帝即位时“赐宗室王子有属籍者，马各一驷”。

② 《汉书·平帝纪》：元始五年“宗室子皆太祖高皇帝子孙及兄弟吴顷、楚元之后，汉元至今，十有余万人”。

## (五) 东汉马政

东汉的马政大体上沿袭西汉后期，养马的厩、苑大量省并，如《后汉书·百官志》云：

> 旧有六厩，皆六百石令。中兴省约，但置一厩①。后置左骏令、厩，别主乘舆御马，后或并省。又有牧师苑，皆令官，主养马，分在河西六郡界中，中兴皆省。

和西汉后期一样，马政以不是太苛繁为其主要特点，如《后汉书》有关帝纪：

> (和帝永元五年) 二月戊戌，诏有司省减内外厩及凉州诸苑马。
>
> (安帝永初元年九月)，厩马外乘舆常所御者，皆减半食。

但在需要时也会实行征调，如《后汉书·灵帝纪》记载：

> (光和) 四年春正月，初置騄骥厩丞，领受郡国调马。豪右辜搉，马一匹至二百万。

注云：

> 调，谓征发也。

说明有向郡国各地征调马匹的事实，只是如何征调情况不详。至于后一句，注引《前书音义》曰：

> 辜，障也。搉，专也。谓障余人卖买而自取其利。

---

① 六厩也许不是从东汉开始才废置，《汉书·成帝纪》：建始二年有“罢六厩、技巧官”的记载，旧注未加注意，六厩可能是成帝时已废。

这个解释仍不清楚，但我们可以看到，马匹的价格颇高，反映了马的稀贵。又同书记载，中平元年张角起义时：

> 诏公卿出马、弩……
>
> 厩马非郊祭之用，悉出给军。

长期以来，非军用马数目较多，百官公卿家中不少，因而在军用紧急时采取临时征集的办法。

## 二 养马机构

关于养马的机构，《汉书·百官公卿表》记载：

> 太仆，秦官，掌舆马，有两丞。属官有大厩、未央、家马三令，各五丞一尉。又车府、路軨、骑马、骏马四令丞；又龙马、闲驹、橐泉、騊駼、承华五监长丞；又边郡六牧师苑令，各三丞；又牧橐、昆蹏令丞皆属焉。中太仆掌皇太后舆马，不常置也。武帝太初元年更名家马为挏马，初置路軨。

这是一个概括的记述，需要做一些分析说明。首先，它不是某一时期养马机构的记述，而是总括的列举，汉武帝时养马最多，也许以上这些机构都有，但有的改了名，有的是初置。其次，汉代的养马机构也并非只有以上这些，如见于《汉书》的还有“平乐厩”（《傅介子传》）、“移中监”（《苏武传》）以及《汉官仪》中的“长乐厩”等即未列入。又，《三辅黄图》还记载：

> 翠华厩、大辂厩、果马厩、軛梁厩、骑马厩、大宛厩、胡河厩、騊駼厩皆在长安城外。
>
> 霸昌观马厩在长安城外。

其中除骑马、騊駼二厩之外，《百官公卿表》均未提到。再次，各养马机构是有一个形成和发展过程的，现分述如下：

## （一）养马机构的发展

秦代养马机构不可详考。太仆是有的，养马的厩苑也有，云梦秦简中有《厩苑律》即为有力之证据。只是其机构不可详考罢了。

汉初养马机构的设置有一个过程，开始马匹不多，自然用不了多少养马机构，《汉书·贡禹传》说：

> 至高祖、孝文、孝景皇帝，循古节俭，宫女不过十余（人），厩马百余匹。

这话不很可靠，但汉初马匹较少当是事实。据《汉书·文帝纪》二年诏曰：

> 太仆见马遗财足（师古曰：遗，留也。财与才同，才，少也。太仆见在之马今当减，留才足充事而已），余皆以给传置。

“充事”之马的数量不会太少，但也绝不是很多。

《百官公卿表》上首先说的是大厩、未央、家马三令，也许这是开始的几个较大养马机构，以后马匹逐渐增多，才有所谓“天子六厩”，《汉旧仪》说：

> 天子六厩：未央厩、承华厩、騊駼厩、路軨厩、骑马厩、大厩，马皆万匹。

西汉养马机构之增设，大约始于景帝时，《汉书·食货志》说：

> 始造苑马以广用（师古曰：苑马，为苑以牧马）。

此当是在边境各地造苑牧马，《汉书·景帝纪》中元六年有“匈奴入雁门，至武泉，入上郡，取苑马”的记载，注云：

如淳曰：《汉仪注》："太仆牧师诸苑三十六所，分布北边、西边。以郎为苑监，官奴婢三万人，养马三十万匹。"师古曰："武泉，云中之县也。养鸟兽者通名为苑，故谓牧马处为苑。"

这样大规模的养马，或以为是武帝以后的事。但《百官公卿表》说边郡有六牧师令，此处则言以郎为苑监官，可能有一个发展完备的过程。总之，景帝已开其端无疑。《汉书·景帝纪》后元二年又记载：

以岁不登，禁内郡食马粟。

专指内郡，则边郡亦有马，虽然粮食歉收，也不禁边郡马食粟，以保证边防兵强马壮。

武帝时养马机构当然是大发展，可能是有所置也有所废，是随时、地、事而变化的，如《汉书·地理志》太原郡有家马官，注云：

臣瓒曰：汉有家马厩，一厩万匹，时以边表有事，故分来在此。家马后改曰挏马也。

西汉后期苑厩是有减省的，成帝时有"罢六厩"的记载[①]，因为六厩关系到乘舆厩马，故特书一笔，其他苑厩之废则不一一记述了，何况又是时废时置呢！

东汉情况，《后汉书·百官志》太仆卿之下，仅记未央厩令一人（本注曰：主乘舆及厩中诸马）、长乐厩丞一人。其最后的本注曰：

旧有六厩……又有牧师苑，……中兴皆省，唯汉阳有流马苑，但以羽林郎监领（《古今注》曰：汉安元年七月，置承华厩令，秩六百石）。

① 《汉书·成帝纪》，建始二年，"罢六厩，技巧官"，注家说法不一。后文又有"减乘舆厩马"的记载。

虽然东汉开始省并了不少厩苑，从注文看，有时也还恢复过去的厩苑。同时，也有根据需要重新设置的。如《店汉书》有关帝纪：

> （安帝永初）六年春正月庚申，诏越巂置长利、高望、始昌三苑，又令益州郡置万岁苑，犍为置汉平苑。（顺帝汉安元年）秋七月，始置承华厩（《东观记》曰：时以远近献马众多，园庭充满，始置承华厩令，秩六百石）。

按：上注引《古今注》所记当指此同一事。

## （二）养马机构的分类

《汉书·百官公卿表》所记种种养马厩苑，名目不少，大体上可分两类：

一类在长安城内外，主要是供天子即百官乘舆之用，有时也包括驿传之马和部分军用马。马厩之名，或以地名命名，如未央、长乐之类即很明显，其他还有，如《汉书·百官公卿表》注云：

> 如淳曰：橐泉厩在橐泉宫下……师古曰：闲，阑，养马之所也，故曰闲驹……

《三辅黄图》之“霸昌观马厩”，更是明言马厩所在之地。

有的厩马则以马的种类为名，《汉旧仪》记载说：

> 中黄门骈马，大宛马、汗血马、乾河马、天马、果下马（果下马高三尺，驾辇；大宛、汗血马皆高七尺；冷河马，华山种马也）。

人们以马的来源、特征、功用等各方面将马分成若干类，专养某一类的马厩，或以为名，如《三辅黄图》中的大宛厩当即养大宛马[1]，果马厩也许

[1] 上文大宛马、汗血马也许就是大宛汗血马，《汉旧仪》大宛之下本无马字。而《西域传》云：“大宛国多善马，马血汗，言其先天马子也。”可证汗血马即大宛马。

就是养果下马。此外，还有騊駼，牧橐、昆蹏亦如此，《百官公卿表》注云：

如淳曰：……騊駼，野马也。师古曰：……騊駼出北海中，其状如马，非野马也。应劭曰：橐，橐佗。昆号，好马名也。如淳曰：《尔雅》曰：昆蹏研，善升甗者也。因以为厩名。师古曰：牧橐，言牧养橐佗也。昆，兽名也。蹏研者，谓其蹏下平；善升甗者，谓山形如甑，而能升之也。蹏即古蹄字耳。

关于《尔雅·释畜》之昆蹏，郭璞注云：

甗，山形似甑，上大上小。騉蹏，蹏如研而健上山。秦时有騉蹏苑。

则昆蹏苑秦时已有，汉承秦继续设有此马厩。

其他骑马、骏马、龙马等厩苑，亦以马的种类为名无疑。

需要说明的是“家马”。师古曰：

家马者，主供天子私用，非大祀、戎事军国所须，故谓之家马也。

家马见于《管子·问篇》，当然有家私之意。但此处之家马，当另有含义。从《百官公卿表》下文及其注可见：

武帝太初元年，更名家马为挏马（应劭曰：主乳马，取其汁挏治之，味酢可饮，因以名官也。如淳曰：主乳马，以韦革为夹兜，受数斗，盛马乳，挏取其上肥，因名曰挏马。《礼乐志》：丞相孔光奏省乐官七十二人，给大官挏马酒。今梁州亦名马酪为马酒）。

然则家马厩是专养乳马之厩。

此外，厩名还有另一种情况，如《三辅黄图》所说：

都厩，天子车马所在。

中厩，皇后车马所在。

天子、皇后马厩专用之名。

另一类是分散在全国各地，相对集中于边境地区的厩苑，则为军用和驿传之用。

用于驿传而分散在各地的厩苑，其为数当不少，云梦秦简中有《厩苑律》可以作为有力的证据。规模稍大的厩苑在记载中就有很多，如西汉太原之有家马官，东汉益州置万岁苑、犍为置汉平苑等，规模小者就不可计数了。

关于边郡之苑厩，《汉书·百官公卿表》载“边郡六牧师苑令，各三丞”，即边境各郡设有六个牧师苑令。每个令之下均有三丞。又据《汉官仪》说：

牧师诸苑三十六所，分置西、北郡，分养马三十万头。

《后汉书·百官志》本注曰：

又有牧师苑，皆令官，主养马，分在河西六郡界中，中兴皆省。

六个令一级（大约就是六百石左右）牧师官，大体上分布在西边和北边各郡，或说分在河西六郡界中，或认为分设在陇西、天水、安定、北地、上郡、西河六郡（钱大昭说）。六牧师官分管诸苑，共三十六所，养马三十万头（当是举整数而言），大体上每所万头左右①。但是，此种设置究竟为何时情况，无法断言。然而，不同时期具体设置情况不同是可以肯定的。例如牧师官的所在地，见于《汉书·地理志》的有两处：一是北地郡的郁郅县下，“有牧师苑官”；一是辽东郡襄平县下，“有牧师官”。辽东在东北也可以说是北边，但不是在河西六郡界中。又例如设苑之处，《汉书·地理志》也有几处：

① 《汉旧仪》“天子六厩……马皆万匹”，大约较大的苑厩，以万匹为标准状况。

北地郡，……灵州，惠帝四年置。有河奇苑、号非苑……（师古曰：苑谓马牧也……二苑皆在北焉）归德……，有堵苑、白马苑。郁郅……有牧师苑官。

西河郡……，鸿门，有天封苑。

此数所厩苑均在北地、西河境内。但设置时间提到惠帝时，则不同于《汉书·食货志》所说景帝时“始造苑马以广用”。应该说，诸苑三十六所决非一时所设。《史书·平准书》说是景帝时“益造苑马以广用”，“益造”者增加、扩建也，比《汉书》“始造”说得准确。而《后汉书·百官志》本注所说，分在河西六郡的牧师苑，“中兴皆省，唯汉阳有流马苑”，亦不宜呆板地看，《后汉书·和帝纪》永元五年：

二月戊戌，诏有司省减内外厩及凉州诸苑马。

凉州即包括陇西、汉阳、武都、金城、安定、北地、武威、张掖、酒泉、敦煌等郡，既说“诸苑”，绝非指汉阳流马苑一处。这凉州诸苑，或者是中兴未省，或者是省而后又复置。

# 第八章　给养

军队的给养，包括官兵口粮和牲口饲料，《孙子·军争篇》曰：

> 是故军无辎重则亡，无粮食则亡，无委积则亡。

王皙注云：

> 委积，谓薪刍蔬材之属，军持三者以济，不可轻离也。

军用粮、草的供应和运输，是军事制度中的重要问题之一。

## 一　口粮和其他

秦汉时期的士兵是义务兵，国家对于军队的开支，除了装备费用之外，就是军队的日常生活费，其中主要是口粮（包括部分食盐和蔬菜），衣服费即便有也不是主要的（详后）。

### （一）口粮

秦代如何供应口粮，云梦秦简中的《仓律》《传食律》等所提供的有关“月食者”的材料，可以借用来说明一点问题，现录几条如下：

> 有事军及下县者，赍食，毋以传贷（贷）县。仓
>
> 月食者已致禀而公使有传食，及告归尽月不来者，止其后朔食，而以其来日致其食；有秩吏不止。仓

我们从中可以看到，无论军中或地方均有按时发给口粮的情形，按月领口粮的人称为“月食者”。从“止其后朔食”看，很可能是每月初一发

放口粮。

> 隶臣妾其从事公，隶臣月禾二石，隶妾一石半；其不从事，勿禀。小城旦、隶臣作者，月禾一石半石；未能作者，月禾一石。小妾、舂作者，月禾一石二斗半斗；未能作者，月禾一石。婴儿之毋（无）母者各半石；虽有母而与其母冗居公者，亦禀之，禾月半石。隶臣田者，以二月月禀二石半石，到九月尽而止其半石。舂，月一石半石。隶臣、城旦高不盈六尺五寸，隶妾、舂高不盈六尺二寸，皆为小；高五尺二寸，皆作之。　　仓
>
> 小隶臣妾以八月傅为大隶臣妾，以十月益食。　　仓
>
> 城旦之垣及它事而劳与垣等者，旦半夕参；其守署及为它事者，参食之。其病者，称议食之，令吏主。城旦舂、舂司寇、白粲操土攻（功），参食之；不操土攻（功），以律食之。　　仓

按：这里“半”和“参”均为量制单位。半，《史记·项羽本纪》引徐广云：“五升器也。”参，《墨子·杂守篇》：“参食，食参升小半。”

> 日食城旦，尽月而以其余益为后九月禀所。城旦为安事而益其食，以犯令律论吏主者。减舂城旦月不盈之禀。　　仓
>
> 免隶臣妾、隶臣妾垣及为它事与垣等者，食男子旦半夕参，女子参。　　仓
>
> 食饩囚，日少半斗。　　仓

关于隶臣妾的口粮标准，看起来是一餐半斗，或三分之一斗，似乎是很多的，但根据现在的考证，秦和西汉时期的容量只相当于今制的五分之一。“旦半餐参”，一个月不过两石半，这是强劳动时的口粮标准，一般的“隶臣月禾二石”，二石折算起来不过相当于现在的五十四五斤，而且是原粮（禾），再来一个七折①，不过三十七八斤。女子和小的、病的，被罚的

① 七折还不太可能，秦简的《仓律》记载：“［粟一］石六斗大半斗，舂之为糲（糲）米一石；糲（糲）米一石为鑿（糳）米九斗；九（斗）为毁（毇）米八斗。”“为粟廿斗，舂为米十斗；十斗粲，毁（毇）米六斗大半斗。……禀毁（毇）粺者，以十斗为石。　　仓”

(饿囚)就更少。规定的口粮算准是决不许超过的。干重活不满一月要照规定扣馀;干轻活多领了口粮,主管官员要受处罚。这些为数不多,只能勉强维持温饱的口粮,还要遭到官吏的克扣①。此外,发放的就仅这一点口粮,油、菜之类是没有的了,在汉代"匹庶粺饭肉食"② 被认为是一种奢侈行为,隶臣妾的境遇就可想而知了。

再看几条《传食律》:

> 御史卒人使者,食粺米半斗,酱驷(四)分升一,采(菜)羹,给之韭葱。其有爵者,自官士大夫以上,爵食之。使者之从者,食糲(糲)米半斗;仆,少半斗。不更以下到谋人,粺米一斗,酱半升,采(菜)羹,刍稾各半石。●宦奄如不更。
>
> 上造以下到官佐、史毋(无)爵者,及卜、史、司、御、寺、府,糲(糲)米一斗,有采(菜)羹,盐廿二分升二。

这是驿传供应来往使者伙食的标准,可能如上述"日食城旦"一样,是一天的标准。按不同爵位给予不同待遇,爵位低的供应一般米(粝米),爵位高的供应精细的米(粺米③)。定量也有差别,多的为一斗,少的仅小半斗。爵位高的,还可享受酱和菜羹,爵位低的有菜羹无酱。这种伙食标准比隶臣妾当然高很多,比一般士兵也要高一些。

汉代士兵的口粮,《汉书·赵充国传》有一个可作依据的数字,赵充国在宣帝时上奏说:

> 留弛刑应募及淮阳汝南步兵与吏士私从者,合凡万二百八十一人,用谷月二万七千三百六十三斛,盐三百八斛。

斛就是石,平均每人每月的口粮是 2.66 石。谷是原粮,打七折,即一石八斗半左右。平均一天只有半斗多的口粮。折合今量一升多,即市斤一

---

① 桓宽:《盐铁论》卷五,《国疾篇》。

② "日食城旦,尽月而以其余益为后九月禀所。""其病者,称议食之,令吏主。"这中间就有一定的伸缩性,官吏可以从中克扣。

③ 《说文》:"粺,榖也。"据秦简,粝米一石,为榖米八斗,故为精米。

斤半。

我们再看汉简中关于口粮的记载，《居延汉简释文》卷·2《钱谷类》的许多记载告诉我们，戍卒每月的食粮，一般为小石三石三斗三升。如《居延汉简考释》(释文之部)① 第325页所录简文云：

> 令史曰会粟三石三斗三升少，十二月□□自取卩。
> 尉史□伊粟三石三斗三升少，十二月□□自取卩。
> 尉史皇楚粟三石三斗三升少，庚子自取卩。
> 尉史郭当粟三石三斗三升少，戊十二月戊中自取卩。
> 令史郭充粟三石三斗三升少，十二月癸酉自取卩。
> 鄣卒孙捐之粟三石三斗三升少，十月壬申自取卩。
> 障卒赵志生粟三石三斗三升少，十月癸酉自取卩。
> 障卒禹定粟三石三斗三升少，十月癸酉自取卩。
> 施刑桃胜之粟三石，十一月庚子自取卩。

从令史到鄣卒每月领口粮均为“三石三斗三升少”，少是小斗，小斗一斗仅合大斗六升②，则每人每月是粟大石二石，简文中也有直接记为二石的，如：

> 凡吏卒廿人，用谷卌石。(P.251)
> □麦二石，以食安乐燧戍卒陈广五月食。(P.251)
> 出粟二石，廪夷胡戍长朱处六月食。(P.268)

粟、谷、麦都是原粮，则比上述赵充国所言军粮更低一些，平均每日就是小半斗。

记载“月食三石三斗三升少”的简文还有许多，可见这是一般的定量。但也有例外，如有一条简文云：

---

① 商务印书馆1949年11月初版。以下引文只注页码。

② 简文云：“出糜小石十二石为大石七石二斗”“凡出谷小石十五石为大石九石”“出粟小石三石为大石一石八斗。”

凡吏卒十七人，凡用盐三斗九升，用粟五十六石、六斗六升大。(P. 306)

十七人平均也是每人三石三斗三升，但这后面有一个“大”字，则为大石、大斗，这样，数量就相差不小了，不知这是特例还是误记。少于一般定量的记载多些，如：

□大石一石八斗，始元三年四月乙丑朔，以食吏一人尽。甲午卅日积卅人三六升。(P. 315)

出廪大石一石八斗，以食吏一人，十一月己卯朔己卯□。(P. 316)

□大石九石，以食吏卒五人，四月丁未尽。丙子积百五十人二六升。(P. 319)

出粟大石一石七斗四升，始元二年七月庚子朔，以一食吏人尽。戊辰廿九日积廿九人二六升。(P. 320)

出糜小石十二石，征和三年十月丁酉朔，第二亭长舒付第七亭长病已，食吏卒四人。(P. 335)

出糜大石三石六斗，始元二年六月庚午，以食蜀校士二人尽。已亥三十日积六十人二六升。(P. 336)

出糜七石二斗，六月丁已朔，以食昌邑校士四人尽。丙戌三十日积百廿人二六升。(P. 336)

从这些简文看，校士、吏卒口粮常常只有一石八斗，甚至仅有一石七斗四升。粟、糜都是原粮，以月一石八斗计算，日平均口粮为六升（大约为今市斤一斤）。

汉简记载的数字，与《汉书・赵充国》所记赵充国的统计数字比较，后者显然要高一些。因为赵充国是上奏折，当然要多报一些，以便向上要军饷。而汉简的记载则是实际的情况。

综上所述，秦汉时期士兵的口粮，折算成食粮和今量，大约每月在三十五至四十五斤之间，每天只得一斤口粮，多半“食尽”。

## （二）食盐

除口粮之外，另一项重要供应就是食盐。秦简《传食律》中记载，每人每日供应“盐廿二分升二”则一个月有二升多。《汉书·赵充国传》所记大概每人每月食盐三升。汉简中也有关于食盐的记载，如：

> 出盐二石一斗三升，给今八戍卒七十一人，二月戊午□□□。（P. 289）
>
> 鄣卒李就，盐三升，五月食三石三斗三升少，十一月庚申自取。（P. 306）
>
> 鄣卒史赐，盐三斤，十二月食三石三斗三升少。（P. 327）
>
> （按：此处三斤当为三升之误）

可见，从秦到汉，食盐的供应，一般是每人每月三升。

## （三）副食

粮食和食盐的定量供应是必须保证的，至于副食方面，秦简《传食律》中记载给予有爵位者的，有酱、菜羹乃至韭葱（见前引）。从汉简所记戍边吏卒的生活情况看，多少有一些副食，如肉类有牛、羊、豚、鸡、脂等，蔬菜有韭、葱、芜菁、大芥、戎芥等类，甚至还有调味品豉、姜、桂等。如何得到这些东西呢？是两条：一是花钱购买，二是自己动手畜养、种植。

居延汉简中关于购买上述副食品的记载不少，如：

> 肉百斤、直七百。（P. 351）
>
> 出羊一头，大母子程从君巨买，贾泉九百。（P. 272）
>
> 出钱百七十，买脂十斤。（P. 290）
>
> 凡肉五百卌一斤，直二千三百六十四……脂六十三斤，直三百七十八……头六十，肝五十，乳廿，肺六十，过二十，舌廿，……宽三十，心三十……黄将十，……肠益卅。（P. 428C）

购买这些肉食品的钱当然是官卒的俸钱，据简文记载，月俸钱当在九百左右，如：

给：□奉钱千二百，四月俸钱千二百，五月俸钱千二百，河平二年五月辛酉，掾常付士吏宗。(P. 304)

出钱四千，给尉一人，四月五月奉。(P. 341)

候一人未得，十月，尽九月，积三月奉，用钱九千。(P. 274)

出钱六百，给亡害燧长李谊十二月奉…… (P. 304)

书佐樊奉，始元三年六月丁丑除，未得始元六年八月奉用钱三百六。(P. 248)

书佐孙临国，始元四年六月丙寅除，未得始元六年五月奉用钱三百六十。(P. 248)

令史覃嬴，始元二年三月乙丑除，未得始元六年九月奉用钱四□。(P. 248)

最多不过三千钱，少的三百多。这些钱，可能还要通过更赋、口赋由政府收回去一些①。再就是用于购买布帛、衣服和其他器物②，能够用到改善伙食方面的钱恐怕是不多的。购买肉食的钱可能是大家凑起来的，这从一条简文记载中可以看出：

出钱五千八百，得候长□宣八百，原北燧长范□出六百，□□燧长□□五百，□。(P. 341B)

以上是说购买副食。改善生活的另一办法是自己动手，故汉简中有豢养家畜的记载，如：

---

① 参阅陈直《西汉屯戍研究》，陕西人民出版社出版《两汉经济史料论丛》。

② 简文中有关买衣服和其他器物的记载不少，如："建始二年，闰月丙戌，甲渠令史董子方，买鄣卒欧威裘一领，直千百五十……"，"七月十日，鄣卒张中功，贳买皂布单衣一领，直三百五十二……"。买其他器物，如，"大罂十三，小罂六，直钱千八百五十钱"，还有"买芯卅束，束四钱，给社"。

入小畜鸡子五枚，元康四年二月己未朔，己巳佐建受左校部如意燧长奉亲卒，外人输子元受。(P. 429)

出豚一。(P. 429)

雄鸡一，雌鸡二。(P. 430)

蔬菜一般是自己种，不过种子要买。简文中有：

大荠种一斗，卅五。(P. 430)

戒介种一斗，直十五。(P. 430)

调味佐料也需要购买，如：

出钱二十五，籴豉一斗。(P. 314C)

姜二升，直卌。(P428. B)

在饮食中还有一项生活中所常有的，那就是酒，汉简中关于酒的记载，如：

田卒酒。(P. 428 B)

□所得酒饮之招，奴对曰：从厩徒周昌取酒一石，昌和沽酒一石，招取。(P. 428 C)

佐博受新赀酒二石。(P. 429)

酒八盛，其一黄酒。(P. 431)

酒多半是自己动手酿造的，故有酒麴的记载不少：

又一斗麴。(P. 428 B)

□麴十石。(P. 428 B)

麴六斗，二月乙未□。(P. 429)

另外几条记载：

> □饴五库斤。（P. 429）
> 饵十七。（P. 431）
> 脯十枚。（P. 431）

饴就是糖，饵可能属于点心之类。如《急就篇》所云："饼饵麦饭甘豆羹。"脯不是指干肉，而是干果，故以枚为单位①。这些比之酒肉可算是更为奢侈的食品，数量不可能很多，由这些记载，可见当时生活之一斑，在边防艰苦和寂寞的生活中，人们也有努力改善伙食的愿望和行动。

## 二　饲料

人要吃粮，马要吃草，马不但要吃草而且要吃粮。因此在国家的赋税中就有饲料一项。如《淮南子·氾论训》所说：

> 秦之时……入刍稾，头会箕敛，输于少府。

注云：

> 入刍稾之税，以供国用。

云梦秦简《田律》云：

> 入顷刍稾，以其受田之数，无豤（垦）不豤（垦），顷入刍三石、稾二石。刍自黄䅇及藶束以上皆受之。入刍稾，相输度，可殹（也）。
> 禾、刍稾彻（撤）木、荐，辄上石数县廷。勿用，复以荐盖。

刍是饲草，稾是禾秆，均可作为马牛等牲口的饲料。刍的范围很广，包括

① 如指干肉当以束为单位，如秦简《厩苑律》"赐田啬夫壶酉（酒）束脯"。

从黄䆅到秆。䆇当为䆅，《说文》段注云：

禾之别为稗，黍之属于䆅，䆅之于黍，尤稗之于禾也。

称黄䆅者如同称黄粱一样。蘑当为蒡，即葶苈之苈，虽为菜用植物，亦可作为饲料①。

从以上两条秦简不难看出，刍稾与禾有同等重要的地位，一样的征税，一样的在仓库中保存。刍稾税有明确规定，按田亩征收，每顷缴纳刍三石、稾二石。

刍稾的用途，主要是作马牛的等牧畜的饲料②，马牛的饲料像给人发口粮一样，是按月发放的如秦简《田律》云：

乘马服牛禀，过二月弗禀，弗致者，皆止，勿禀、致。

汉代赋税也征收刍稾税，《汉书·贡禹传》说：

已奉谷租，又出稾税。

汉简中也有不少关于茭稾的记载，如：

入茭二百束。(P.248)
出茭二百束。(P.249)
入茭二十石。(P.257)
入茭二百，元始三年十一月辰，除□㸑长垣并使尉史保。(P.269)
司农茭少不如□。(P.297)
到石既，凡八匹，三年以前居延给茭，四年府□。(P.303)
□亭部积茭千六百。(P.312)

---

① 《睡虎地秦墓竹简》注认为："䆇，应即稣字……黄稣指千叶。蘑，疑读为历，乱草，或读为薳，水草。"我认为䆇与䆅形误，蘑与靡形音俱误，似更恰当。

② 稾，即禾秆，也可能还解决柴草问题。

茭钱六百一十九，凡千卌九。(P. 313)

第廿二积茭千石，永始二年伐。(P. 318 B)

出钱卅，买茭廿束。(P. 324)

□□亭上钱五十九，买茭二十七束□□□。

从居延至觻得食用二□。(P. 339)

茭，就是干刍，《尚书·费誓》云“峙乃刍茭”，和上述秦简的记载相同，刍茭也和粮一样设仓保管，故有出有入，出入皆需记账。记账一般以束为单位，在记总数时以石记算，如《汉书·赵充国传》记载马牛一个月的饲料总数有“茭□二十五万二百八十六石”。关于茭的来源，从“司农茭少不如稾”的记载看，由司农从所收的稾税拨给的。稾税中有实物，这就是刍茭。稾税有时折收钱，所以需要买茭。以上简文中记载，最高的价是每束三钱[①]，最低的每束只要 0.4 钱。这些茭是否用作饲料呢？简文中有明确记载，如：

出茭食马三匹，给尉卿募卒吏四月十六日食，吏一人，马一匹，卒一人，马一匹。(P. 272)

出茭八十束，以食官牛。(P. 328)

显然马、牛均以茭为食，我们再看下面一条简文：

光光 乙亥，出麦一石，又驿小吏一石十六。丙子，出麦八斗，茭十九。丁丑，出麦石二斗，茭廿。戊寅，出麦石二斗，茭十五。己卯，出麦九斗，茭廿。丙戌，出麦石二斗，廿六，小史凡三石。丁亥，出麦九斗，廿五。戊子，出麦石二斗，廿四。己丑，出麦石二斗，已八，凡十五日。庚寅，出麦。

四月十三日乙亥 庚辰，出麦石二斗，茭廿一。辛巳，出麦石二斗，又一石，小史。壬午，出麦石二斗，茭廿五。癸未，出麦石二斗，茭廿。甲申，出麦石二斗，茭廿二。乙酉，出麦石二斗，茭二。

---

① 《汉书·赵充国传》：“今张掖以东，粟石百余，刍藁束数十。”那是特别贵了。

辛卯，出麦。(P. 262)

该简背面还有：

四月六日，驿小史纯，尉史仲山取麦一石，前后二石，又石，凡三石。(P. 263)

这显然是一份驿站日用流水账，可知粮食与茭作为饲料同时发放，而且是与人的口粮一起配给的，驿小史所取之麦就明显为口粮。

汉简中还有用菱的记载，如：

用菱十二束，用谷八斗四升。(P. 253)
出菱十五束。(P. 255)

或者这“菱”是“茭”字之误写，因为菱是水草，虽可供牛马食用，但是不便保藏。茭既指某一种植物，也是干刍的总名。

不过，应该特别指出的是，马牛的饲料除了刍稾主外，还要用粮食。所以秦简《仓律》云：

驾传马，一食禾，其顾来有（又）一食禾，皆八马共。其数驾，毋过日一食。驾县马劳，有（又）益壶（壹）禾之。

一食禾就是喂一次粮食，说明马是要供应一定数量粮食的。

汉代的情况与秦时大致相同。《汉书·赵充国传》所记赵充国上奏之言曰：

臣所将吏士马牛食，月用粮谷十九万九千六百三十斛，盐千六百一九十三斛，茭稾二十五万二百八十六石。

据该传前面的记述，赵充国所部共六万人，按照上述每人每月 2.66 斛计算，六万人需粮十五万九千六百斛，还有粮谷四万斛，显然是用作其部队中马牛的饲料。汉简中也有不少关于以粮食喂养马匹的记载，如：

出谷卅七石七斗，其卅七石七斗麦，十石粟，以食肩水庠候骑士十九人，马十六匹，牛二，九月十五日食。(P. 248)

以食候马积千二百三匹，匹一斗二升。(P. 248)

驿马一匹，用食三石六斗。(P. 249)

□马八匹，十月食，积二百卅匹，匹一斗二升。(P. 252)

入传马食卅石八斗。(P. 253)

县令食马廪计，月二日食粟二斗，三日食二斗，四日二斗，十月廿三日食马二斗。(P. 260)

二月庚戌，食传马六匹尽，戊午积九日廪二升（按：或为斗字误）。(P. 265)

以食候马、传马、莘马。(P. 265)

□史杜君稖程卅石，其十五石廪柱马食十五石，廪候长、候史马一匹、吏一人，闰月食余四斗见。(P. 273)

由以上这些简文我们可以看出：第一，马也和人一样廪给粮食，或者每天发给，或者按月廪授。仓库出谷时，人马廪给的粮食总数合计在一起，只记人、马数量，不分记人、马粮食定量。第二，无论是候马、传马（驿马）、莘马等各种马匹，还是公家的牛，一律廪给粮食。有时是几百匹甚至一千多匹。第三，马的食粮定量，有两种情况：一是每天一斗八至二斗之间；另一种是每天一斗二升。

## 三 转输

“兵马未发，粮草先行”，军用粮草的转运，是保证军事行动的重要环节，史书中经常把它作为一个重大问题叙述，如《汉书·萧何传》：

（萧）何以丞相留守巴蜀……使给军食。……计户转漕给军。（萧）何转漕关中，给食不乏。

楚汉之争萧何功居第一，粮草供应及时，是重要条件。《汉书·张良传》记载，汉朝在都关中时，张良之言曰：

> 夫关中，左殽函，右陇蜀，沃野千里，南有巴蜀之饶，北有胡苑之利，阻三面而固守，独以一面东制诸侯。诸侯安定，河、渭漕輓天下，西给京师；诸侯有变，顺流而下，足以委输。此所谓金城千里，天府之国。

这“委输”即指军粮之转运。在当时的战争中，粮草运输至为重要，影响到战争的时间、规模、战斗力。王莽时期对匈奴用兵，因为大“转兵谷”，弄得天下骚动，严尤进谏，曾分析到用兵与运输的关系，比较集中地说明了当时的问题，其谏曰：

> 臣闻匈奴为害，所从来久矣，未闻上世有必征之者也。……周、秦、汉征之，然皆未有得上策者也。周得中策，汉得下策，秦无策焉。……汉武帝选将练兵，约赍轻粮，深入远戍，虽有克获之功，胡辄报之。兵连祸结三十余年，中国罢耗，匈奴亦创艾，而天下称武，是为下策。秦始皇不忍小耻而轻民力，筑长城之固，延袤万里，转输之行，起于负海，疆境既定，中国内竭，以丧社稷，是为无策。今……发三十万众，具三百日粮，东援海代，南取江淮，然后乃备。计其道里，一年尚未集合，兵先至者聚居暴露，师老械弊，势不可用，此一难也。边既空虚，不能奉军粮，内调郡国，不相及属，此二难也。计一人三百日食，用辅十八斛，非牛力不能胜；牛又当自赍食，加二十斛，重矣。胡地沙卤，多乏水草，以往事揆之，军出未满百日，牛必物故且尽，余粮尚多，人不能负，此三难也。胡地秋冬甚寒，春夏甚风，多赍鬴鍑薪炭，重不可胜，食糒饮水，以历四时，师有疾疫之忧，是故前世伐胡不过百日，非不欲久，势力不能，此四难也。辎重自随，则轻锐者少，不得疾行，虏徐遁逃，势不能及，幸而逢虏，又累辎重，如遇险阻，衔尾相随，虏要遮前后，危殆不测，此五难也。大用民力，功不可必立，臣伏忧之……①

① 班固：《汉书》卷九十四下，《匈奴传》，中华书局1962年版，第3824～3825页。

这里且不说王莽之脱离实际，几乎近于无知，这一大段议论，处处讲到“转输”的问题：秦时因为“轻民力”，因为“转输”，“以丧社稷”①；汉武帝时虽然“约赍轻粮”，也弄得“中国罢耗”。而其所列举大用民力之“五难”，有三难都是讲的粮草等物质的运输之难，还有一难涉及“累辎重”，辎重实际也主要是粮草的运输。

总之，军用粮草的运输是一个大问题，此事由谁主管？大体上如何进行，现分别叙述如下：

1. 关于运输工作的主管

《汉书·刘屈氂传》记载：武帝征和二年罢公孙贺的相位，下诏数其罪状说：

> ……不顾元元，无益边谷（如淳曰：戍边卒粮乏，不能为方计以益之也）……乃以边为援（如淳曰：使内郡自作车，耕者自转，所以饶边，饶边所以行恩施，为己名援也……）使内郡自省作车（服虔曰：诈令内郡自省作车转输也。边屯无事之时，宜自治作车，以给军用。师古曰：令郡自省减诸余功用而作车也）。又令耕者自转（文颖曰：自输谷于边）以困农烦扰畜者，重马伤耗，武备衰减（师古曰：重，谓怀孕者也。言转运之劳，畜产疲困，故（反）使怀孕者为之伤耗，以减武备也）。下吏妄赋，百姓流亡。……

这是免相的主要罪状之一。由此可以看到，粮草转输的大政方针是由丞相负责的。不过，具体工作则由大司农统筹主管，《汉书·食货志》说：

> 中国缮道馈粮，远者三千，近者千余里，皆仰给大农。

又《汉书·赵充国传》说：

> 今（按：或以为当作令，《太平御览》卷64所引作令）大司农所

① 《汉书·主父偃传》：“又使天下飞刍挽粟，起于黄、腄、琅邪负海之郡，转输北河，率三十钟而致一石。男子疾耕不足于粮饷，女子纺绩不足于帷幕。百姓靡蔽，孤寡老弱不能相养，道死者相望，盖天下始叛也。”

转谷至者足支万人一岁食。

2. 郡国诸仓

军用粮草需要转运，平时的军粮，多半转漕京师，每年多至数百万石，如《汉书·食货志》云：

（元封元年）诸农各致粟，山东漕益岁六百万石。一岁之中，太仓、甘泉仓满。

大司农中丞耿寿昌……五凤中奏言：故事：岁漕关东谷四百万斛以给京师。

这样大的数量，不可能一两次，在短时间内运完，也不可能由某地一次直接运到京师，或到京师后又转运边地，故称“转输”，辗转运输。再从战时甩粮来说，只有在计划用兵之前，或战争发生之后，才知道需运送何处？如战争发生在西北，不可能临时从东南运粮，所以要“仓储”。长安及其附近有许多大仓，如太仓、长家仓、甘奉仓等，各地也有一些大仓，如河东郡之根仓、泾仓，荥阳之敖仓①等。《汉书·百官公卿表》记载，大司农属下有郡国诸仓长丞，则中央在各地设有直接管理的粮仓。这些粮仓的存粮是不能随便动用的，如《汉书·汲黯传》云：

臣过河内，河内贫人伤水旱万余家，或父子相食。臣谨以便宜，持节发河内仓粟以赈贫民，请归节伏矫制罪。

仓储的动用，其入存和发放，均当有一定的规定和制度。这方面，云梦秦简的《仓律》给我们提供了一些具体材料，如：

入禾仓，万石一积而比黎之为户。县啬夫若丞及仓、乡相杂以印之，而遗仓啬夫及离邑仓佐主禀者各一户以气（饩），自封印，皆辄出，余之索而更为发户。啬夫免，效者发，见杂封者，以隄（题）效

① 班固：《汉书》卷二十八，《地理志》，中华书局1962年版，第1555页。

之，而复杂封之，勿度县，唯仓自封印者是度县。出禾，非入者是出之，令度之，度之当堤（题），令出之。其不备，出者负之；其赢者，入之。杂出禾者勿更。入禾未盈万石而欲增积焉，其前入者是增积。可殹（也）；其它人是增积，积者必先度故积，当堤（题），乃入焉。后节（即）不备，后入者独负之；而书入禾增积者之名事邑里于廥籍。万石之积及未盈万石而被（柀）出者，毋敢增积。栎阳二万石一积，咸阳十万一积，其出入禾、增积如律令。长吏相杂以入禾仓及发，见屟之粟积，义积之，勿令败。　　仓

入禾稼、刍稾，辄为廥籍，上内史。•刍稾各万石一积，咸阳二万一积，其出入、增积及效如禾。　　仓

从这两条简文中我们可以看到，秦时一个仓的贮藏量：存粮一般是万石一积，在秦的故都栎阳以二万石为一积，首都咸阳则十万石一积，刍稾一般是万石一积，最大的也只二万石为一积，这显然因为刍稾的体积比谷物大，每仓不宜过多。其次，就是关于出仓、入仓、继续贮入（增积）封存、核验等手续的具体规定。这方面，秦简中还有许多具体条文，有各种原粮折合细粮的数量规定，有按名籍发放粮食的各项规定，也有牲口供应粮食的规定，乃至于关于仓库的维修保护以及养鸡犬等许多细则。

郡国粮仓看来是有两类：一类是由中央管理的，主管官吏直属大司农，但地方官员可能有监督权；另一类是地方的，地方也有供应军粮的任务，《汉书·李广利传》云：

初贰师起敦煌西，为人多，道上国不能食，分为数军，从南北道。校尉王申生……千余人，别至郁成，城守不肯给食。

此虽言当时“异域”，然亦可见地方供给军食之迹象。

3. 关于运输力量及费用

运输粮草需要人力很多，《汉书·食货志》云：

故事：岁漕关东谷四百万斛以给京师，用卒六万人。

运关东之谷，可以漕运，漕运可以节省点人力，但需涨水季节才行，如《汉书·赵充国传》所言：

至春：省甲士卒，循河湟漕谷。

陆路则是牛拉马驮，行军作战一般即是如此，所谓辎重也，如《汉书·李广利传》所说："牛十万，马三万匹，驴橐驼以万数赍粮。"运输粮草的牛马等牲口十几万，当然还要十几万人招呼，则运粮徒卒是战斗士兵的一倍多。

运输的费用也是很大的，《汉书·主父偃传》记主父偃说秦代的情况是：

天下飞刍挽粟，起于黄、睡、琅琊负海之郡，转输北河，率三十钟而致一石（师古曰：六斛四斗为钟，计其道路所费，凡用百九十二斛乃得一石至）。

《汉书·食货志》云：

千里负担馈饟，率十余钟致一石（师古曰：言其劳费用功重）。……又兴十余万人筑卫朔方，转漕甚远，自山东咸被其劳，费数十百巨万（师古曰：数十万乃至百万万）。

转运过程本身的消耗，无论算粮或者折钱，都是极大的劳费，转输费用甚至大大超过战争所直接需用之费，真是劳民伤财。所以，一次大的战争，轻者弄得府库空虚，国用不足，重则弄得民不聊生，造成天下反叛。

4. 关于载糒而行

为了轻装、疾行，就不便于"重不可胜"的"多赍鬴镬薪炭"，只得"食糒饮水"①。如《汉书·李陵传》载，李陵被围，计划突围时就下令：

① 《汉书·匈奴传》载严尤之言。

令军士人持二升精，一半冰（如淳曰：半读曰片，或云五升曰半），期至遮虏鄣者相待。

《汉书·李广利传》记载则说：

发天下七科谪及载精给贰师（师古曰：精，干饭）。

又同书《李广传》：

大将军使长史持精、醪遗广（师古曰：精，干饭也；醪，汁滓酒也）。

看米军中上下皆食精，所以精是军中常用品，有一条汉简记载：

□少，其二百卅五石米精，四千二百六十三石一斗。①

则是米精还可以贮存、《汉书·匈奴传》又说：

转边谷，米精前后三万四千斛。

米精还可以转运。米精就是干饭，《后汉书·羊陟传》和《后汉书·范冉传》中有“干饭”的直接记载。这种干饭如何作法？官兵所食有无区别？这些问题有待进一步考查。

## 附 衣服问题

秦汉时期，士兵的衣服是由国家供给还是自备？史无明文记载，需进行一番考查。

和云梦秦简一起出土的有两件木牍，是士兵的家信，内容是向家中要

① 《居延汉简考释（释文之部）》第288页。还有一条关于米精的简文：“右米精。”

钱要衣。名叫黑夫的士兵在信中说：

> 黑夫前寄盖就书曰：遗黑夫钱，毋操夏衣来。今书节（即）到，母视安陆丝布贱，可以为禅裙襦者，母必为之，令与钱偕来。其丝布贵，徒［以］钱来，黑夫自以布此。黑夫等直佐淮阳，攻反城久，伤未可智（知）也。愿母遗黑夫用勿少。

名叫惊的信说：

> 钱衣，愿母幸遗钱五六百，结布谨善者毋下二丈五尺。……室弗遗，即死矣。

这很明显，士兵是要自备衣服。秦简中有“授衣”和“禀衣”的记载，但只是就隶臣妾而言的。士兵是否“授衣”无法断定，不过也并不能因此而否定“授衣”的可能就是了。

汉简的记载多一些，可供我们作点分析。如简文云：

> 方秋天寒，卒多无私衣。①
>
> □三百一十六有书，皆毋单衣，檄到。(P. 60)

这两件说明戍卒之衣服困难，前者明言是“无私衣”，衣服是自备的。

但是，简文中也有“官袍”的记载，如：

> 责（债）殄北右隧长王子恩官袍一领，直千五百钱……（P. 80）
>
> ……录者以十月平价计案，戍田卒受官袍衣物，贪利贵贾，贳乃贫困民。吏不禁止，浸益多，又不以时验问。(P. 84)
>
> 官裘一领。(P. 394)
>
> 官章单衣一领，官布橐一。私韦单绔一两。
>
> 官布复绔一两，官枲履一两领，私布橐一，官□二，□□□□。

① 《居延汉简考释（释文之部）》第 77 页。以下引文只注页码。

（P. 408）

官、私分别记载，并且明言“受官袍衣物”。

再从另一些简文看，衣物储存数量之大，可见其为授禀之用，如：

> 袭八千四百领……
> 绔八千四百两，常韦六千八百。（P. 365）
> 第一皁单衣八百领。（P. 372）
> 今余布复袍四领。（P. 369）

这后一简文说明，发放之后剩余多少也是要记载的。以下则是授（受）衣的记录，如。

> 田卒淮阳郡长乎市阳里公士宋建，年廿二，袭一领，贯赞为取。（P. 373）
> 田卒淮阳郡长平二里公士云彖，年廿三，袭一领，贯赞为取。（P. 377）

此类的简文颇多，但没有这二条完整。

戍卒所禀之袭、袍乃至裘等，均为外衣。绔即裤子。“常韦”更是军服，《左传》闵公二年注“常服”云：

> 韦弁服，军之常也。

简文中还有“单衣”“禅衣”，“禅衣”也就是单衣，或者是内衣，或者是天热时的外衣。

汉简的记载告诉我们，戍卒中是发衣的，特别是外衣，如同制服，行军作战，看来有统一的“韦弁服”。一般士兵当然也会发，不过，发的不会很多，一人一套两套罢了，戍卒远在边境又寒冷，因此就必须有私衣换洗御寒。士卒中有的衣服多些但急需钱用，有的人有钱想添置点衣服，所以汉简中有不少买卖衣物的记载，买卖的衣物中不仅是私衣，官袍之类也有的。

既然可以肯定士兵是有衣服发的，那几百乃至几千万件的袍、袭、常韦，也可以肯定是政府统一制作的。这在财政开支中应该是一大项，可是史书中几乎是没有记载，这也是一个值得进一步查考的问题。

# 第九章　营垒

《孙子兵法》有《行军》篇，王晳注云："行军当据地，便察敌情也。"其篇首言"处军"之事：

> 绝山依谷，视生处高，战隆无登，此处山之军也。绝水必远水；客绝水而来，勿迎之于水内，令半济而击之，利；欲战者，无附于水而迎客；视生处高，无迎水流，此处水上之军也。绝斥泽，惟亟去无留；若交军于斥泽之中，必依水草而背众树；此处斥泽之军也。平陆处易，而右背高，前死后生，此处平陆之军也。凡此四军之利，黄帝之所以胜四帝也。

讲的是如何根据不同地形处置军队，其中主要的是讲驻扎。下文接着又说：

> 凡军好高而恶下，贵阳而贱阴，养生而处实，军无百疾，是谓必胜。丘陵堤防，必处其阳，而右背之。此兵之利，地之助也。

把驻扎地处问题当作"必胜"条件之一。当然，一个是选择地点问题，还有一个是如何安营扎寨的问题，人们可以从营垒看到主将的才能以及预知战争的胜负①。因此，在古代战争中，处军安营是一个很大的问题，今略述如下：

---

①　三国故事为人所熟知，可举几例以明之。据《三国志》记载："邓艾每见高山大泽，辄规谋度指画军营处所，时人皆笑之。""诸葛亮死，军退，司马宣王幸其营垒曰：天下奇才也。""蜀先主刘备东下伐吴，魏文帝闻备树栅连营七百余里，谓群臣曰：备不晓兵，岂有七百里营可以拒敌者乎？包原隰险阻而为军者，为敌所擒，此兵忌也，缓急不相救，一军溃则众心恐矣。数日果有备败书至。"（引文见《太平御览》卷335《营垒》）

# 一 军营和壁垒

行军而止，称为止营，如《汉书·陈汤传》：

> ……径引行，未至单于城可六十里。止营。……明日引行，未至城三十里，止营。

军队驻扎之所即为军营，有时也称为军所，如《史记·肖相国世家》云：

> 鲍生谓丞相曰："……莫若遣君子孙昆弟能胜兵者悉诣军所，上必益信君。"

此处"诣军所"虽为参军之义，但"军"所即军营所在之处无疑。多半简称为"营"，如《汉书·樊哙传》云：

> 时独沛公与张良得入坐，樊哙居营外，闻事急，乃持盾入。初入营，营卫止哙，哙直撞入，立帐下。

又《后汉书·岑彭传》云：

> 拜彭为刺奸大将军，使督察众营。
> 彭与诸将依东山为营。
> （公孙述）结营山上，以拒汉兵。

均为军营之营，为营、结营即是安营。

军营之营有两种含义：一是整支军队之营，以上《岑彭传》所说之营即是。究竟多大一支军队为营呢？可能是一部一营，《后汉书·耿秉传》有"休止不结营部"之语。营的另一含义系指营帐而言，上述《樊哙传》所云："入营……立帐下"可见。一支部队，少说也是几百人，扎营一处，绝不可能容在一个帐篷之内，故一处军营必有若干营帐，主帅或将领所住之帐即为中营，《汉书·周亚夫传》：

亚夫乃传言开壁门。壁门士请车骑曰："将军约，军中不得驱驰。"于是天子乃按辔徐行，至中营。夜，军中惊，内相攻击扰乱，至于帐下。亚夫坚卧不起。

这说明军内有若干帐，亚夫所卧即为中营帐。

军营的周围必修防守工事，所谓修筑壁垒。《六韬·军略》① 云：

凡三军大事，莫不习用器械……三军行止，则有武冲、大橹、前后拒；守绝道则冲，则有材士强弩冲其两旁；设营垒则有天罗、武落、行马、蒺藜；……

又同书《临境》云：

武王问太公曰：吾与敌人临境相拒，彼可以来，我可以往，阵皆坚固，莫敢先举，奈何？……太公曰：分兵三处，令军（我?）前军深沟增垒而无出，列旌旗，击鼙鼓，完为守备；令我后军多积粮食。

在实际的军事行动中是常有修筑壁垒之事的，如《史记·白起列传》云：

赵军筑垒壁而守之。

又同书《廉颇蔺相如列传》附《赵奢传》云：

……赵奢既已遣秦间，乃卷甲而趋之，二日一夜至，令善射者去阏与五十里而军，军垒成，秦人闻之，悉甲而至。

"五十里而军"之军即扎营之处，则是走到哪里即筑垒到哪里可谓"步步

① 《六韬》一书被认为是伪书，但作为汉代的材料使用是可以的。

为营”。又如《后汉书·公孙瓒传》云：

> 瓒自以为易地当之，遂徙镇焉。乃盛修营垒，楼观数十，临易河，通辽海。

总之，军营周围一般都修筑壁垒，即挖沟、累土、造壁，如《汉书·英布传》所云：

> 深沟壁垒，分卒守徼乘塞。

故又称军营为军壁、军垒，或营壁、壁垒，再或简称壁，如《汉书·高帝纪》：

> （汉王）自称使者，晨驰入张耳、韩信壁，而夺之军。

军营也有不筑沟垒的，这有两种情况：一是如《管子·制分篇》所云：

> 善用兵者无沟垒而有耳目。

《管子》之言该如何分析又当别论，在实践中是有人不筑沟垒的，如《汉书·李广传》云：

> （李）广行无部曲行陈，就善水草顿舍，人人自便，不击刁斗自卫，莫府省文书，然亦远斥候，未尝迂害。程不识正部曲行伍营陈，击刁斗，吏治军簿至明，军不得自便。不识曰：“李将军极简易，然虏卒犯之，无以禁；而其士亦佚乐，为之死。我军虽烦扰，虏亦不得犯我。”

又如《后汉书·耿秉传》云：

> 秉性勇壮而简易于事，军行常自被甲在前，休止不结营部，然远

斥候，明要誓，有警，军陈立成，士卒皆乐为死。

李广之“无部曲行陈”和耿秉之“不结营部”，作为相同，显然都是“无沟垒”的，不过其共同之点就是都注意“远斥候”，那就是加强远哨侦察、伺望敌兵，此《管子》之“无沟垒而有耳目”欤！

## 二　壁垒之设施

军营既然是挖壕沟，垒垣壁，那就有一定的范围，如《汉书·周亚夫传》云：

吴奔壁东南陬，亚夫使备西北。已而其精兵果奔西北，不得入。

有人认为西北当作西南。无论西北或西南，从壁之一角到另一角可以奔走，可见范围是不小的。但它一般又不应该大于城堡（当然主要是建筑不同），因而一支大的军队驻扎时必分成若干壁。《史记·白起列传》记载秦赵长平之战时写道：

七月，赵军筑垒壁而守之。秦又攻其垒，取二尉，败其阵，夺西垒壁（《正义》：赵西垒在泽州高平县北六里是也）。廉颇坚壁以待秦……赵括至，则出兵击秦军……赵军逐胜，追造秦壁（《正义》：秦壁一名秦垒，今亦名秦长垒）。壁坚拒不得入，而秦奇兵二万五千人绝赵军后，又一军五千骑绝赵壁间。赵军分而为二，粮道绝。而秦出轻兵击之。赵战不利，因筑壁坚守（《正义》：赵壁今名赵东垒，亦名赵东长垒，在泽州高平县北五里，即赵括筑壁自败处），以待救至。……至九月，赵卒不得食四十六日，皆内阴相杀食。来攻秦垒，欲出……不能出，……括军败，卒四十万人降武安君……

四十万大军显然要按部为营，有若干壁垒，除正文中之“西垒壁”和注文中之“赵东垒”外，“赵壁间”一语也可见非只一壁，“赵军分而为二”，是指分为两大部分，还不一定就是说二壁。此其一。

其二，较长时间较大规模的战争，因为深沟高垒，所以战争结束后，军营撤走，必然留下遗迹，所以到唐代还会有赵西垒、赵东垒、秦长垒之名。一般规模较小的营垒，其遗迹自然不会保留很久。

至于壁垒内部之设施，其中当有一定曲折。《汉书·灌夫传》云：

> （灌夫）及从奴十余骑，驰入吴军，至戏下（师古曰：戏，大将之旗也，读与麾同），所杀伤数十人。不得前，复还走汉壁，亡其奴，独与一骑归。夫身中大创十余……创少瘳，又复请将军曰："吾益知吴壁曲折，请复往。"

壁内究竟有何曲折呢？前引《六韬·军略》所云：

> 设营垒则有天罗、武落、行马、蒺藜。

现分述如下：

1. 蒺藜

本为一种带刺的植物，仿照这种植物，在军事上使用木蒺藜、铁蒺藜，《六韬·军用》云：

> 平易地以步兵败车骑，木蒺藜去地二尺五寸，百二十具。……败步骑、要穷寇、遮走北，狭路微径，张铁蒺藜，芒高四寸、广八寸、长六尺以上，千二百具。败步骑暝来前促战，白刃接，张地罗，铺两镞蒺藜，参连织女，芒间相去二寸，万二千具。

蒺藜有木制和铁制之分，有两镞蒺藜也有三根刺的蒺藜，显然蒺藜有多种样式。其作用如《武备志》所云：

> 铁蒺藜并以置贼来要路，使人马不得骋。

说明铁蒺藜是阻止人马的一种障碍物。

2. 行马

《六韬·军用》云：

三军拒守，木螳蜋，剑刃扶胥广二丈，百二十具，一名行马。

称木螳蜋当言其形近螳螂，有长长的两臂，后世或叫鹿角叉，或叫拒马叉子。此物早已有之，《周礼·天官·掌舍》注云：

梐枑，谓行马（疏云：周卫之具）。

又同书《秋官·脩闾氏》注：

互，谓行马，所以障互禁止人也。

在汉代不仅用于军事上，也已用于官府门前，《汉官仪》云：

光禄大夫，秩比千石，门施行马。

3. 武落

当即虎落。《六韬·军用》云：

三军拒守，天罗、虎落，锁连一部，广一丈五尺，高八尺，百二十具。虎落，剑刃扶胥广一丈五尺，高八尺，五百二十具。……山林野居，结虎落柴营，环利铁锁，长二丈以上，千二百枚……

这虎落，《汉书·晁错传》亦有记载：

要害之处，通川之道，调立城邑，毋下千家，为中周虎落（郑氏曰：虎落者，外蕃也，若今时竹虎也。……师古曰：虎落者以竹篾相连遮落之也）。

4. 天罗

罗者网罗也，当即所谓“天罗地网”，上述《六韬·军用》篇中不仅“天罗虎落”连称，又有“张地罗”之语。既可以遮拦人马，如蒙上帷幕，又可以挡矢石。

据上所述，天罗、虎落、行马、蒺藜，是各种各样的障碍物，张布于营垒之内，其意在防止敌人进入营内横冲直撞，但又不能妨碍自己的交通往来，此中自然“曲折”，如何张布就大有文章可做，营垒的设施也就可见主将之才能了，所以司马宣王幸诸葛亮之营垒，叹其为“天下奇才也”。

此外，既然“深沟高垒”，自然有门出入，《汉书·韩信传》所说：“赵开壁击之”，开壁即开壁门，或称“军门”“垒门”①“营门”，也可以称为“辕门”，如《汉书·周亚夫传》云：

> 先驱曰：“天子且至！”军门都尉曰：“军中闻将军之令，不闻天子之诏。”有顷，上至，又不得入。于是上使使持节诏将军曰：“吾欲劳军。”亚夫乃传言开壁门。壁门士请车骑曰：“将军约，军中不得驱驰。”……成礼而去。既出军门，群臣皆惊。

又同书《项籍传》云：

> 羽见诸侯将，入辕门（张晏曰：军行以车为阵，辕相向为门，故曰辕门。师古曰：《周礼·掌舍》：王行则“设车宫辕门”也），膝行而前，莫敢仰视。

注引用了《周礼》关于辕门的解释，涉及“以车为营”的问题，下面再详述。但辕门亦即军门无疑，后世更为通用。

## 三　从实例分析几个问题

1. 营壁大小之推测

军队安营扎寨，数量少可以结成一壁，数量多则不可能，如刘备连营七百里，绝不可能是一个壁。有时一支部队的营帐集结在一起形成一壁，如秦末巨鹿之战时，“诸侯军救巨鹿者十余壁”②，就是一支诸侯军自成一

① 《周礼·大司马》郑注云：“军门曰和，今谓之垒门。”则又有“和”之名。

② 班固：《汉书》卷三十一，《项籍传》，中华书局1962年版，第1804页。

壁。有时一支部队也可能分成几个壁，如上述赵军即不止一壁。那么，大部队的营壁如何分法呢？从上述《后汉书·耿秉传》的“不结营部”看，当是以部为营，然则一部又有多大呢？在大部队中，校尉（有时是将军）所率即为一部。《汉书·卫青传》师古注云：

校者，营垒之称，故谓军之一部为一校。或曰幡旗之名，非也。每军一校，则别为幡耳，不名校也。

这说明是一校一个营垒，并且有自己的单独旗号。每校的人数大致标准是千余人（见前第三章）。又如《史记·王翦列传》记载：

（荆人）大破李信军，入两壁，杀七都尉。

很可能两壁之中还不止这七个被杀的都尉。都尉之上即为校尉了。一个校尉为一部，一部一营壁，一壁之中有几个都尉，这是完全可能的。《汉书·赵充国传》：

部曲相保，为堑垒木樵，校联不绝。

师古注云：

如淳曰：播校相连也。师古曰：此校谓用木自相贯穿以为固者，亦犹《周易》“荷校灭耳”也。《周礼》“校人：掌王马之政”，“六厩成校”，盖用关械阑养马也。《说文解字》云：“校，木囚也。”亦谓以木相贯，遮阑禽兽也。今云校联不绝，言营垒相次。

师古的引文不能很好地说明其结论，但他最后指出“营垒相次”和如淳的“播校相连”，即“分校相连”的意思是一致的。也可见营和校的关系。

2.“止必坚营壁”

前引《六韬》说，在敌我力量相当的情况下，必须“深沟增垒”。故有经验的将领，一般都很重视在行军中安营和作战中修造营壁，如《汉书·赵充国传》云：

> 充国常以远斥候为务，行必为战备，止必坚营壁。

此类事例很多，如秦统一六国时的秦赵长平之战，先是赵老将廉颇“坚壁以待秦”，秦无法取胜，后来赵中反间之计，以赵括代廉颇为将，“悉更约束”，轻易出兵击秦，造成自己被秦军分割包围，遭到惨败①。而赵括之父赵奢则不是如此，注意坚营壁，稳扎稳打，如《史记·廉颇蔺相如列传》附《赵奢传》云：

> （赵王令赵奢救韩，奢屯兵去邯郸三十里），秦军鼓譟勒兵，武安屋瓦尽振。军中候有一人言急救武安，赵奢立斩之。坚壁，留二十八日不行，复益增垒。秦间来入，赵奢善食而遣之。间以报秦将，秦将大喜曰：“夫去国三十里而军不行，乃增垒，阏与非赵地也。”赵奢既已遣秦间，乃卷甲而趋之，二日一夜至，令善射者去阏与五十里而军，军垒成，秦人闻之，悉甲而至。军士许历曰：……秦人不意赵师至此，其来气盛，将军必厚集其阵以待之……先据北山上者胜。……赵奢即发万人趋之。秦兵后至，争山不得上，赵奢纵兵击之，大破秦军。

可见其每到一地，即筑军垒、修工事，在久留之地，还不断增垒。赵奢是当时名将之一，看来坚营壁是其常常取胜的原因之一。

作营壍、筑营垒是一种很好的自卫方式。到西汉末年，民间都实行了这种方式。如《后汉书·樊宏传》云：

> （王莽末，宏）与宗家亲属作营壍自守，老弱归之者千余家。时赤眉贼掠唐子乡，多所残杀，欲前攻宏营，宏遣人持牛酒米谷，劳遗赤眉。……（赤眉）引兵而去，遂免寇难。

---

① 见《史记·白起列传》《史记·廉颇蔺相如列传》附传。

又同书《第五伦传》云：

> 王莽末，盗贼起，宗族闾里争往附之。伦乃依险固筑营壁，有贼，辄奋厉其众，引强持满以拒之。铜马、赤眉之属前后数十辈，皆不能下。伦始以营长诣郡尹鲜于褒，褒见而异之，署为吏。

此种营垒当即东汉以后坞壁的先声。

3. 以车为营

为了部队的安全，也为了保证战争的胜利，部队每前进一程，就建立一个营垒，在军事上行动谨慎是完全必须的，在古代阵地战中尤须注意修筑营壁。但是在特殊情况下，比如连续的长途行军、特殊的环境等，修筑营壁，一则来不及，二则也无必要，故有时“以车为营”。

《周礼·天官·掌舍》：“掌王之会同之舍”，有所谓三宫四门，其中之一即“设车宫辕门”，注云：

> 谓王行止宿险阻之处，备非常，次车以为藩，则仰车以其辕表门。

疏的解释要清楚些：

> 宫之为言营也，凡野舍为营城以象墙壁，通谓之宫，……以下云为坛壝宫，是平地筑土为宫，此不筑土，而以车为宫，明是险阻之处，暂以此备非常。次车以为藩，谓处无墙垣，则以车相次比为藩落也。……贾疏云：言仰车以其辕表门者，谓仰两乘车辕，相向以表门。

设车宫辕门在军旅上就是以车为营，故军中亦称辕门，如《韩非子·十过篇》记载，智伯与韩魏围晋阳，二君“朝智伯而出，遇智过于辕门之外”。上述《汉书·项籍传》中即有辕门的记载。曹操注《孙子·军争篇》时明确地说：

以车为营曰辕门。

《汉书》中关于以车为营的记载，如《卫青传》云：

青军出塞千余里，见单于兵陈而待，于是青令武刚车自环为营（张晏曰：兵车也。师古曰：环，绕也）。而纵五千骑往当匈奴，匈奴亦纵万骑，会日且入……汉益纵左右翼绕单于……单于未昏而去，汉军因发轻骑夜追之，青因随其后。匈奴兵亦散走，会明，行二百余里……

显然是部队正在运动之中，临时扎营，故以车为营。又如《李陵传》云：

陵至浚稽山……军居两山间，以大车为营。陵引士出营外为陈，前行持戟盾，后行持弓弩，令曰："闻鼓声而纵，闻金声而止。"虏见汉军少，直前就营。陵搏战攻之，千弩俱发，应弦而倒。虏还走上山，汉军追击，杀数千人。单于大惊，召左右地兵八万余骑攻陵。陵且战且引，南行数日，抵山谷中。

此处"以大车为营"，一方面是处于一个特殊的地理环境中，居两山之间，敌人在山上，居高临下，挖沟造垒无济于事；另一方面也是在行进之中，且战且行，不可能也不需要深沟壁垒。

以车为营，是以什么车为营呢？《卫青传》所说是武刚车，应该是战车之类（已见前第五章）。《李陵传》则明言是大车，那就是辎重车，观其下文以女子"大匿车中"亦可证其为辎重车。然则"以车为营"是不局限于某一种车的。并且根据不同情况，摆布之法亦不相同，这可从以后的情况得到证明。清人沈钦韩在注《汉书·李陵传》时说：

（李）陵以此车载辎重，固行阵，备冲突。晋马隆讨鲜卑树机能作偏箱车，地广则为鹿角车营，路狭则为木屋施于车上，亦是此法。要其临斗乃用步骑，未尝以车战也。

又注《卫青传》说：

《文选》注：《孙吴兵法》曰：有巾有盖谓之武刚车。《明史·兵志》：景泰三年，吏部郎中李贤请造武刚车，四围箱板，人处其中，下穴铳眼，上辟小窗。环列枪刃，长五尺，高六尺四寸，每车前后占地五步，以十两计一方，袤四里，四四十有六车，马刍粮、器械、辎重咸取给焉，骑不得冲，射不能贯，敌若近前，火炮齐发，奇兵继出，备边长策莫善于此，帝令亟行。

后世的器物和办法不一定与秦汉时的相同，但其基本精神，以车为营，以车为防卫手段，则是一致的。

秦汉时期是以沟垒安营为主，以车为营还不很多，以后随着战争形式的变化，以车为营的办法变得越来越普遍了。所以《隋书·礼仪志三》记载说：

其安营之制，以车外布，间设马枪，次施兵幕，内安杂畜。

4. 垣与拒

军垒之壁实际是一道垣墙，故又可称“垒垣”或“军垣”，如《汉书·胡建传》云：

时监军御史为奸，穿北军垒垣以为贾区。……(建上奏曰)“今监御史公穿军垣以求贾利……《黄帝李法》曰：‘壁垒已定，穿窬不繇路是谓奸人。奸人者杀。’”

这里垣就是壁毫无疑义。但《汉书·郦商传》“攻其前垣”一句却引起了一些不同的解释，注云：

李奇曰：前锋坚蔽若垣墙也。或曰：军前以大军（车?）自障若垣也。师古曰：二说皆非也，谓攻其壁垒之前垣。

但是《史记·郦商列传》却作“攻其前拒”，《集解》云：

徐广曰：一作和。骃案：拒，方阵。

《索隐》云：

拒，音巨。邹氏引《左传》有左右拒。徐云：一作和。和，军门也。

究竟是垣还是和。清人王念孙《读书杂志》的考证似较全面，他认为：

案：《史记》作拒，《汉书》作垣，皆桓字之讹也（垣与桓声相同，拒与桓字相近……）。桓读为和，和与桓声相近，故《史记》一本作和（如淳注《汉书·酷吏传》云：陈、宋之俗言桓声如和。案：和、桓声相近……）。和，谓军门也。《周官·大司马》：以旌为左右和之门。郑注曰：军门曰和，今谓之垒门，立两旌以为之。《孙子·军争篇》：合军聚众，交和而舍。魏武帝注曰：军门为和门。两军相对为交和。《韩子·外储说左篇》曰：李悝与秦人战，谓左和曰：速上，右和已上矣；又驰而至右和曰：左和已上矣。《燕策》曰：齐、韩、魏共攻燕，楚王使景阳将而救之……景阳乃开西和门，通使于魏。唐《开元礼》：仲冬讲武，除地为场，四出为和门。言四出则左右前后皆有和门。故此言攻其前和也，军前门谓之前和。……和与桓声相近，军门两出谓之和，犹木双植谓之桓也；军门四出谓之和，犹木四植谓之桓也。军门四出谓之和，而字或为桓，犹木贯柱四出谓之桓，而声或为和也。然则《史记》作拒，《汉书》作垣，皆桓字之讹也。李奇、颜籀以垣为墙垣，裴骃以拒为方陈，皆失之。

这段较精确的考证，对于我们了解军垒之门是有帮助的。军垒之中，可能有两个或者四个门，当然前门是主要的。同时，以上考证，对于我们读史书，如何弄清一些关键字词也是很有启发和帮助的，故不烦赘引。

# 第十章　军法

军法是指治军之法律，或者说军事方面的法律。《礼记·燕义》云：

合其卒伍，置其有司，以军法治之。

军法是国家法律的一部分，与整个国家法律有密切关系，又有较大的独立性。《司马法》云：

古者国容不入军，军容不入国。

礼与法表里也，文与武左右也。

后一句是解释前一句说的。在国强调的是“礼”，所谓“礼”实际上也是“法”的同义语，不过侧重点、表现形式等不同罢了。从古代关于军法的记载情况看：

第一，军法分散在整个法律的各部分（如《禁卫律》《擅兴律》等）之中，似乎未见到单独的军法。

第二，专门的兵书、兵志等，也不只讲军法，如《孙子·计篇》曰：

兵者，国之大事，死生之地，存亡之道，不可不察也。故经之以五事校之，以计而索其情：一曰道，二曰天，三曰地，四曰将，五曰法。

《孙子》主要是讲兵法，但也包括军法。开章明义地强调“经之以五争”，道、天、地都比较虚，将、法则讲实。把军法和兵法摆在一个整体思想当中，从《司马法》的篇目也看得出来：《仁本》第一、《天子之义》第二、《定爵》第三、《严位》第四、《用众》第五，军法和兵法即寓于其中。这反映了人们的看法，同时也反映了军法与整个社会政治、法律的密切关系。由此可见，广义地说，古代的军法包括有关军事和军队的一切，组织、编制、制度、法令、赏罚、粮饷、费用等都在内，即《孙子·计篇》所云：

> 法者，曲制、官道、主用也。

王皙注曰：

> 曲者，卒伍之属。制者，节制其行列进退也。官者，群吏偏裨也。道者，军行及所舍也。主者，主守其事用者。凡军之用，谓辎重粮积之属。

本章所要叙述的非以上广义之法，而专讲“赏善罚罪”“令行禁止”之法，即治军之法令。

军法对于军队的组织和战斗力是有很大作用的，《吴子》曰：

> 若法令不明，赏罚不信，金之不止，鼓之不进，虽有百万，何益于用！

军法主要在于治军，战时尤为明显。秦代时间不长，故秦军法保留很少。汉代时间虽长，但大战的时间并不多，军法也因此会受到忽视，留下来的材料也不多。今据零星记载略述于后。

## 一 条文举例

秦的军法材料今天已很难找到，但在汉初，有关秦军法的记载一定不少，韩信就曾整理、申明过军法。《汉书·高帝纪》云：

> 天下既定，命萧何次律令，韩信申军法，张苍定章程，叔孙通制礼仪，陆贾造新语。

这里“次”“申”“定”“制”“造”恐怕不仅仅是行文的不同，而有一定的含意。“定”“制”“造”有创新之意，张苍、叔孙通等人所为的事实证明他们是新创制度。“次”“申”则不过是整理、申明之意。汉朝是马上打出来的天下，注意军法的整理和申明是很自然的。据《汉书·艺文志》记载，韩信与张良一起“序次兵法”，将百八十二家删定为三十五家。韩信所申军法，当即从这些兵法中整理出来的，其中大概有不少是秦代军法条文，可惜后来又散失了。散失的原因，《艺文志》透露出一些消息：

> 张良、韩信序次兵法……定著三十五家。诸吕用事而盗取之。武帝时，军正杨仆捃摭遗逸，纪奏兵录，犹未能备。

韩信所申之军法，到武帝时已经很不完备了。今将散见的条文搜集起来，也只能是挂一漏万。现在从赏功和罚罪两个方面来举一些例子，以见其一斑：

### （一）赏功

秦国赏军功是有传统的，《商君书·赏刑篇》说得很明确：

> 壹赏则兵无敌。……所谓壹赏者，利禄、官爵抟出于兵，无有异施也。夫固知愚、贵贱、勇怯、贤不肖皆尽其胸臆之知，竭其股肱之力，出死而为上用也。天下豪杰贤良从之如流水，是故兵无敌而令行于天下。

利禄官爵皆以军功行赏，以达到“兵无敌”的目的。《商君书》中也保留着一些具体行赏的条例，如《境内篇》所说：

> 其战，百将、屯长不得斩首；得三十三首以上，盈论，百将、屯长赐爵一级。
>
> 能得甲首一者，赏爵一级，益田一顷，益宅九亩，除庶子一人。

还有一些不一一列举。再看云梦秦简中保留的两条《军爵律》可以说明秦代一直沿用商鞅以来军功爵赏的办法，这两条律文是：

> 从军当以劳论及赐，未拜而死，有罪法耐赉（迁）其后；及法耐赉（迁）者，皆不得受爵及赐。其已拜，赐未受而死及法耐赉（迁）者，鼠（予）赐。
>
> 欲归爵二级以免亲父母为隶臣妾者一人，及隶臣斩首为公士，谒归公士而免故妻隶妾一人者，许之，免以为庶人。工隶臣斩首及人为斩首以免者，皆令为工。其不完者，以为隐官工。

以上所举，仅仅是赏功条例之一二。从《商君书》之“盈论”和秦简之“劳论”的文字看，必有许多论功行赏的具体条文。只是大多未保留下来。

汉初是沿袭了按军功行赏的办法的。如《汉书·高帝纪》记载，汉五年打败项羽之后，兵皆罢归，下诏说：

> 军吏卒会赦，其亡罪而亡爵及不满大夫者，皆赐爵为大夫。故大夫以上，赐爵各一级，其七大夫以上，皆令食邑，非七大夫以下，皆复其身及户，勿事。

这是一次总的赏赐，可反映出按军功行赏的事实，定为大夫，七大夫以上都是按军功定的。后来的剖符封功臣也是如此。

汉朝建立以后，大的战争没有了，军功行赏自然也不怎么突出。到了武帝时，大规模地对匈奴作战，所以又提出这一问题。《汉书·武帝纪》元朔六年六月诏曰：

> “日者大将军巡朔方，征匈奴，斩首虏万八千级，诸禁锢及有过者，咸蒙厚赏，得免减罪。今大将军仍复克获，斩首虏万九千级，受爵赏而欲移卖者，无所流驰。其议为令。”有司奏请置武功赏官，以宠战士。

武功爵本是为赏军功而定的，但因为当时财政缺乏，曾一度令民买爵。不过，对军功也还是有特殊的照顾，《汉书·食货志》说：

以显军功，军功多用超等，大者封侯、卿、大夫，小者郎（吏）。

有军功的人，按其爵位高低可以为官，如李广利伐大宛之后，全体官兵受过一次封赏，《汉书·李广利传》：

军官吏为九卿者三人，诸侯相、郡守、二千石百余人，千石以下千余人。奋行者官过其望，以适过行者皆黜其劳。士卒赐直四万钱。

东汉初年也搞过大规模的论功行赏。如《后汉书·光武帝纪》：

（建武二年），封功臣皆为列侯，大国四县，余各有差。下诏曰："……惟诸将业远功大，诚欲传于无穷……其显效未酬，名籍未立者，大鸿胪趣上，朕将差而录之。"

同书《冯勤传》：

（帝）使典诸侯封事。（冯）勤差量功次轻重，国土远近，地埶丰薄，不相逾越，莫不厌服焉。自是封爵之制，非勤不定。

（建武十三年）夏四月，大司马吴汉自蜀还京师，于是大飨将士，班劳策勋。功臣增邑更封，凡三百六十五人。

这些封赏，均与东汉初年的军功有关。

综上所述，秦汉时期赏军功的事实是可以肯定的。但如何赏法并不定规，各个时期的赏格是不同的。秦国商鞅时那种斩敌首一则得爵一级的明细规定，以后似乎没有了。汉初之行赏，是汉高祖诏令规定的。东汉初年也是如此。如《后汉书·阴识传》记载，建武元年：

（阴）识随贵人至，以为骑都尉，更封阴乡侯。二年，以征伐军功增封，识叩头让曰："天下初定，将帅有功者众，臣托属掖庭，仍加爵邑，不可以示天下。”帝甚美之，以为关都尉，镇函谷。

同书《丁鸿传》：

建武元年，拜（丁綝）河南太守。及封功臣，帝令各言所乐，诸将皆占丰邑美县，唯綝愿封本乡。……帝从之，封定陵新安乡侯，食邑五千户，后徙封陵阳侯。

这些都说明，赏功的办法有较大的灵活性，主要是由皇帝最后决定的。

### （二）罚罪

一般说军法，主要是讲罚有罪，其目的则在于令行禁止，如《商君书·赏刑篇》所言，“壹刑则令行”。

秦代罚罪之条文保留下来的较难查考了。“失期法皆斩”[①] 是最明显的一条，云梦秦简中有一些条文，似乎也属于军法，如：

●除士吏、发弩啬夫不如律，及发弩射不中，尉赀二甲。●发弩啬夫射不中，赀二甲，免，啬夫任之。

徒卒不上宿，署君子、敦（屯）长、仆射不告，赀各一盾。宿者已上守除，擅下，人赀二甲。

冗募归，辞曰囚已备，致未来，不如辞。赀日四月居边。●军新论攻城，城陷，尚有栖未到战所，告曰战围以折亡，叚者，耐；敦（屯）长、什伍智（知）弗告，赀一甲；伍二甲。

战死事不出，论其后。有（又）后察不死，夺后爵，除伍人；不死者归，以为隶臣。

特别是后两条，对论功行赏时弄虚作假的要进行处罚，与以下汉代之“争功”条文精神一致。从“不上宿”“擅下”的处罚来看，似乎不如后来失

① 司马迁：《史记》卷四十八，《陈涉世家》，中华书局1959年版，第1950页。

期当斩的处罚重，也许重罚是后来发展的。

汉代罚罪的条文略多一些，大致可以归纳出如下名目：

1. 擅兴

《唐律疏义》卷16解释“擅兴”说：

> 擅兴律者，汉朝萧何创为兴律，魏以擅事附之，名为擅兴律，晋复去擅为兴。又至高齐，改为兴擅律。隋开皇改为擅兴律。虽题目增损，随时沿革，原其旨趣，意义不殊，大事至于军戎，设法须为重防。

兴者发也，发兵或作兴兵；擅者专也，引申开来，擅自发兵，即违反军法。军戎大事，擅自征发，是要杀头的。如《汉书·吴王濞传》：

> 吴楚七国乱时，弓高侯告胶西王卬曰：“未有诏虎符擅发兵击义国……王其自图之”，卬遂自杀。

同书《高惠高后文功臣表》：

> 武帝元狩二年，从平侯公孙戎奴“坐为上党太守发兵击匈奴不以闻，免”。
>
> 元封元年，轪侯黎扶，“坐为东海太守行过擅发卒为卫，当斩，会赦免”。

又《后汉书·袁安传》：

> 东汉和帝时，“（窦）景又擅使乘驿施檄缘边诸郡，发突骑及善骑射有才力者，渔阳、雁门、上谷三郡各遣吏将送诣景第。有司畏惮，莫敢言者。（袁）安乃劾景擅发边兵，惊惑吏人，二千石不待符信而辄承景檄，当伏显诛”。

擅兴律除禁止擅自发兵外，对擅自出界、离部以及擅用军费等都有规定，如《汉书·功臣表》及有关本传记载：

> 刊侯李寿为卫尉居守，擅出长安界，诛。
> 王尊坐擅离部署，免。
> 公孙贺子敬声擅用北军钱千九百万，下狱。

可见擅自违反规定的重大行为，都受擅兴律的约束。

2. 乏军兴

何谓乏军兴？前人作注有一致的解释，如《尚书·费誓》孔传云：

> 汝则亦有乏军兴之大刑。

孔颖达解释说：

> 兴军征发而有乏少，谓之乏军兴，今律乏军兴者斩（按：今律指唐律）。

又《急就篇》云：

> 乏军猥逮诇谩求。

师古注曰：

> 律有乏兴之法，谓官有所兴发，而辄稽留乏其事也。

李贤注《后汉书·章帝纪》时亦云：

> 军兴而致阙乏，当死刑也。

关于乏军兴的具体记载，有如下一些：

> （苏）贤为骑士屯霸上，不诣屯所，乏军兴。
> （赵广汉）坐贼杀不辜……擅斥除骑士乏军兴数罪……要斩。

（黄霸守京兆尹），坐发民治驰道不先以闻。又发骑士诣北军马不适士（孟康曰：关西人谓补满为适，马少士多，不相补满也）劾乏军兴，连贬秩。

（西域都护段会宗）以擅发戊己校尉之兵乏兴，有诏赎论。

（韩延年）坐为太常行大行令事留外国书一月，乏兴，入谷赎，完为城旦。

（建初七年九月）诏天下系囚减死一等，勿笞，诣边戍……有不到者，皆以乏军兴论。①

由以上记载可以看出：

第一，乏军兴和擅兴在汉代可能同属于“兴律”，这就和唐律乏军兴在擅兴中一样。段会宗擅发称为乏兴即明显的例子。

第二，属于乏军兴的处罚也许不如擅兴之重，以上诸条，大多不是处死，赵广汉腰斩，是数罪加在一起，特别是还有“摧辱大臣”等罪。

3. 失期当斩

此乃沿袭秦法，见于《汉书》和《后汉书》记载的如：

汉法：博望侯后期，当死，赎为庶人。

（公孙敖）以将军出北地，后票骑（失）期，当斩，赎为庶人。

庞参以失期军败抵罪。②

4. 畏懦逗留

畏懦后期或逗留不进，与失期之法是密切相关的，所以也是死罪。这一条在当时军法上有明确规定，如《汉书·韩安国传》注引如淳云：

军法：行而逗留畏桡者要斩。③

---

① 见《汉书》的《赵广汉传》《黄霸传》《段会宗传》《功臣表》及《后汉书·章帝纪》。

② 班固：《汉书》卷五十四，《李广传》，中华书局1962年版，第2445页；班固：《汉书》卷五十五，《公孙敖传》，中华书局1962年版，第2491页；范晔：《后汉书》卷八十七，《西羌传》，中华书局1965年版，第2889页。

③ 《汉书·武帝纪》注引如淳所引军法：“行逗留畏懦者要斩。”《韩安国传》注引应劭亦云：“军法语也。”

又《汉书·匈奴传》：

知虏在前，逗留不进（孟康曰：律语也，谓军行顿止，稽留不进也），皆下吏自杀。

《后汉书·南匈奴传》注亦云：

按军法，逗留畏懦者斩。

关于此条军法实施的记载，如《汉书·景武昭宣元成功臣表》：

合骑侯公孙敖，元狩二年坐将兵击匈奴与票骑将军期后，畏懦当斩，赎罪。

博望侯张骞，元狩二年坐以将军击匈奴畏懦，当斩，赎罪，免。

这两条所叙之事，在《功臣表》中作为重大问题分别记载下来，亦见于《李广传》《霍去病传》以及张骞、公孙敖本传。只是罪名的叙述略有不同罢了。此处张骞是“畏懦当斩”，前条所引作“后期当死”或“后期当斩”。公孙敖之罪，上引本传作“后票骑（失）期当斩”，在《霍去病传》中又作“行留不与票骑将军会当斩”。可见逗留畏懦与后期或失期关系密切。有联系也有一定区别，也许单言畏懦者不一定就和后期直接联系起来，有关的记载还有：

将梁侯杨仆，元封四年，坐为将军击朝鲜畏懦，入竹二万箇，赎完为城旦。

（天汉）三年，……匈奴入雁门，太守坐畏懦，弃市。

上怒（王）恢不出击单于辎重……下恢廷尉，廷尉当恢逗桡，当斩（师古曰：逗，谓留止也；桡，屈弱也）。[1]

---

① 见《汉书·景武昭宣元成功臣表》《武帝纪》及《韩安国传》。

又如《后汉书·光武帝纪》：

（建武十二年）诏边吏力不足战则守，追虏料敌不拘以逗留法（注：汉法，军行逗留畏懦者斩。追虏或近或远，量敌进退，不拘以军法，直取胜敌为务也。逗，古住字）。

这里说明，逗留法是军法之一种，东汉也是沿用旧法的。此诏不过是关于边境追虏的一个特殊规定。

5. 从军逃亡

军法中有关于逃亡的惩处条例，严重的处以死刑。《汉书·高五王传》记载：

高后令（朱虚侯）章为酒吏。章自请曰："臣，将种也，请得以军法行酒。"高后曰："可。"……顷之，诸吕有一人醉，亡酒（师古曰：避酒而逃亡），章追，拔剑斩之，而还报曰："有亡酒一人，臣谨行军法斩之。"

可见按军法规定，逃亡者是要处死的。逃亡，甚至要罚及妻、子，《三国志·高柔传》所谓：

旧法，军征士亡，考竟其妻子。

此法或谓之"士亡法"。据《三国志·卢毓传》载：

时天下草创（按：实指东汉末年），多逋逃，故重士亡法，罪及妻子。亡士妻白等，始适夫家数日，未与夫相见，大理奏弃士，毓驳之。

此法所包括之情况是多种多样的，大致有两种情况：一种是军官的弃军逃亡，如《汉书·功臣表》和《王尊传》：

（无锡）侯卯嗣……坐与归义赵文王将兵追反虏，到弘农擅弃兵还，赎罪，免。

（王尊）为护羌将军转校尉，护送军粮委输……坐擅离部署，会赦，免归家。

另一种即一般士兵的逃亡，以下所述即是，称为亡军，如《汉书·景帝纪》：

（三年诏）：今濞等已灭，吏民当坐濞等及逋逃亡军者，皆赦之。

6. 失亡过多

对于军队的主帅，如果亡失士卒过多，是要以军法论处的。《汉书·项籍传》记载，陈余给秦将章邯的书信中说：

今将军为秦将三岁矣，所亡失已十万数……（赵高）欲以法诛将军以塞责。

汉承秦法，亡失士卒多者当斩，如《汉书·公孙敖传》和《汉书·李广传》：

（公孙敖）为骑将军，出代，亡卒七千人，当斩，赎为庶人……再出击匈奴，至余吾，亡士多，下吏，当斩。

吏当（李）广亡失多，为虏所生得，当斩，赎为庶人。

（苏建）从大将军出定襄，亡翕侯，失军当斩。①

这失亡士卒与弃军也有关，据《汉书·卫青传》记载，大将军要部下议苏建之罪，议郎周霸曰：

今建弃军，可斩。

失军也可说是弃军。杨仆击朝鲜，在《汉书·朝鲜传》说是“失军”，《武帝纪》也说“坐亡失多”，在《功臣表》上则说是“畏懦”，本传还说“失

① 《汉书·苏建传》,《汉书·卫青传》云：“苏建尽亡其军，独认身得亡去。”

期”。足见这各种罪名是相互关联的。

7. 虏获不实

当时有“盗增卤杂”的禁律，《汉书·车千秋传》载：

> 宣帝时（车顺）以虎牙将军击匈奴，坐盗增卤获自杀。

卤获即虏获①。盗增卤获主要是假报功绩，如《汉书·杨仆传》记汉武帝责杨仆书曰：

> 前破番禺，捕降者以为虏，掘死人以为获，是一过也。

有关这方面的实例，如《汉书》中的《功臣表》及《冯唐传》：

> 宜冠侯高不识……坐击匈奴增首不以实，当斩，赎罪，免。
>
> （临蔡侯孙）襄嗣，太初元年坐击番禺夺人虏，掠，死。
>
> 云中守（魏）尚坐上功首虏差六级……下之吏，削其爵，罚作之。
>
> 后汉杨熊起中郎赵序，坐诈增首级，征还弃市。②

可见上功时增报虏获首级一般都要处以死刑。

虏获不实，除了增报之外，所谓“盗”还包括匿藏亡虏，如《汉书·功臣表》：

> 澅清侯参……天汉二年坐匿朝鲜亡虏，下狱。

8. 争功

《汉书·武帝纪》元封三年击朝鲜之后：

---

① 《汉书·外戚恩泽侯表》作“虏获”。

② 《自帖》，转引自《九朝律考·汉律考五·律令杂考下》。查宋本《白氏六帖事类集》文小异：“坐畏懦不进，诈增首级。”

左将军荀彘坐争功弃市。

《后汉书·西羌传》：

任尚与（邓）遵争功，又诈增首级，受赇枉法，臧千万以上，槛车征弃市，没入田庐奴婢财物。

这里所列八项，如上所指出的，其中有一些可能是同一罪，或者是有密切关联的。如最后两项，增虏首级就是虚报战功，和争功之罪大同小异。当然争功不止于增报虏首，如任尚就二罪皆有，是“争功，又诈增首级”（实际他还不止这两条）。虏获不实也包括隐而不报。

《史记·商君列传》说：

匿奸者与降敌同罚。

《索隐》云：

律，降敌者诛其身，没其家。

投降敌人无疑是死罪，而且要籍没其家。此外：如盗武库兵①，“穿北军垒垣以为贾区”② 等，都是违反军法的。

一般说来，“以军法从事”是比较严厉，如《汉书·薛宣传》：

广汉郡盗贼群起……上乃拜河东都尉赵护为广汉太守，以军法从事。

说以军法（或曰军兴法）从事，往往就是处以死刑，前述朱虚侯以军法行酒，即因诸吕有一人亡酒而斩之。其他记载也是如此，《汉书·司马相如传》：

① 参阅《九朝律考》卷一，《汉律令杂考》。

② 班固：《汉书》卷六十七，《胡建传》，中华书局1962年版，第2910页。

会唐蒙使略通夜郎、僰中，发巴蜀吏卒千人，郡又多为发转漕万余人，用军兴法诛其渠率。巴蜀民大惊恐。上闻之，乃遣相如责唐蒙等，因谕告巴蜀民以非上意。

又同书《隽不疑传》：

武帝末，郡国盗贼群起，暴胜之为直指使者，衣绣衣，持斧，逐捕盗贼，督课郡国，东至海，以军兴诛不从命者，威振州郡。

军法在罚罪方面，除了死刑之外，当然应该有轻一些的处罚，只是难以稽考罢了。

## 二 军法的执行

以军法从事，赏罚的大权首先是操于皇帝之手，在正常情况下，通过廷尉论罪的，如《汉书·武帝纪》记元光六年与匈奴作战，公孙敖、李广等失师而还，武帝下诏曰：

……将军已下廷尉，使理正之（师古曰：下谓以身付廷尉也。理，法也，言以法律处正其罪），而又加法于士卒，二者并行，非仁圣之心……其赦雁门、代郡军士不循法者。

其次则由军队的主帅掌握。但主帅执法，往往又要依靠部下，如《汉书·卫青传》云：

苏建尽亡其军，独以身得亡去，自归青。青问其罪正闳、长史安、议郎周霸等："建当云何（师古曰：谓处断其罪法何至也）?"霸曰："自大将军出，未尝斩裨将，今建弃军，可斩，以明将军之威。"闳、安曰："不然……"青曰："……且使臣职虽当斩将，以臣之尊宠而不敢自擅专诛于境外，其归天子，天子自裁之。"

卫青是有斩将之权的，但一则苏建也是皇帝任命的将军，二则他是想“风为人臣不敢专权”，故要让“天子自裁之”。

军中具体执法的，就是正闳之正，注引张晏曰：

> 正，军正也。闳，名也。

《资治通鉴》作“军正闳”，胡三省注云：

> 凡军行，置军正，掌举军法，以正军中。

关于军正，《汉书·胡建传》有一段比较详细的记载，胡建“孝武天汉中守军正丞”，时有监军御史为奸，“穿北军垒垣以为贾区”，胡建使其走卒斩了监军御史，同时上奏曰：

> 臣闻军法，立武以威众，诛恶以禁邪。今监御史公穿军垣以求贾利，私买卖以与士市，不立刚毅之心，勇猛之节，亡以帅先士大夫，尤失理不公。用文吏议，不至重法。《黄帝李法》曰：“壁垒已定，穿窬不由路，是谓奸人，奸人者杀。臣谨按军法曰：‘正亡属将军，将军有罪以闻，二千石以下行法焉。’丞于用法疑（孟康曰：丞属军正，斩御史于法有疑），执事不诿上（师古曰：诿，累也，言执事者当见法即行，不可以事累于上也），臣谨以斩，昧死以闻。”

上奏以后，皇帝进行了批复，制曰：

> 《司马法》曰：“国容不入军，军容不入国。”何文吏也？三王或誓于军中，欲民先成其虑也；或誓于军门之外，欲民先意以待事也；或将交刃而誓，致民志也。建又何疑焉。

这一记载说明：

第一，军法规定“正亡属将军”，从执法的方面看，军正不直接属将军指挥，有一定的独立性。将军有罪可以上报。对于二千石以下的官吏，只要违反了军法的，就可以直接执法。

第二，军法的条文不可能把军队中的一切事情都包罗无遗，监御史“穿北军垒垣以为贾区”如何处理，军法中就无明文规定。按照文吏之议，不至重法。但胡建在《黄帝李法》中找到了根据，穿垒垣即为奸人，奸人就可杀。这一点得到了皇帝的肯定。可见，军法的执行，可以参照法律条文（包括过去的一些条文），结合具体情况进行处置。此所谓“国容不入军，军容不入国”，也就是“以军法从事”的严厉性。

关于军正的情况，有待于进一步查考。在上述《胡建传》中师古注曰：

> 南北军各有正，正又置丞。

则军正之下还置有军正丞。据《胡建传》记载，其下还有走卒：

> 建欲诛之（指监御史），乃约其走卒曰：“我欲与公有所诛，吾言取之则取，斩之则斩。”于是，当选士马日，监御史与护军诸校列坐堂皇上，建从走卒趋至堂皇下拜谒，因上堂〔皇〕，走卒皆上。建指监御史曰：“取彼。”走卒前曳下堂皇。建曰：“斩之。”遂斩御史。护军诸校皆愕惊，不知所以。

走卒是属于军正的，军正怎么说，他们就怎么做，因而可以说是执法队。

那么，军正及丞之外是否还有其他执法官呢？这是值得进一步查考的问题。卫青队伍中有军正，说明并非只南北军才有，师古注也未断言只有南北军有正，而是说“各有正”。又，《汉书·刘向传》注引如淳曰：

> 《汉仪注》：中垒校尉主北军垒门内，尉一人主上书者狱，上章于公车，有不如法者，以付北军尉，北军尉以法治之。

这条记载不很明确，似乎北军尉也是执法官，但不知是指军法，还是民法，从“上章公车”看，像是民法，按其身份而言，应该是执行军法。

# 第十一章　兵法

兵法，顾名思义是用兵之法，但在古代称为“兵法”的书中，既包括军事指挥和作战方法，也包括本书前一章所述之军法。本章则记述军事指挥和作战方法，所谓战略战术诸问题。

我国古代早有各种兵法书籍，《汉书·艺文志》著录有：

> 兵权谋十三家，二百五十九篇。
>
> 兵形势十一家，九十二篇，图十八卷。
>
> 阴阳十六家，二百四十九篇，图十卷。
>
> 兵技巧十三家，百九十九篇。

并且写道：

> 自春秋至于战国，出奇设伏，变诈之兵并作。汉兴，张良、韩信序次兵法，凡百八十二家，删取要用，定著三十五家。诸吕用事而盗取之。武帝时，军政杨仆捃摭遗逸，纪奏兵录，犹未能备。至于孝成，命任宏论次兵书为四种。

汉初尚有一百八十二家，张良、韩信整理成三十五家，经诸吕盗取，武帝时大多散失，成帝时只能整理成四种。汉代本身几乎是没有人撰述兵法。《隋书·经籍志》著录的兵家一百三十三部五百一十二卷中，仅有《杂匈奴占》一卷本注标明“汉武帝，王朔注”，其他标撰、钞、注者，皆为魏晋南北朝时期的人。因而述秦汉时期的兵法，资料相当缺乏，今仅作若干述评，以待逐步深化。

## 一 秦代兵法举例

《吕氏春秋》一书，主要是吕不韦为秦统一后设计的一个政治蓝图，因而没有着重军事理论的记述。不过，吕不韦是一个政治家，同时也是一个军事家，他在秦与六国的战争中起了很大作用，把东方诸国打得落花流水，在《吕氏春秋》中提出的“义兵”思想，是有创见性的①。《吕氏春秋》中几篇论兵的文章，多少也涉及一些“兵法”的问题，录述如下，以见一斑。如《决胜篇》开章明义就说：

> 夫兵有本干：必义，必智，必勇。

义，即所谓“义兵”，也可以说是讲的正义与否和民心向背的问题，智和勇呢？该篇继续写道：

> 智则知时化，知时化则知虚实盛衰之变，知先后远近纵舍之数。勇则能决断，能决断则若雷电飘风暴雨，能若崩山破溃、别辨實坠；若鸷鸟之举击也，搏攫则殪，中木则碎。

智，就是讲的作战指导、战略战术问题，它是用兵的“本干”之一。这说明吕不韦和他的门客是重视“兵法”的。该文下面接着又讲了一大段“勇”的问题，他说：

> 夫民无常勇，亦无常怯。……怯勇无常，倏忽往来，而莫知其方，惟圣人独见其所由然。……善用兵者，诸边之内，莫不与斗，虽厮舆白徒，方数百里，皆来会战，势使之然也。幸（当作“势”②）也者，审于战期（当作“民气”）而有以羁诱之也。

---

① 参阅刘元彦：《〈吕氏春秋〉论“义兵”》，《哲学研究》1963年第3期，第72～78页。

② 据陈奇猷《吕氏春秋校释》。

由此可以说，勇也是一个与智有密切关系的问题，在于“圣人”“羁诱”之也，是受智来制约，靠智来驾驭的。至于具体的“兵法”思想也可略见一二，如：

> 凡兵，贵其因也。因也者，因敌之险以为己固，因敌之谋以为己事。能审因而加胜（当作“势”），则不可穷矣。……不可胜在己，可胜在彼。……故执不可胜之术以遇不（当作“可”）胜之敌，若此则兵无失矣。凡兵之胜，敌之失也。胜失之兵，必隐必微，必积必抟。隐则胜阐矣，微则胜显矣，积则胜散矣，抟则胜离矣。……此所以成胜。

这显然是讲的兵法。又如《论威篇》云：

> 夫兵有大要，知谋物之不谋之不禁也，则得之矣。

谋下“之”字当释为“与”，即言：兵之大要，全在知谋敌之所不谋与不禁，此即《孙子》所云：

> 攻其不备，出其不意。

此外，在作战指导方面，《论威》篇又要求：

> 凡军欲其众也，心欲其一也，三军一心则令可使无敌矣。
>
> 凡兵欲急疾捷先。欲急疾捷先之道，在于知缓徐迟后而急疾捷先之分也。急疾捷先，此所以决义（义字当衍）兵之胜也。

《吕氏春秋》保留了这些思想，是可贵的材料。

要了解秦代兵法，就只有看一些实例了。

在我国古代战争史上，春秋以前盛行车战，战国以后，整齐的车阵战渐为大规模的步骑兵的野战和包围战所代替，战国时仍主要是阵地战，攻城战和运动战还不多，例如《史记·白起列传》所记秦赵长平之战：

秦奇兵二万五千人绝赵后，又一万五千骑绝赵壁间。

是以阵地战为基础的，很难说就是大的运动战。秦统一以后，北逐匈奴，南征五岭，才开始了较大规模的运动战。秦末农民军与秦政府军之战及楚汉战争，已都是运动战。战争形式已发生了较大的变化，带来了军事指挥和战略战术的变化。这种变化在战争的实际中是反映出来了的。

关于南征五岭《淮南子·人间训》中记载：

使尉屠睢发卒五十万为五军：一军塞镡城之岭（注：镡城在武陵西南接郁林）；一军守九疑之塞（注：九疑在零陵）；一军处番禺之都（注：番禺，南海）；一军守南野之界（注：南野在豫章）；一军接余干之水（注：余干在豫章）。三年不解甲弛弩，使监禄无以转饷。又以卒凿渠而通粮道（注：监禄，秦将，凿通湘水、离水之渠①），以与越人战。杀西呕君译吁宋，而越人皆入丛薄中，与禽兽处，莫肯为秦虏，相置桀骏以为将，而夜攻秦人，大破之，杀尉屠睢，伏尸流血数十万。乃发谪戍以备之。

这是一场大战，其战略部署是：一军镇守广州（番禺）。两军在西线，沿湖南、广西扼守要塞，接着又开凿灵渠，沟通湘、离，然后南下桂林、象郡，直至北向户。两军在东线，以江西为基地，沿余干水向东南进军闽越、东瓯。这样的战略部署，反映了较高的军事指挥水平，战争的结果是成功了的，《史记·南越尉佗列传》和《史记·东越列传》说：

秦时已并天下，略定扬粤，置桂林、南海、象郡，以谪徙民，与粤杂处。

闽粤……秦已并天下，皆废为君长，以其地为闽中郡。

南方和东南都统一了，设立了和全国统一的郡县。为建立大一统王朝奠定了基础。

---

① 灵渠。

能够制定这样堪称伟大而正确的战略部署，是需要对整个南方的山川地理形势非常了解，有远大的政治眼光，有全局的考虑，此所谓运筹帷幄。这究竟具体是谁的功劳，现在大概难以说清了。秦始皇当是有决策作用的。也许秦始皇还应加上一个伟大军事家的头衔。总之，秦无疑是有一大批事军人才，南征五岭的战略从一侧面反映了当时丰富的军事思想和相当高的军事指挥水平。

在秦末农民起义中，不论起义军的领袖们是否熟悉兵法，但在战争的实践中是运用和发展了古代的战略战术思想的。其主要表现即是广泛地进行了运动战。起义群众的数量多，并且日益壮大，但军队的技术和教养不足，装备很差（钽、櫌、白梃），秦军则兵力不足，但技术、装备都比较好。在这种情况下，起义军采取运动战的形式，打得赢就打，打不赢就走，避实击虚，就比较容易取得成功，如大泽乡起义之后，起义军迅速占领蕲、铚、酂、苦、柘、谯等县。在实力壮大之后，才去攻占陈郡首府，这就是运动战的成功。

起义军在陈建立政权之后，派三支主力大军向西进攻，其中周文的一支战绩辉煌。他率军西进，绕过秦重兵据守的荥阳，避开秦军的主力，集中兵力向其后方挺进，主动进攻，又是攻敌之不备，如汉初贾谊《过秦论》所说：

> 秦人阻险不守，关梁不阖，长戟不刺，强弩不射。

起义军就是这样避实击虚，不攻坚阵，迂回运动，所以没有遇到重大的抵抗，就胜利地进军关中。而后来，周文的失败，又恰恰是与武器装备精良，较有训练的秦军（连边防军王离等部都调来增援）打遭遇战，结果被逼得节节后退。

当章邯率领秦军主力攻占起义军政权中心——陈之后，陈胜再一次使用迂回运动。但陈胜不幸被叛徒暗杀了。吕臣率领起义军余部——苍头军，乘守陈秦军之空虚，一举光复农民军政权首府。当章邯派军反扑时，吕臣又主动撤离，引秦军南追，与英布领导的起义军汇合后，消灭追击的秦军，又回师北上，再度光复陈。后来为了谋求汇合东方各地起义军，以便与秦军决战，又一次毅然撤出陈。显然，在战争中学习战争，起义军变得更聪明了。如果说起初是无意的，自发的，后来恐怕多少有一些自觉地运用避实就虚、灵活机动的战略战术，进行以进攻为主的运动战。

起义军胜败的原因当然是多方面的，战略战术的因素也应该是其中之一。起义后期，刘邦进军咸阳的成功，原因之一也同样是采取了比较灵活的战略战术。刘邦率领的一支队伍不大，公元前 207 年 2 月到高阳时尚不到万人，因而他对于守备薄弱的城池，就加以攻取；对于守备强固的，则相机夺取。据《汉书·高帝纪》记载，他“昌邑未拔，西过高阳”，“开封未拔，西与秦将杨熊战白马”，处处表现出避实就虚，争取了时间，迅速插入敌人心脏。

以上所述，可略见秦代军事战略战术的水平。

## 二　汉代兵法的运用及发展

### （一）西汉初期

西汉是在秦末农民起义之后建立的，更是直接经过楚汉战争建立起来的。汉胜楚败，在战略运用和作战指导上也有它的原因。如上所述，刘邦在进军咸阳的过程中，就曾成功地运用了避实击虚，灵活机动的运动战。楚汉战争初期，楚强汉弱，刘邦能够忍让待机，积极准备；伺机而动，能进则进，该退就退。如：在项羽忙于对付田荣时，乘机东进；彭城兵败后，又及时吸取教训，采取持久防御，对付项羽的速决战；坚守战略要地（荥阳、成皋等地），并以侧翼进攻配合正面防御（同时还游军敌后）；在形势变化之后，集中优势兵力，穷追猛打，全歼项羽军于垓下。整个过程，运动战与阵地战结合进行，反映了汉军的指挥水平。

楚汉战争中，军事上韩信起了很大作用。据《汉书·韩信传》记载，高祖元年拜韩信为大将，

遂听信计，部署诸将所击。

战略部署，是采纳韩信的计策。二年，彭城兵败之后，

信复发（按：《史记》作“收”）兵，与汉王会荥阳。

在转危为安中又发挥了重大作用。尔后的韩信，

虏魏王，禽夏说，不旬朝破赵二十万众，诛成安君，名闻海内，威震诸侯。

可以说，在一系列的战役中，韩信熟练地而且创造性地运用了兵法，事均见《汉书·韩信传》，今且举一例以作说明。

（大破赵军之后），诸校效首虏休，皆贺，因问信曰：“《兵法》有：右背山陵，前左水泽。今者将军令臣等反背水阵，曰破赵会食，臣等不服。然竟以胜，此何术也?”信曰：“此在《兵法》，顾诸君弗察耳！《兵法》不曰：陷之死地而后生，投之亡地而后存乎？且信非得素拊循士大夫，经（按：《史记》作‘此’）所谓驱市人而战之也，其势非置（之）死地，（使）人人自为战；今［即］予（之）生地，皆走，宁尚得而用之乎?”诸将皆服曰：“非所及也。”

从这段对话可以看出：

一，当时汉军将领中有一些人是多少懂一点兵法的，以上所云《兵法》均见于《孙子兵法》中，则称引者读过《孙子兵法》之类的书。不仅汉军诸将，赵、楚军中的将领也是如此。赵军中的广武君李左车即熟知兵法，韩信“师事之”，用其策。

二，韩信不但对《兵法》的文字背得熟，并且不死扣教条，能够全面考虑各种因素，灵活运用，表现出对《兵法》运用上的创造性。如前所述，他后来和张良一起整理兵法，这是顺理成章的事，只可惜他所整理的《兵法》今不可得见了。

楚汉战争之后，汉初较大的一次战争就是平定吴楚七国叛乱的战争。吴楚等七诸侯王国叛乱，破坏国家统一，破坏社会安宁，不得人心，注定是要失败的。但其初期，气势汹汹，企图分进合击，汉军是处于遭受夹击的不利势态的。后来因为七国内部的矛盾，各怀异心，步调无法统一，分

进合击的战略企图难以实现。再加上作战指导上的错误，最后遭到失败。中央方面，指挥主要战场作战的周亚夫，是一位治军谨严、熟悉韬略的著名将领，负责打击主要敌人——吴楚两军，他制定了正确的战略方针。他的作战方案，据《史记·周勃世家》说：

楚兵剽轻，难与争锋，愿以梁委之，绝其粮道，乃可制。

所谓“以梁委之”，就是暂时放弃梁国的部分地方，依靠梁国本身的力量，引诱并牵制吴楚军，达到守梁以疲敌的目的。这样做是可能的，梁是大国，有一定作战能力，汉军作为外援，梁为自己生存，必倾全力决战。实践证明，“以梁委之”消耗了吴、楚军的力量，为汉军争取了时间。周亚夫进军洛阳，不从正面东出函谷关，而出敌意外由东南出武关，迅速占领战略要地荥、洛，控制武库、敖仓。以后仍避免与吴、楚主力决战，进据昌邑，从侧面控制吴、楚军队，使之进退两难，处处被动。最后待吴、楚军疲困不堪，再予以攻击。总之，周亚夫正确的作战指导，保证了平叛战争的胜利。

### （二）武帝时期

讲汉代的兵法，不能不讲到汉武帝。汉武帝是否学习过兵法，史无明文记载，不过据《汉书·霍去病传》说，对于霍去病，“上尝欲教之吴孙兵法”。可以说明他是重视学习古代兵法的。汉武帝时期“武功”大盛，我们从汉武帝军事活动的实践看，他是懂得兵法的。

例如，由战略防御到战略进攻。

匈奴对北方边境的威胁由来已久。汉初“和亲”政策并没有使匈奴完全停止骚扰，所以不得不采取“守边”“堵击”等办法，如《汉书·文帝纪》后六年冬：

以中大夫令免为车骑将军屯飞狐，故楚相苏意为将军屯句注，将军张武屯北地，河内太守周亚夫为将军次细柳，宗正刘礼为将军次霸上，祝兹侯徐厉为将军次棘门，以备胡。

汉武帝即位之初，基本上也是采取防御的方法，有所谓马邑之谋，也不过是想用诱敌深入、打伏击的方式消灭匈奴主力，并不是主动的进攻。后来才逐渐实行他“举兵攻之”的思想。一方面他继续加强备边，徙民、屯田、筑城障、列亭燧等；另一方面对匈奴展开了几次大战①，都是主动进攻，猛打穷追，远程奔袭，深入大漠，越打越远。由战略防御转入战略进攻，实际上是更有效的防御。所以武帝之时，匈奴是“远遁”了，北方边境安宁多了。同时，在这个过程中，也加强了北方和大西北的开发和建设。

又例如，机动灵活，力争主动。

在汉武帝指挥战争的过程中，充分发挥了灵活机动的战略战术。

在具体作战计划中，能够运用避实就虚、出敌不意、远程奔袭、各个击破、主次配合等许多机动灵活的战术。

每一次大的战役，无论对匈奴，还是对南越及其他地方的用兵，都有两个或两个以上的进攻方向，主次配合。如前 124 年对匈奴，主要方向由卫青率兵出高阙、朔方，指向右贤王的王庭，次要方向由李息等率兵出右北平为策应。前 121 年，由霍去病从北地出发，向河西进攻，由张骞、李广从右北平出发策应。前 112 年出兵南越，分四路进攻，以卫尉路博德为主，出桂阳，下湟水；以主爵都尉杨仆出豫章，下潢浦；以归义越侯严、甲二人出零陵，下离水；以越人驰义侯遣发巴蜀罪人并夜郎兵，下牂牁江，四路均向南越首府番禺会师。前 104 年用兵朝鲜也是如此，一路由杨仆率五万人由海上进军，一路由荀彘率兵自辽东进发，而以杨仆一路为主。

在作战中采取各个击破的方针，如前 124 年的河南之战，是第一次大规模的战略反击战，就是从恢复河南开始。匈奴占领河南，对西汉首都长安有很大威胁，而盘踞河南的楼烦王、白羊王，不是匈奴单于的亲信，战斗力不强，当时匈奴主力又正在侵袭上谷、渔阳，汉武帝避实就虚，集中力量攻取河南，收到了出敌意料的效果。然后消灭右贤王的军队，再打单于主力，掌握着战争的主动权。

---

① 如元朔二年（前 127 年），遣卫青从云中出击，夺回河套一带，解除了匈奴对长安的威胁。元狩二年（前 121 年）命霍去病远征，西入匈奴境内千余里。元狩四年（前 119 年），卫青、霍去病分别从定襄、代郡出发，向漠北穷追匈奴至寘颜山赵信城及狼居胥山。

此后的每一次作战都是如此，避实就虚，或者寻歼主力，甚至采取大迂回行动，远程奔袭。如前121年的河西之战，即一方面以部分兵力对付实力较强的左贤王，一方面以精锐骑兵向河西实行大迂回，先向西北挺进，尔后由北向南，再由西北转向东南，深入二千余里，最后消灭了河西匈奴军。前119年，卫青追至窴颜山（今蒙古杭爱山的南端）的赵信城，霍去病追至狼居胥山（今蒙古乌兰巴托东），这样两翼大包围，深入漠北，猛打猛追，取得了重大胜利，因而《汉书·匈奴传》说：

是后匈奴远遁，而幕南无王庭。

千里迂回，远程奔袭，必须快速机动。从汉武帝的部署和指挥来看，他充分发挥了骑兵特点。在战争中，为了保证骑兵能迅速出动，解决好部队的补给，前119年出动十万骑兵，就调集了大量“私负从马”随军行动（据记载有四万匹），同时还使用数十万步兵担任运输，这就充分保证了作战的需要。其中私负从马不在十万编制之内，而作为预备队，这在骑兵作战中是需要的。汉武帝时军事将领赵充国，也深懂这个道理。在宣帝时，赵充国上屯田奏，就主张四月草生时用骑兵“为屯田者游兵”，但要“倅马什二”，倅马就是副马[①]，预备马。继承汉武帝时实行的副马制度。

总之，从以上具体事例中我们不难看出，汉武帝有较高的军事理论素养，并善于在实践中总结经验，提高自己的指挥能力。他的战略战术思想，是当时“兵法”的代表，是可以继承的一份思想遗产。

### （三）刘秀时期

从王莽末年绿林、赤眉起义到东汉王朝的统一战争，刘秀在军事指挥上的表现是突出的。

历史上有名的以少胜多的战例——昆阳之战，是推翻王莽政权的一次战略性决战，其取胜之原因是正确地分析了当时的形势，采取了正确的战术。《后汉书·光武帝纪》记载，刘秀曾说：

---

① 《汉书·赵充国传》，师古注曰：“倅，副也；什二者，千骑则与副马二百匹也。”

> 今兵谷既少，而外寇强大，并力御之，功庶可立，如欲分散，势无俱全。且宛城未拔，不能相救，昆阳即破，一日之间，诸部亦灭矣。

因而决定：适当集中兵力，坚守昆阳，消耗王莽军主力，掩护起义军主力攻取宛城，然后伺机内外夹击敌人。王莽军在王邑的错误指挥下，强攻昆阳，起义军英勇顽强的抵抗，王莽军受到很大的挫折。刘秀的决策得以逐步实现，他乘敌松懈，利用其主帅的轻敌，出其不意地发起攻击。最后城内外配合夹攻，全歼强敌。

以后刘秀篡夺农民起义军的胜利果实，打败赤眉军，也是因为他能正确分析和利用双方的情况，采取"以饱待饥，以逸待劳"，先困后打的作战方针，从而取得了胜利。

刘秀建立政权之初，同时有十来个地主豪强集团各霸一方，称王称帝，刘秀四面受敌。他针对当时的形势，确定了先关东，后陇蜀，由近及远，先易后难，各个击破的战略。因为刘秀处于中原，关东割据势力对洛阳的威胁最大，所以集中兵力先平东方是正确的。同时，能通观全局，注意到陇蜀的威胁，采取联陇以制蜀，又联河西以制陇。争取分化各个敌对势力，实行以敌制敌的策略，减轻自己的负担。就是用兵东方时，也能分清主次缓急，采取政治、军事手段相结合，争取和防备次要敌人，集中兵力打击威胁最大的敌人，各个击破，逐步消灭东方割据势力。在作战指导上，能适时总结经验：他常运用避实就虚的策略，避免强攻硬拼，寻求敌军薄弱而又是要害的部位攻击；或诱敌脱离坚城，在运动战中予以消灭；或打敌援兵，迫使敌人在孤立无援的情况下投降或在突围中被歼。总之，在作战指导上，刘秀能够根据实际情况，灵活运用各种战略战术，保证了他统一战争的成功。

## 三　秦汉兵法的影响

秦汉时期的兵法，主要是学习和运用孙吴兵法。前面已讲到韩信之熟悉《孙子兵法》，以及汉武帝要霍去病学习吴孙兵法。《续汉书·礼仪志》记载，每年秋季校阅时：

兵、官皆肄孙、吴兵法六十四阵，名曰乘之。

但是秦汉时期在兵法运用上也有比较突出的特点，那就是运动战比较多，首先在秦末农民战争中表现得比较充分，汉武帝时与匈奴作战又是一个高潮。秦末农民战争中，在敌强我弱（武器、装备、军队素质的对比）的情势下，运动战往往取得胜利，阵地战则容易失败。汉武帝对匈奴作战，在广阔的沙漠和草原上，使用骑兵进行运动战，充分发挥了军事威力。因为在运动战中能充分发挥灵活机动的战略战术，秦汉时期的最高指挥官以及军事将领们常常在运动战中，运用“避实就虚”“各个击破”“以逸待劳”“以饱待饥”“攻其不备”“出其不意”等一系列古代兵法中的军事策略，并且在具体做法上有所丰富和发展。当然，我们从以上简略的叙述中也能看到，上述策略运用得恰当，首先在于正确分析和利用战略形势，正确估计敌我的情况，这就是《孙子》所谓“知己知彼”。

本章所述秦汉兵法及其运用对后代是有影响的。我们从后人注《孙子兵法》中就可看到，常常引用秦汉时期一些例子。如：

注“近而示之远，远而示之近”（《计篇》），李筌、杜牧均引韩信虏魏王豹的例子。杜牧曰：“韩信盛兵临晋，而渡于阳夏，此乃示以近形而远袭敌也。”

注“见胜不过众人之所知，非善之善者也”（《形篇》），李筌引“韩信破赵”“众所不知”的例子。

注“三军之众，可使必受敌而无败者，奇正是也”（《势篇》），李筌引周亚夫败吴王濞的例子；何氏则引韩信破赵、魏的例子，他说：“如韩信背水而阵，以兵循山，而拔赵帜，以破其国，则背水正也，循山奇也。信又盛兵临晋，而以木罂从夏阳袭安邑，而虏魏王豹，则临晋正也，夏阳奇也。由是观之，受敌无败者，奇正之谓也。”

注“凡战者，以正合，以奇胜”（《势篇》），何氏引秦赵长平之战，秦出奇兵的例子。

注“饱能饥之”（《虚实篇》），何氏既引周亚夫“绝吴楚兵后食道”的例子，又引汉光武兄伯升败莽将甄阜、梁丘赐的例子。张预则云：“或彼为客，则绝其粮道，广武君欲请奇兵以遮绝韩信军后是也。”

注“守而必固者，守其所不攻也”（《虚实篇》），杜牧曰：“不攻尚守，何况其所攻乎！汉太尉周亚夫击七国于昌邑也，贼奔壁东南陬，亚夫使备其西北。俄而贼精卒攻西北，不得入，因遁走，追破之”。张预曰：“善守者藏之于九地之下，使敌人莫之能测，则吾之所守者，乃敌之所不攻也。周亚夫击东南而备西北，亦是其一端也。”

注“死地则战”（《九变篇》），李筌曰：“置兵于死之地，人自为斗，韩信破赵，此是也。”张预曰：“走无所往，当殊死战，淮阴背水阵是也。”

注“涂有所不由”（《九变篇》），王皙引周亚夫出武关之例。张预曰：“险厄之地，车不得方轨，骑不得成列，故不可由也。不得已而行之，必为权变。韩信知陈余不用李左车计，乃敢入井陉口是也。”

注“爱民，可烦也”（《九变篇》），陈皞曰：“兵有须救不必救者，项羽救赵，此须救也；亚夫委梁，不必救也。”

注“客绝水而来……令半济而击之利”（《行军篇》），李筌曰：“韩信杀龙且于潍水……是也”。杜牧则引“楚汉相持”中“曹咎半涉汜水汉军击破之”。

注“投之亡地而后存，陷之死地然后生”（《九地篇》），何氏大段引述了韩信破赵的事例。

由此可见，秦汉时期虽无成文的兵法流传下来，但是当时的一些著名战例一直影响着后世，学兵法的人从其中不断地总结、借鉴。

1985. 9. 14 完稿
1986. 12. 4 修改
1988. 2. 2 定稿

# 附录　未刊稿[①]

## 谈农民起义和农民战争的历史作用

在武汉史学界讨论科学院编的“中国历史初稿”时，争论了这样两个问题：其一，农民起义是不是封建社会中阶级斗争的唯一形式？其二，历代统治阶级的让步措施应该如何看待？两个问题的中心则是农民起义的作用。这里想谈谈个人的一些看法。

农民起义当然不是封建社会阶级斗争的唯一形式，然而它却是其最高形式，而且是最重要的一种形式。因此，毛主席说：“中国历史上的农民起义和农民战争的规模之大，是世界历史上所仅见的。在中国封建社会里，只有这种农民的阶级斗争、农民的起义和农民的战争，才是历史发展的真正动力。”我们并不否认封建社会中除农民起义外，还有逃亡、抗租、抗税等形式的阶级斗争。但是也不赞成下列这些说法：有的人说，写三国曹魏的历史，应该看到农民对于屯田的“不乐”和“逃亡”，并且应该强调这些阶级斗争对曹魏社会经济发展的作用；又说，写唐初的历史也应该突出大量流民的历史事实，突出农民逃亡斗争对唐代经济发展的作用。据说，这样，才能保持历史的主线分明。而我却以为，这样，实际上降低了农民起义的历史作用。只要分析一下上述那两段历史，我们马上就可以明白。

曹魏时的屯田固然有其反动的一面，也可以说是农民的一副枷锁，其

---

① 未刊稿主要是关于农民战争和隋朝的几篇论文，反映20世纪60年代初我学习和研究的一些情况。当时我想随唐长孺先生学习隋唐史，认真读了《隋书》和新、旧《唐书》。再就是当时是关于农民战争史的研究很热。实际上有的文章已经进入了编辑的过程。因为“文革”而中断，所以这个事就停下来了。否则大部分都会是已刊稿（其中有一篇就是编辑已经编定的）。由于时间太久，原稿有些不清晰的地方，只好一仍其旧。

剥削率也是很重的。但是并不能因此而否认另外一点，即在当时由许多具体条件影响而出现的屯田制，使得生产得以继续进行，对于黄河流域社会经济的恢复起了一定积极作用。而且这又恰恰是黄巾起义在经济方面的深刻影响，因为屯田制之实行，主要是黄巾起义打击封建统治的结果。黄巾起义打击了各地割据称雄的军阀，创造了条件，使曹操得以在北方实现统一；黄巾起义杀死和赶跑了一些地主，造成了大量无主“公田”，使屯田制之实行有了土地这个基本条件；黄巾起义教训了曹操（也教训了三国时的其他统治者），使他迫不及待地要设法把“常居”之民固定在土地上，如此等等，都是黄巾起义的作用所在。强调屯田制的反动性，突出“民不乐，多逃亡”的现象，否定屯田制的积极作用，其结果，岂不是无形中抹杀了黄巾起义的作用？

再说唐代的历史吧，唐朝的强盛时期是在中唐，这是可以理解的，因为隋朝及其以前整个封建统治阶级对农民的残酷压迫和剥削，特别是隋末农民战争中统治者对农民的血腥屠杀，摧毁了生产力，使社会经济遭到很大的破坏，在当时的条件下，至少也需要那几十百把年的时间才能恢复。所以盛在“开元”是可以理解的。

至于对“开元之盛”该如何看待呢？当然我们首先应该看到历史的主体——人民，在讲水利工程的兴修、生产技术的改进、田亩数量的增加等之时，不能像过去那样，或者是见物不见人，或者是因而颂扬“圣君”和“贤相”。应该看到：那“垦畊大漠为内地”“高山绝壑，耒耜亦满”等描写记载，全都是劳动人民的辛勤劳动；那“始崩腾以电散，俄宛转以风生”的水轮，那优美的瓷器，那“百鸟毛裙”的制造，反映的都是人民群众的劳动结晶和聪明智慧的成品。应该歌颂的是这些刻苦耐劳的人民群众。

其次，那就是要用阶级观点来分析问题，马克思曾指出：“为了正确地判断封建的生产，必须把它当作以对抗为基础的生产方式来考察。必须指出，财富怎样在这种对抗中间形成，生成力怎样和阶级对抗同时发展……”① 不过，并不能因此就说，唐初的历史“贞观之治”不值得一提，

① 中共中央马克思恩格斯列宁斯大林著作编译局：《马克思恩格斯全集》卷四，人民出版社1958年版，第154页。

逃亡斗争要大加突出。唐初有没有农民的逃亡或者其他形式的反抗斗争呢？当然有，那是客观存在的。但是不应该把它和“贞观之治”对立起来，没有必要过分强调这种斗争所起的作用，而且应该进行具体分析。逃亡的农民在任何时候都可能有以下几种说法：或者是由国家直接控制之下逃到地主门下，或者是由这个地主手中逃到那个地主手中，还有就是逃聚山林，或者是辛勤地垦荒辟地以谋生，或者是打富而济贫（这实际上是武装斗争）。然而，在事实上，对于农民的逃亡，统治者首先想到的是如何加强控制，不会是如农民起义之后那样被迫地采取一些让步措施，作为其统治的另一手。这是从唐朝法律当中，从当时三番五次检括逃户的命令和措施中，能够得到证明的。那么，应如何用阶级观点来看唐初历史和“贞观之治”？

所谓“贞观之治”，是封建统治者统治广大农民的一套法术和措施，是代表和保护地主阶级利益的，其反动本质是毋容置疑的，所以唐初就有农民逃亡或其他的反抗斗争，这并不奇怪，有统治压迫就会有反抗斗争。但是不能说“贞观之治”就可一笔抹杀。它是抹杀不了的，也是抹杀不得的，因为它正好能体现隋末农民战争的历史作用。“贞观之治”在统治者方面是有其指导思想的，这种思想体现在当时“贞观君臣论政”当中。我认为，唐太宗李世民说：“欲战则费广，费广则赋重，赋重则民愁，民愁则国危，国危则君丧矣。”① 这是从他亲自看到隋末农民革命推翻隋政权中所得到的教训，这是隋末农民战争打击封建统治的一个具体表现。虽然隋末农民战争的作用不仅限于此（这一点下面就要谈到），但从这里也能看出它的深刻影响。因此，“开元之盛”是劳动人民的功绩，但它却是在“贞观之治”（当然还应该包括以后高宗、武后的时代）的政治形势下得以实现和达到的，而这种政治形势之出现，追本求源其动力还在隋末农民战争。唐初农民的逃亡虽然是一种阶级斗争，它不是唐代社会生成发展的主要动力。这样看起来，讲阶级斗争和讲阶级斗争推动社会生产发展的作用还是有些区别的。

在进行了上述这些分析之后，可以进一步来谈谈农民起义的作用问题。

---

① 《通鉴》卷一九二。

有的人认为，农民起义的作用有两种：一种是直接的，一种是间接的，通过统治阶级让步措施所起的作用是间接的，因而说："这种作用不是唯一的和主要的。"什么是直接作用呢？据说农民在起义过程中直接夺得了土地、直接调整了生产关系等是直接作用。这里，我们担心的是，这些论点将会如何在实际上贬低农民起义的作用！可以想象：即使农民在起义中能夺得土地，但一旦起义失败，它怎么能不会很快地遭到剥夺或者是严密的控制呢？它怎么能摆脱（如果条件尚不成熟的话）当时的时代特点（如人身依附性很强之类）呢？或者说，如王小波和李顺、钟相、杨幺等起义那样，农民曾一度初步实现了他们的希望吧！即使这算是当时最好的情况，可是，由于时代的局限，这种局面也是不能维持多久的。那么我们好心好意只在这方面努力，岂不又会使农民起义的动力作用断断续续了么？

至于通过统治阶级的让步措施所起的作用究竟是不是间接作用，可以不一般地讨论它。我们可以先看看农民起义究竟是怎样起作用的。

毛主席精深地向我们指出的："每一次较大的农民起义和农民战争的结果，都打击了当时的封建统治，因而也就多少推动了社会生产力的发展。"这就是农民起义和农民战争的伟大历史作用！历史科学工作者正确地理解和阐明这一经典性的结论是自己的职责。

说"打击了当时的封建统治"，我认为应从两个基本方面来看。首先，是对封建的最高统治者的打击，这又有两种情况：一种情况是，农民起义打击和推翻了一个旧王朝，而新王朝的统治者直接或间接地接受了农民起义的教训，被迫地施行一些改良政策和让步措施，在我国封建社会历史上的所谓汉唐"盛世"，以及明、清初期社会经济的发展，正是在这样的情形下出现的。不过，在这里应该强调指出，人民群众是"用革命的手段达到推翻和改造这种统治的目的"。就是说，农民的起义、农民的革命斗争是主动的，统治者的改良、让步是被动，是被迫的。这样才能正确地把历史上的"文景之治""贞观之治"等，都看作是农民起义打击了封建统治的结果，并非是什么"圣君""贤相"的功绩！

而在另一种情况之下，在不是改朝换代之时，统治者自上而下所施行的政治改良也是如此。这可以举北宋王安石的"变法"为例，它也是农民起义打击封建统治的结果。在封建经济迅速发展的基础上，北宋的社会阶级矛盾也迅速发展，并且是空前激烈的，在事实上已导致了接二连三的农民武装起义，如：993年有著名的王小波、李顺领导的起义，997年有四川戍兵刘旴起义，1000年有益川戍卒赵延顺等起义，1007年有宜州军校陈进等起义。稍后一些，在范仲淹施行改良政策期间，各地就爆发了不少小股的农民起义，据记载，十一世纪四十年代中的前六七年，全国多地起义事件就不下数十次之多，其中如1043年山东的王伦，鄂豫陕边区的张海、郭邈山，1047年贝州的王则等起义都是较著名的。就是在王安石变法的前两年，史书上有着“齐鲁盗贼，为天下剧”的记载。当时是“汉之张角”“唐之黄巢”的汹汹之势，才使得王安石对仁宗说：“陛下其能久以天幸为常，而无一旦之忧乎？”所以，正是上述那些前仆后继的农民起义打击了封建统治，打击了北宋王朝，才在北宋历史上出现了王安石的变法。马克思说得对：“社会改革从来不是靠强者的软弱，而永远是靠弱者的强大来实现的。”问题的提法必须是如此，在这里马克思也告诉了我们分析问题的立场、观点和方法。这也还是说的谁是主动的问题，不然，要以为统治者会大发慈悲似的，那就错了。

以上是打击了封建统治的一个方面。在这方面，农民起义和农民战争打击封建统治的结果，使得统治阶级被迫的让步，这种让步表现为，在一定限度内的轻徭薄赋，在一定程度上的减轻刑罚，在不违背地主阶级利益的原则下给农民的土地要求以些许调整，乃至于相对的改变一下剥削方式等，不管这些是对既成事实的认定，抑或是被迫地主动采取的一些措施，都意味着生产关系对生成力的束缚有些许的缓和，而社会经济的恢复和发展得到了某些程度的活动余地。

第二方面，即农民起义对封建统治的基础——地主阶级和地方封建势力的打击。这种打击，也不论是哪一次农民起义都有的，只不过程度不同而已。例如黄巾起义和黄巢起义，在打击封建割据势力上就有显著成就。虽然它们之后，不是立即出现了汉唐那样的“盛世”，结果是产生了一些割据政权，然而在实际上那却是走向统一的一个步骤。又例如隋末农民战争，就不仅是推翻了残暴腐朽的隋王朝，而且沉重打击了各地的豪强和世族地主，几乎所有的地主阶级都遭到了或多或少的打击。不仅是推翻了隋王朝，给李唐统治者以严重教训，不得不对农民做些让步而有“贞观之治”。更重要的是它给封建地主阶级的打击，特别是比较彻底地打击了有几百年历史的老牌的豪强世族（这是魏晋南北朝时期农民反复斗争的总结算），从而使封建社会内部的阶级关系发生了显著的变化！在统治阶级方面，打破了以往的士、庶区别，封建等级有了新的规定；同时使劳动人民的地位也有了一些变化，唐代普遍地出现了不同形式的租佃农民。租佃制的剥削固然在本质上还是一种剥削制度，租佃的契约是地主对农民的一种强制的形式。但是，用契约来规定地主与农民间的关系，规定地租额和缴纳地租的方式，这在当时条件下，无偿劳役减少，对农民生产积极性有促进作用，也是农民长期斗争的结果，特别是隋末农民革命斗争重要结果。而它又是“开元之盛”，是唐朝封建经济繁荣的基础。

显然，这里生产关系的调整主要是归功于隋末农民战争的。但是，在这里又如何划分直接或间接作用呢？生产关系是包括统治阶级和被统治阶级两个方面的。在当时的历史中是有这样的情况，过去的奴隶或农奴，在参加起义过程中，打碎了奴隶或农奴的枷锁，但在起义之后，虽有时候是摆脱了原来的地位，不过，还是免不了接受另一种形式的剥削。其斗争成果是应该指出的，然而它会与统治剥削者无关吗？例如，李渊的军队在取山西霍邑之后论功行赏，凡“部曲及徒隶征战有功勋者，并从本色勋授”①。从这条材料我们具体地看到了，部曲和徒隶们在经过隋末农民战争之后，争得了人身依附关系的削弱，有少数的也许能得到个“武士”地位，多数的也不过是取得了“良人”的身份，这当然是可贵的成功，但受时代局限，在当时也只能是如此。这该可以说是直接作用吧！然而，在这里，统治阶级至少是被迫地承认了既成事实的，那么是不是又要算是间接作用呢？

看起来，要认真地谈农民起义和农民战争的历史作用，偏向另一种极端，简单化也是不好的，不能达到预期的目的。当时是一个封建社会，占据统治地位的是封建地主阶级，必须要具体分析各种复杂的历史现象，才能确切地论证农民起义的历史作用。我这里仅就争论之点谈了以上看法。而农民的阶级斗争、农民起义和农民战争，对封建社会各个时期、各个方面所起的作用，这是值得深入探讨的。

1961 年 5 月 1 日

---

① 出自《大唐创业起居注》。

附：稿成之后，又读到昨天才寄来的《中山大学学报》（1960 年第四期）的一篇文章，即中大古代史的同志们所写“我们在编写《中国古代史》中贯彻阶级斗争红线的一点体会”，该文第二部分所谈农民起义的作用，刚好是我们这里所争论的问题。其论点和我在文章开头所提到的那些论点相似，不过更全面更系统些。不可否认的是其中有一些正确的阶级观点。但在具体运用上，其主要论点是否能如愿贯彻还是一个问题。可惜一时不能看到中大同志们编的《中国古代史》，仅从他们所写的“体会”来看，我还是不能同意的。除我在上文中已谈的外，针对“体会”再提几点出来讨论：

第一，是革命暴力和反革命暴力的作用问题。“体会”说“农民短期革命政权和革命军队是农民革命暴力的集中表现”，“必须予以充分肯定”，又说：“在农民权力高潮时期，亦即农民上升为统治者支配者时期，就能够通过革命暴力引起生产关系的局部质变，说这个时期奠定了往后一整个历史阶级的历史进步的基础，是毫不夸大的……”云云。在原则上应该同意这样一点，即在编写古代史时，要热情歌颂和充分肯定农民的革命精神，要看到历史农民的革命传统。但是，从“体会”的许多具体论述中还不能了解是如何写法，因为他们把反革命的暴力看作是对历史毫无作用的了。这里我也可以提出一点不同的意见。马克思说：“暴力是一切孕育着新社会的旧社会的产婆。”他所说的是当时的国家暴力，那时候是“资本主义生产的历史发生时期”，也许资产阶级在当时是革命的阶级吧！但显然和上述“体会”一文中所说的革命暴力是不同的。我们可以看到，在封建制建立和确立的时期也有马克思所说的那种暴力作用。在封建社会内部何尝又不是如此呢？又何尝不能在某些时候、某些方面起些“促进”的作用呢？这是需要认真分析的一个问题。例如，如果承认屯田、均田等在那个时候和那个条件下有一定积极作用的话，那么，它们之得以实行，原因之一就在于当时的国家暴力发生了作用，虽然这种作用在任何时候都有其反动的一面。

第二，体会说“剥削者是不会自动调节生产关系的”，其意图很明白是为了强调农民起义的作用，也是“直接作用”的问题吧！我认为，这样不确切地强调并不好，这在正文中已经指出。这里还可提出一个问题来质疑，在历史中难道没有真正愿意放弃奴隶式的剥削而采取农奴式的剥削、放弃农奴式剥削而采取租佃式剥削的剥削者吗？这在一种生成方式发展到某一阶段时，也许还不是个别少数人的现象吧！

第三，关于统治者的认识问题。“体会”似乎认为统治者的认识问题没有什么作用，并且举出了明末崇祯皇帝的“罪己诏”说，统治者虽然认识了农民的威力，但也无济于事。这到底如何理解呢？事实上“罪己诏”并不止崇祯帝一人下了，其他还有许多王朝末年也是有的，但是，那都是阶级矛盾已经激化，“山雨欲来风满楼”时期，当然是无济于事的。而我们所说的是“新兴王朝”统治者的认识，这是任何一次大的农民起义之后都出现了的，并且影响较大的起义，还不止一两个朝代在统治者当中引为前车之鉴哩！历史上不仅有著名的唐朝初年的“贞观君臣论政”，汉初也有陆贾的“新语”，“新语”虽不同于“贞观政要”而为陆贾一人所著，但史书记载：“每奏一篇，高帝未尝不称善，左右呼万岁。”① 是当时统治者从地主阶级利益出发所共同关心的议论，这些议论“似亦有启文景萧曹之治者”。明末农民大起义之后也是如此，1657 年，清统治者鞍马未完，还在继续大举南进之时就下诏说：“天启崇祯之世，因兵增饷，加派繁兴，贪吏缘以为奸，民不堪命，国祚随之，良足殷鉴。”② 我认为，这些认识并不是空论，这些思想是成为当时的政治指导思想因而发生了作用的。尽管在统治者方面是从地主阶级利益出发的，是企图同时采取欺骗的一手来巩固统治的，但也毕竟是农民起义打击封建统治的一个主要的具体表现。

总之，以“新兴王朝的让步政策”为“时代的中心”（如“体会”所批评的那样）是要不得的，用阶级斗争的观点来分析“新王朝的让步政策”，从而阐述农民起义的历史作用又有什么不可以呢？

1961 年 5 月 4 日

① 《史记·陆贾传》。

② 《世祖实录》卷 121。

# 如何理解农民战争是我国封建社会发展的动力

## ——农民战争历史作用探讨之一

探讨农民战争的历史作用，是农民战争史研究中的最主要的问题。史学界已讨论很久了，但仍然需要全面地而又从各方面深入地研究这一问题。我们在这篇文章里，仅就自己说拟的题目来谈谈。

毛主席说："中国历史上的农民起义和农民战争的规模之大，是世界历史上所仅见的。在中国封建社会里，只有这种农民的阶级斗争、农民的起义和农民战争，才是历史发展的真正动力。因为每一次较大的农民起义和农民战争的结果，都打击了当时的封建统治，因而也就多少推动了社会生产力的发展。"① 这个关于动力作用的指示，常被人们所引用，但也存在着许多不同的理解。认真体会，正确理解，使之成为我们研究中的真正指南，是必要的。

我们体会毛主席的"动力"理论：第一，主席这个理论是讲封建社会中农民的阶级斗争的作用。农民起义之推动社会生产力的发展，是通过解决生产力和生产关系的矛盾而实现的。它和农民群众的生产斗争之直接决定着生产力的发展还有所区别。第二，具体地说，农民起义其所以成为封建社会发展的真正动力，是因为它打击了封建统治，从而推动了社会生产力的发展。而其所以能推动社会生产力的发展，又是因为打击了封建统治。每一次较大的农民起义对于封建统治的打击，都在不同程度上改造了这种统治。农民起义这样的成功和胜利，就使得社会有或大或小的进步，使得生产力得到或多或少的发展。第三，由上述两点中要求正确理解"打击了当时的封建统治"的全面含义。因为只有这样才能知道改造封建统治的具体内容。下面就来说明这些看法。

首先有必要简单地谈一下阶级斗争和生产力斗争的关系，以便于更好地讨论我们这个题目。因为，二者不仅是哲学上不同的两个范畴，而且在实

① 毛泽东：《毛泽东选集》第二卷，人民出版社1991年版，第625页。

际中对于人民群众来说，此二者虽是有种种的密切关系，但也毕竟是两回事。说阶级斗争是阶级社会发展的动力，并不排斥说人民群众的生产斗争对于社会生产的发展起决定作用。也就是说，在谈到阶级社会发展的时候，除了应视阶级斗争为“动力”外，还必须看到人民群众的生产斗争的作用。而我们在讨论“动力”作用时，则要把二者区分开。否则，对于动力作用问题的讨论将会纠缠不清，而且对“动力”的理解也难得准确、深刻。

例如有人说：“封建王朝如果没有出现‘有识之主’，没有颁行让步政策，农民战争就等于白费，社会就不可能发展……”① 此种说法，不仅是对于“打击了当时的封建统治”作了片面的理解（其所以片面之说详后），对于阶级斗争和生产斗争的作用也混淆无别。我们知道，大大小小的农民起义，都在不同程度上“打击了当时的封建统治”。但并不是任何一次起义之后，都会出现“有识之主”，都曾实行了“让步政策”。然而，即使在最黑暗的统治下，压迫剥削最残酷的日子里，人民群众也是始终坚持生产斗争，而且常常是一面进行阶级斗争，一面进行生产斗争。虽然在这样的时候，生产力发展的条件更艰苦些，发展的进程会缓慢些（有时候也会有迂迴曲折的发展）。但是，只有快慢之分，并无可否之别。在没有“有识之主”和让步政策的历史条件下是可以发展的，是一定会发展的。因为人民群众从没停止过地坚持生产斗争，同时也不断地从事阶级斗争。

又有些人认为：“农民起义推动了生产力的发展，并非以‘新兴王朝’的让步政策为唯一的最重要的途径，而必须通过劳动人民的生产斗争才能表现出来。”② 我们把这句话简化一下并换一个方式说，即必须通过劳动人民的生产斗争才能表现农民起义之推动生产力的发展。这是什么意思呢？是说明农民起义怎样推动生产力发展呢？还是讲清农民起义、劳动人民的生产斗争与生产力发展三者之间的关系呢？说三者间的关系，则是有关系的，或可以这样来表述：农民起义和农民战争的结果，都打击了封建统治，给生产斗争创造了种种有利条件，因而推动了生产力的发展。或者

① 关文发：《我国封建社会后期农民战争的动力作用简题》，《江汉学报》1962 年第 2 期。此处引文似乎是作者所写的他所不同意的论点，但通观其前后文意事，实是他自己所作的逻辑推论，可以说是反映了他对这个问题的片面理解。

② 《广东历史学会 1960 年年会关于若干学术问题讨论意见的综述》，《历史研究》1961 年第 1 期，第 85 页。

说，农民起义的结果，给劳动人民的生产斗争创造了许多有利条件，加之以人民的辛勤劳动（生产斗争），使生产力有所发展。从这三者的关系中，可以看出，生产斗争不能直接说明起义（这种阶级斗争）是怎样推动生产力发展的，而它对于生产力的发展是起决定作用的。所以，这种说法实际上没有回答“动力”这个问题。

由上述二例分析不难看出，我们之所以要首先区别一下阶级斗争和生产斗争，是为了要更确切、更深入地了解阶级斗争的动力作用。我们的看法是：在一个社会形态内部发展的量变过程中，阶级斗争之推动社会生产力的发展，主要是通过生产关系的调整和上层建筑（如国家、法律等）的改造而实现的，它不是直接对生产力的发展起作用。阶级斗争之所以成为阶级社会发展的动力，是由于它从生产关系方面多少解决了生产力和生产关系的矛盾，从而推动了生产力的发展，推动了社会的前进。在封建社会里，这个动力就是农民的阶级斗争、农民起义和农民战争。农民起义之从生产关系方面解决生产力与生产关系的矛盾，就表现在“打击了当时的封建统治”上面。

对“打击了当时的封建统治”这一点，我的体会是大致可以从以下两方面来看。当然，这两个方面在历史发展过程中也是不可分割的。这里分作两个方面，只是为了便于说明问题。

第一方面，是对封建的最高统治者——封建王朝、政府的打击。这又有两种情况：

一种情况是，农民起义打击和推翻了某个旧王朝，而新起的统治者直接或间接地接受了农民起义的教训，被迫地实行一些改良政策或让步措施。在这里，或者是不同程度地调整了生产关系，刺激了农民的生产积极性；或者是多少缓和了一下压迫、剥削，使得农民稍有喘息机会，从而使社会生产得以恢复和发展。在我国封建社会中，秦末、隋末农民起义后的汉、唐“盛世”，元末、明末农民起义后的明清初期社会生产的恢复和发展，就正是在这样的情形下出现的。因此，“文景之治”“贞观之治”等，是农民起义打击了封建统治的结果，并不是什么“圣君”“贤相”的功绩。

至于汉末的黄巾起义、唐末的黄巢起义等，其对于当时的封建统治的打击，也基本上属于这一种情况。一方面汉、唐王朝的统治经过黄巾、黄巢起义之后，不仅是严重削弱而动摇了，实际上已名存而实亡；另一方面起义也教训了不久之后新起的封建统治者，使他们深以引起这样的起义为诫。

另一种情况即这里要着重讨论的情况是，农民起义没有推翻封建王朝，在这种情况下，农民起义也同样起着打击封建统治、推动社会生产力发展的作用。当一个封建王朝的统治比较巩固时，统治者也往往为频繁的农民起义所震惊，被迫地在政治上做些让步；或者是自上而下地施行一些改良措施，以缓和一下日益尖锐的阶级矛盾；或者是继续完成已进行的某种缓和阶级矛盾的政治改革，改革剥削办法，以巩固其统治。

西汉时期，汉初几十年所积累起来的财富，由于汉武帝时的大量消耗，弄得“天下虚耗，人复相食”①，大大激化了阶级矛盾。武帝晚年“盗贼滋起”，“南阳有梅免、白政，楚有殷中、杜少，齐有徐勃，燕赵之间有卢坚（坚卢）、范生之属。大群至数千人，擅自号，攻城邑，取库兵，释死罪，缚辱郡太守、都尉，杀二千石，为檄告县趣具食；小群盗以百数，掠卤乡里者，不可胜数。（于是）天子始使御史中丞、丞相长史督之。犹弗能禁也，乃使光禄大夫范昆、诸辅都尉及故九卿张德等衣绣衣，持节，虎符发兵以兴击，斩首大部或至万余级，及以法诛通饮食，坐连诸郡，甚者数千人。数岁，乃颇得其渠率。散卒失亡，复聚党阻山川者，往往而群居，无可奈何。”② 武帝曾经作“沈命法”以加强统治，结果“盗贼寖多”③。甚至发展到三畿之地，公元前 92 年，长安闭城门十一天，以搜索“奸人”④。高压是解决不了问题的，后来不得不被迫让步以挽救危险的局势。武帝临死之前，以田千秋为丞相，以赵过为搜粟都尉，做一些恢复农业生产的工作，并下诏表示后悔过去的连年出征而停止用兵。武帝以后，昭、宣二帝也实行了一些减免租税、赈贷贫民的政策，采取一些改良吏治、安定社会的措施，才使尖锐化了的阶级矛盾一度缓和，因而西汉才有昭、宣之“中兴”。

又如唐代，不仅由于隋末农民起义的推动，使唐代社会的各方面发生了新的变化；并且当时一些政治改革的完成，也还是在不断爆发的唐前期

---

① 《汉书》卷二十四，《食货志》。

② 《史记》卷一百二十二，《酷吏传》。

③ 《史记》卷一百二十二，《酷吏传》。

④ 《汉书》卷六，《武帝纪》。

农民起义的推动下实现的。诸如剥削办法、军事制度等的改革都是如此。由府兵而彍骑，由租庸调而两税法，这种有利于生产发展的进步变化，是和唐前期一系列的农民起义给予封建统治的打击分不开的。在有所谓贞观、开元之治的唐前期，农民群众的阶级斗争不但没有停止过，并且常常以武装暴动和起义的形式爆发。贞观年间，“盗发”事件累累，二十二年（648年）在剑南地区还爆发了一次各族人民反徭役的大起义。高宗朝又有较大规模的江浙一带的女子陈硕真领导的起义，以及绥州白铁余的起义。从武后到玄宗，各地的小股暴动很多，玄宗时京城里也不安起来了。当时的那些起义和暴动，大多是因为农民群众为兵、徭役所苦而起来反抗的。这就迫使统治者不能不考虑这方面的问题，从而也就影响到上述一些关于兵、徭役的制度的变化。

还可以举宋代王安石变法为例。王安石变法的出现，是当时的许多历史条件所造成的，其中也包括农民起义打击了封建统治、教训了封建统治者这个重要因素。几乎从北宋初年开始，就爆发了接二连三的农民起义。如993年有著名的王小波、李顺领导的起义，997年有四川戍兵刘旴的起义，1000年有益州戍卒赵（延）顺等的起义，1007年有宜州军校陈进等的起义。稍后一些，在范仲淹施行改良政策期间，各地也爆发了不少小股的农民起义。粗略统计一下，十一世纪四十年代中的前六七年，全国各地起义事件就有数十次之多。其中如1043年山东的王伦起义，鄂、豫、陕交界地区的张海、郭邈山起义，1047年贝州的王则起义等，规模却是较大的。就是在王安石变法的前两年，史书上也有“齐鲁盗贼，为天下剧”[①]的记载。当时农民起义近乎汉之张角、唐之黄巢的高涨的斗争形势，使得王安石对仁宗说：“陛下其能久以天幸为常，而无一旦之忧乎！”[②] 王安石变法的出现，是和前仆后继的农民起义在不同程度上打击了当时的封建统治分不开的。

马克思说过：“社会改革从来不是靠强者的软弱，而永远是靠弱者的强大来实现的。”[③] 事实正是这样。在我国封建社会中，王朝政府的任何让

① 《宋史》卷二百三十八，《李清臣传》。

② 《王临川集》卷三十九，《上仁宗皇帝言事书》。

③ 中共中央马克思恩格斯列宁斯大林著作编译局：《马克思恩格斯全集》卷四，人民出版社1958年版，第293页。

步和改良，都是农民起义打击封建统治、教训统治者的结果，封建统治者是从来不会有什么慈悲之心的。

以上是农民起义打击了封建统治的第一个方面。农民起义和农民战争打击封建统治的结果，使统治阶级被迫地做了让步。这种让步表现为，在一定限度内的轻徭薄赋，在一定程度上的减轻刑罚，在不违背地主阶级利益的原则下给农民的土地要求一些微满足，乃至于相对地改变一下剥削方式等。不管这些是对既成事实的认可，或者是被迫地“主动”采取的一些措施，都意味着当时人民群众所受的封建束缚有相对的改变，生产力和生产关系的矛盾也就有所缓和，从而使社会生产力的发展获得一定程度的有利的条件。

第二方面，是农民起义对封建统治的基础——地主阶级和地方封建势力的打击。这种打击，也是不论哪一次农民起义都有的，只不过程度不同而已。对于地方割据势力的打击，可以汉末的黄巾起义和唐末的黄巢起义为例。黄巾起义后出现的是三国鼎立局面，黄巢起义后不久也有一个五代十国的分裂，过去曾有人因此抹杀或贬低这两次起义的作用。事实上，这两次起义在打击封建割据势力上是起了作用的。黄巾起义爆发之后，“所在燔烧官府，劫略聚邑。州郡失据，长吏多逃亡。旬日之间，天下响应，京师震动”①。这样，一方面必然是在起义地区消灭了一些割据势力，另一方面不仅震动了京师，也震动了整个地主阶级，使得豪强大族为了身家性命，迅速聚集在一些强大的军阀麾下，由分散而集中。这也是农民起义给予打击的结果。地方割据势力由极分散而较集中，是在一定程度上改变了分裂情况，向统一方向跨进了一步。黄巢起义那样大规模的南征北战，对各地地主阶级和藩镇割据势力的扫荡，更有其显著的功绩。

任何一次农民起义，在起义过程中，都必然杀死和赶跑一些大大小小的地主。这种对封建统治的打击，有时候特别沉重，甚至引起社会各方面的较大变化，包括土地占有关系和阶级关系的调整等。例如农民起义军杀死和赶跑了一些地主之后，往往出现大量的无主荒地，给某些封建王朝实行屯田、占田或均田等制度创造了必要的历史条件。隋朝末年农民起义在

① 《后汉书》卷一百零一，《皇甫嵩传》。

这方面更有其特殊重要的意义。它不仅是推翻了残暴腐朽的隋王朝，而且沉重地打击了各地的豪强和士族地主。当时农民起义的火焰烧遍了全国各地，几乎所有的地主阶级都遭到了不同程度的打击。农民起义推翻了隋王朝，给李唐统治者以严重教训，使他不得不对农民做些调整让步而有“贞观之治”。更重要的是，由于农民起义普遍打击了地主阶级，特别是比较彻底地打击了已有几百年历史的老牌的豪强士族（这可以说是汉末、魏、晋、南北朝时期农民阶级与封建地主反复进行斗争的总结算），从而使当时封建社会的阶级关系发生了一些变化。在统治阶级方面，由于打破了以往的士、庶区别，因而有封建等级的重新规定。在被统治阶级方面，劳动人民的地位也发生了一些变动，那就是唐代较以前各代更普遍地出现了不同形式的租佃农民，封建的人身依附有显著的削弱。虽然人身依附的削弱还是相对的，虽然租佃制还是一种剥削制度，租佃契约也是地主对农民的一种强制形式；但是，以契约来规定地主与农民间的关系，规定地租额和缴纳地租的方式，这在当时就使农民的生产积极性能够有更好的发挥。这些都是农民群众相当长的一个时期以来斗争的目标，而又是隋末农民起义取得胜利的重要结果。这当然是比较典型的一例，然而却能很好地说明打击了当时封建统治的又一个方面。

根据以上的理解，这里再进一步谈谈个人之见。

前面提到，“农民战争的动力作用，只有通过封建王朝的让步政策才能表现出来”这种说法，是有其不妥之处的。不过，提出这种说法的同志，往往并不只说了上引这一句简单的话，他们还有许多实事求是的意见，这些意见值得重视。我看可以吸取其中的正确部分，这样来概括农民战争的动力作用：这种动力作用表现在打击了封建统治，不同程度地改造了这种统治，调整了生产关系，从而使社会生产力得有或多或少的发展，社会得有或大或小的进步。

但是，这里所说的“调整生产关系”，又不同于“农民战争直接调整生产关系”① 的论点。持这一论点的同志，把“直接调整生产关系”看作农民战争的主要动力作用，甚至有的把封建统治阶级的让步对当时社会生

① 这种论点是于史学界一部分同志的主张。较早的见于《广东史学界1960年年会关于若干学术问题讨论意见的综述》，较近的见于《江汉学报》1962年第2期关文发同志的文章。

产力发展的影响说成是很次要的，似乎微不足道。这样的看法，与历史的真实情况是有出入的。可以说，这种说法在实际上会贬低农民起义的作用。

在这里，且就关文发同志《我国封建社会后期农民战争的动力作用问题》一文的内容做些讨论。这篇文章表示坚信农民战争可以直接调整生产关系，全文也是围绕这个中心思想进行论述的。但是这篇文章并没有全面了解“打击了当时的封建统治”的意义，对于封建社会内部生产关系的调整，特别是怎样调整，没有从历史实际出发作出估计。文章中列举的农民起义“直接调整生产关系”的史实，还没有得到全面的具体的分析。那里所谓“直接调整”，大体上不外以下几种情况。对这几种情况，应该怎样看待呢？

一种情况是如王小波、李顺、钟相、杨幺和李自成等起义中那样，农民群众曾在一定时间、一定地点内夺得一些土地，或者还有过一段时间“春夏则耕耘，秋冬水落则收粮于湖寨”① 的情况。是的，这可以说是农民曾一度实现过他们要求的土地愿望。对于当时农民群众的这种革命性和创造性的表现是应该热情赞扬的。但是也应该承认，由于历史条件的限制，这种情况又是不能长久维持和得到进一步发展的。实际上这种情况的发生时间较短，地区有限。说历史上各次农民起义中反映的农民的土地要求有继承性，是可以的；但是也要看到，农民起义和农民战争（特别是像这种情况的）是有间歇的。如果认为这种所谓“直接调整生产关系”的作用是主要的，那么，这种作用由于农民起义的起伏、间歇，不是会断断续续吗？这岂不是贬低了农民起义的作用？

又一种情况是由于农民起义军杀死和赶跑了一些地主，因而在起义之后有大量无主荒地出现，使统治者能够“给种授田，务令安业”，“拨闲田养赡（赡）”（如钟相、杨幺起义之后那样），或者承认“他人垦成熟者，听为己业”，而原“业主已还，有司于附近荒田，如数给与”（如元末农民起义之后那样）。像这种情况，与其说是农民起义“直接调整生产关系”的表现，不如说是农民战争之后封建统治者被迫下诏“调整”较为切合实际。因为这虽是某些农民起义之后确实出现过的情况，然而在相同条件

① 《建炎以来系年要录》卷八十六。

下，封建统治者有时并不采取这类措施，而采取另外的措施，如实行屯田制、占田制或均田制。后两者虽是我国封建社会后期以前的事，屯田制却是我国封建社会后期所有的。这样对于土地占有关系的调整，也许不会被算之为“直接调整”。然而，它和上述“调整”情况却基本上是相同的，其条件也相同（有无主荒地），其为统治者所采取的措施同样相同，并且其为农民战争打击了封建统治的结果又是相同的。这种调整生产关系的情况，“直接”二字如何可以加上去呢？

再一种情况是该文所举出的明中叶的农民垦荒斗争那样。然而，在这一史实中，所谓使封建统治者承认既成事实那一点，与上述的情况是一样的。“食地利而不输租，旷丁力而不应差”的情况之不能长久维持，又和上述钟相、杨幺等起义时的情况一样。这里把生产斗争和阶级斗争接在一起来谈，没有交代清楚。不错，垦荒斗争“对川、陕、鄂、豫一带山区的开发起了巨大的作用”。这的确是农民群众所起的作用，但是，这主要是和阶级斗争同时进行的生产斗争的直接作用。

该文所举“直接调整土地占有关系”的历史根据，是上述这些。但这些似乎并不能成为“直接调整”的根据。农民起义的确曾在其势力所及地区打乱了原来的土地占有情况，而且在每一次起义之后，土地占有关系都多少有所调整，通常在大多数情况下，这对生产力的发展也有多少的积极作用。但是每一次农民起义之后，土地占有关系是否发生了变化？特别是它是怎样变化的？是采取了屯田、均田之类的办法呢？还是听谁占有就为谁的“已业”呢？抑或是由原业主来认回呢？在这里“调整”的具体情况及“调整”对生产力发展的作用是有不同的。一般来说，听占有者为“已业”的情况是不多的；而且在这不多的情况中，又并非完全是农民的占有，也有地主阶级的占有。不仅如此，常常还在起义之后可以看到，农民群众在起义中所获得的东西重新遭到封建统治阶级的剥夺。“就在每一次大规模的农民革命斗争停息了以后，虽然社会多少有些进步，但是封建的经济关系和封建的政治制度，基本上依然继续下来。”[①] 每一次农民起义之后，农民又受到封建统治阶级这样或那样的控制，如屯田制、占田制、均田制……如部曲、徒附、佃客……这是基本的历史事实。

阶级关系的变化也是如此。农民起义后，阶级关系常有所改变，这当

---

① 《毛泽东选集》第二卷，人民出版社 1991 年版，第 625 页。

然是和农民群众的反抗斗争分不开的，是农民起义打击封建统治的结果，但同样地不宜于称之为“直接调整”。该文曾经提到封建依附关系的削弱问题，这里也可稍做讨论：不可否认，在历史上曾有过那种情况，即原来的奴隶或农奴在参加某一次起义的过程中，打碎了奴隶或农奴的枷锁。但在起义之后，虽然在有些情况下他们可以摆脱原来的地位；可是总也还是免不了受到另一种形式的剥削与压迫。其斗争成果是应该肯定的，然而能够说这与封建统治者毫无关系吗？唐李渊起兵之初，在取山西霍邑后论功行赏，凡“部曲及徒隶征战有功勋者，并从本色勋授”①。从这里可以看到，部曲和徒隶在隋末农民起义之后，是争得了人身依附关系的相对削弱，少数的也许还能得到“武士”地位，多数的也不过是获得了“良人”的身份。这些当然是农民起义的胜利果实。也可以说，这是农民群众造成的既成事实，得到了封建统治阶级的认可。然而，这个法令毕竟是统治者所颁发的。这到底是间接作用还是直接作用呢？

和这种强调“直接作用”有关的，还有一个论点。有的同志认为“统治者的认识”没有什么作用②，并且举明崇祯帝下“罪己诏”为例说，封建统治者虽然认识了农民的威力，但也无济于事。然而，在历史上下“罪己诏”并不止崇祯帝一人，其他的史例还是有的。在“山雨欲来风满楼”的历史时期，阶级矛盾已经十分尖锐，封建统治又特别腐朽而无法维持的时候，皇帝虽然认识到时局不妙，下诏“罪己”的确仍是“无济于事”。但在“新兴王朝”封建统治者有此认识，却会在政治上发生一定程度的影响。例如当封建统治力量还比较强的时候，像汉武帝时那样，情况就有不同。

任何一次农民起义之后，都使得封建统治者对农民起义的威力有多少认识。有些威力特别大的起义，还不止在一两个朝代中被封建统治者引为殷鉴。唐初有《贞观政要》，汉初也有《新语》。《新语》虽不同于《贞观政要》之为君臣论政，而是陆贾一人所著，但“每奏一篇，高帝未尝不称善，左右呼万岁”③，看起来，这是当时封建统治者从其阶级利益出发而关

① 《大唐创业起居注》卷二。在李渊的军队中，是包括有原来的农民起义军成分的。

② 《我们在编写“中国古代史（讲义）”中贯彻阶级斗争红线的一点体会》，《中山大学学报（社会科学版）》1960年第4期。

③ 《史记》卷九十七，。《陆贾传》。

心的新议论，这些议论“似乎有启文景、肖曹之治者”①。明末农民大起义之后，1657年清统治者鞍马未定，还在继续大举南进的时候，就下诏说：“天启、崇祯之世，因兵增饷，加派繁兴。贪吏缘以为奸，民不堪命。国祚随之，良足殷鉴。”② 封建统治者这些认识成为当时的政治指导思想，因而在实际上发生了作用。尽管封建统治者是从地主阶级利益出发的，是企图同时采取欺骗的手段来巩固其统治的，但也毕竟是农民起义打击了封建统治的重要的具体表现。

所以不同意以上所引的几个论点，而有另外的一些认识可以进一步这样说：这是因为我们所讨论的范围是封建社会的史实。在封建社会里，统治阶级是地主、贵族和皇帝，他们残酷地剥削和压迫着农民；并且“保护这种封建剥削的权力机关，是地主阶级的封建国家”③。当时他们是统治者，他们有权力，并且这种权力在当时每一次农民起义之后都依然继续维持下来。农民起义和农民战争的历史作用，也就受这一基本情况的制约。所以对于农民起义的“动力”作用，要从历史实际出发，作历史主义的理解。

① 《新语》序。

② 《清世祖实录》卷一百二十一。

③ 《毛泽东选集》第二卷，人民出版社1991年版，第624页。

# 隋初的主要矛盾和江南暴动的性质

隋朝平陈将近两年之后，江南爆发了一次规模不小的暴动，史学界一向认为，它是江南豪族反对统一的武装暴动。与此相关，不少史学家一直很强调隋政权与世族地主的矛盾，似乎隋政权的一切政治、经济措施都主要是打击“豪族的权力”①。这些论点和结论都是值得商榷的。因此，本文要在隋初的主要矛盾和江南暴动的性质两个互相联系的问题上做些探讨。当然，也只是提出一些自己的粗浅看法，抛砖引玉，望师友们指教。

## (一)

隋朝不是在一次大规模的农民起义之后建立的，是杨坚利用政治势力篡夺的宇文氏的天下。杨坚之所以成功，一方面是由于北周末年政治腐败，“人之去宇文也如恐不速”②；另一方面则因为杨坚在北周有很高的政治地位，是皇亲国戚，于是在一群名利之徒的拥护下，杨坚坐上了皇帝宝座，是为隋文帝。后来，又恰恰在他统治的时候，实现了南北统一③，于是引起了当时人们的一些希望，所谓“开皇中，平陈之后，天下一统，论者或云将至太平”④。

但以后是否真“太平”了呢？如果不用马列主义的立场、观点和主张仔细考察，就会为一些表面现象所迷惑，导致对一系列问题的错误看法。

能否正确理解隋初历史上的诸问题，关键在于如何认识当时的矛盾。能够找出主要矛盾，并且认清它处于激化抑或缓和的阶段，其他问题方可迎刃而解。

在隋朝初年，民族矛盾、阶级矛盾以及统治阶级内部的矛盾都是存在的。什么是主要矛盾呢？

---

① 这样见解在《隋唐五代史纲要》（杨志玖）一书中写得最明确，而其他流行的通史和断代史著作也是同样的看法。

② 《读通鉴论》卷十八。

③ 隋统一的原因当另文探讨。

④ 《隋书》卷六十六，《房彦谦传》。

民族矛盾在隋初不是主要矛盾。因为当时隋朝边境最大的威胁是在北方的突厥，但是开皇三年（公元583年）刚好东西突厥正式分裂，隋政权得以实行离间和收买政策，保障了北方边境的安全，直到隋末。东北边境，隋文帝拜韦冲为营州总管，“怀抚靺鞨、契丹，皆能致其死力。奚、霫畏惧，朝贡相续。高丽尝入寇，冲率兵击走之”①。对高丽，在隋文帝时基本上没有打起来。西方的吐谷浑，被隋文帝派人打败过两次，再也不敢骚扰。所以民族矛盾虽然存在，但不是很尖锐，不是主要矛盾。

至于统治阶级内部如果有矛盾的话，那当然是为了争权夺利。然而，杨坚作为皇帝，在当时统治阶级中可以说是“众望所归”的（只是极少数人反对他）。他即位之后，不仅明令保护了统治阶级的各种权益，而且还对一些大大小小的统治者给予了许多新的实惠。首先，他二月即皇帝位，三月就下一道诏书说：“自古帝王受终革代，建侯赐爵，多与运迁，朕应录受图，君临海内，载怀沿革，事有不同。然则，前帝后王，俱在兼济，立功立事，爵赏仍行。苟利于时，其致一揆，何谓物我之异，无计今日之殊。其前代品爵，悉可依旧。”② 这就是原封不动地保留了原有有品爵者的政治地位。当然也就同时承认了他们的经济利益，不会损害他们的利益，所以《隋书·王谊传》写道：“太常卿苏威立议，以为户口滋多，民田不赡，欲减功臣之地以给民，谊奏曰百官者，历世勋贤，方蒙爵土；一旦削之，未见其可。如臣所虑，正恐朝臣功德不建，何患人田有不足上然之，竟寝威议。”③ 不仅如此，隋文帝还大肆赏赐，赏赐的东西有金银绸缎，有良田甲第，还有奴婢部曲，翻开《隋书》，触目皆是。只能助于地主阶级压迫和剥削人民的反动气焰，加深阶级矛盾，断不会引起统治阶级内部的什么尖锐冲突。

有些人认为，隋朝统治者的某些措施，主要目的是打击豪族势力。比如说，户籍措施，即与豪强争夺人口。我们不能同意这种看法，我认为，中央集权和地方豪族实力当然有矛盾，但是，如果把它们强调成主要矛盾，如果把加强中央集权的某些根本措施说成主要是打击豪族实力，那是

① 《隋书》卷四十七，《韦冲传》。

② 《隋书》卷一，《高祖纪上》。

③ 《隋书》卷四十，《王谊传》。

违背历史事实的。让我们来具体分析一下这种措施吧[①]。看看矛头究竟何所指？

隋初的户籍措施，主要是“大索貌阅”和“输笈法”，采取这些措施主要是为了增加政府的收入，同时也是为了加强对人民的控制。当时把户口大量检括出来之后，立即紧密地控制起来：“五家为保，保有长，保五为闾，闾四为族，皆有正。畿外置里正比闾正，党长比族正，以相检察焉。”[②] 户籍措施的主要矛头是指向人民群众的，并非如某些人所说，主要是与豪族争夺人口。在经济上打击了豪族势力。

关于“大貌索阅”，是针对人民群众的所谓“机巧奸伪，避役惰游者”[③] 而采取的措施，并不是检括豪族隐占的户口，这一点，我在《隋代户数是怎样增长的》[④] 一文中已经说过，这里不再重复。“输笈法”也是如此，它本身并没有怎样损害豪族的利益，其所以被说成是一个政府和豪族争夺人口的措施，人们是为《通典》作者杜佑所误了，为了使本文不致枝蔓太多，把这一问题的考辨作为附录列在后面，以供参考。总之，根据研究，当时的户籍措施，搜括了大量流亡脱籍的户口，强迫人民分户析籍扩大了籍上的户数，户口不是从豪强门下夺过来的。所以，这些户籍措施，保证了政府收入的增加，但并不损害豪族的经济利益。

当时，不仅官吏豪强能占有多少奴婢、部曲、佃客是没有明文规定的，没有限制的，而皇帝赏赐给贵族官僚的奴婢、部曲就很多，如隋文帝就曾一次赏给窦荣定部曲八千户[⑤]，杨素经过多次赏赐也有“家僮数千”[⑥]，其他赏赐奴婢几百口、部曲数十户的记载也不少。赏赐的尚且如此之多，原有的自然不会去动它，官僚豪族的劳动人手也是不会缺乏的。

我们再进一步分析就可以看到，上述户籍措施的推行，恰恰是加深着

---

① 实际上被指明为打击豪族的措施也不多，除了经济上的户籍措施外，能够说得上的还有政治上的官吏选拔制度，其实，这也并不是隋政权一个什么对豪族的大打击（特别是在隋初），一方面“选无清浊”，是“自周代以降”的，另一方面，隋初吏部任人还“颇甄别于士庶”（见《隋书》卷五十六，《卢恺传》；卷五十七，《薛道衡传》；卷七十二，《陆彦师传》）。

② 《隋书》卷二十四，《食货志》。

③ 《隋书》卷二十四，《食货志》。

④ 《江汉学报》，1962 年第 10 期。

⑤ 《隋书》卷三十九，《窦荣定传》。

⑥ 《隋书》卷四十八，《杨素传》。

阶级矛盾。因为人民被政府控制之后，负担赋税、徭役是毫无折扣可打的，自己的生产和生活却没有什么保障，虽然有“均田令”，但大量土地为豪强霸占着，人民得不到多少，“时天下户口岁增，京辅及三河，地少而人众，衣食不给，议者或欲徙就宽乡，帝乃发使四出，均天下之田。其狭乡每丁才至二十亩，老小又少焉”①。没有或者很少有土地，衣食不给，赋税和徭役再轻也是沉重的。更且，当时的赋税、徭役，虽从诏令条文上看是比前代稍有减轻，但在实际情形中并不是真的减轻了。就拿徭役来说吧，开皇三年（公元583年）就宣布了每年服役由一个月减为二十天，并且“不役者收庸”②。但实际上徭役是并不少的，据《通鉴》和《隋书·高祖本纪》记载，从开皇初年起，多次修筑长城，开皇五、六、七年接连征发，少则数万，多则十余万。而另一个大工程——运河的开凿，也是从开皇二年（公元582年）就开始了的。当然，开皇初年的徭役比起后来是要少些，但到了开皇中就不然了，开皇十二年（公元592年），修筑仁寿宫，“死者以万数”，徭役日益繁重起来，这以后，不仅“不役者收庸”成了空话，就是二十日的规定也更难行得通了（原来的长城之役二旬而罢，路上来回尚且未计算在内），甚至于出现了延长劳动时间的苛虐办法，开皇二十年（公元600年），“是后百工作役，并加课程，以日常也。丁匠苦之！”③ 这是徭役的情况。而赋税也莫不类此，统治者总是要想方设法在人民身上多榨取些。

这样，维护豪族地主利益的隋政权，和广大人民群众一开始就存在着尖锐的矛盾。加上最高统治集团的专横，刑法严酷和政治混乱，如时人房彦谦在平陈时所说：“主上性多忌刻，不纳谏诤。太子卑弱，诸王擅威，在朝唯行苛酷之政，未施弘大之体，天下虽安，方忧危乱。”④ 这种“危乱”的内容，应该就是阶级矛盾的尖锐化。

当时的情况是，由于隋统治者对人民搜刮得很厉害，为生活所迫的人，必然要铤而走险，“京师白日公行掣盗，人间强盗亦往往而有。”⑤ 杨

① 《隋书》卷二十四，《食货志》。
② 《北史》卷十一，《隋本纪上》，向来都认为这是唐代租庸调制的新内容，实则不然。
③ 《通鉴》卷一七九，《隋纪三》。
④ 《隋书》卷六十六，《房彦谦传》。
⑤ 《隋书》卷二十五，《刑法志》。

坚妄图以高压手段禁断，他鼓励人“纠告”，并且“命盗一钱以上弃市”，并得“行旅皆早起晚宿，天下懔懔焉”。但是当时也就“有数人劫执事而谓之曰：‘吾岂求财者邪?’但为枉人来耳。而为我奏至尊，自古以来，体国立法，未有盗一钱而死也。而不为我以闻，吾更来，而属无类矣。”① 胡三省在《通鉴》记此事之后注云：“自古以来，闾里奸豪持吏短长者则有之矣，未闻持其上至此者，宜隋季之多盗也。”高压政策，自然要激起人民的普遍反抗。

因此，隋朝初年，开皇年间，并不乏人民暴动和起义的记载。开皇中，“华阴多盗贼”② “河东多盗贼”③ 的记载不少。而江南的农民暴动更是蓬勃地发展。开皇十年（公元590年），“婺州汪文进、会稽人高智慧、苏州人沈玄侩皆举兵反，自称天子，署置百官。乐安蔡道人、蒋山李棱、饶州吴代华、永嘉沈孝澈、泉州王国庆、余杭杨宝英、交趾李春等皆自称大都督，攻陷州县”④。开皇年间还有“东阳贼帅陶子定、吴州贼帅罗慧方并聚众为乱，攻围婺州永康乌程诸县”⑤。开皇二十年（公元600年），熙州有李美林起义，曾经“署置百官”⑥，规模是不小，派去镇压的步骑就有五万之多。这些，仅仅是记载中所见规模较大的几次，实际上当不止这些，有记载的还有许多少数族反抗就没有举出。而一些地方官的“屏盗”时间也没有一一罗列。

这些人民暴动和起义的事实也证明，阶级矛盾是当时的主要矛盾，而且这个矛盾是相当激烈的。

## （二）

开皇十年（公元590年）冬天，江南大暴动，“陈之故境，大抵皆反，大者有众数万，小者数千，共相影响”⑦。要了解此次暴动的性质，必须从分析起因入手。

---

① 《隋书》卷二十五，《刑法志》。
② 《隋书》卷六十六，《荣毗传》。
③ 《隋书》卷四十三，《河间王弘传》。
④ 《隋书》卷二，《高祖纪下》。
⑤ 《隋书》卷四十七，《韦冲传》。
⑥ 《隋书》卷五十六，《张衡传》。
⑦ 《通鉴》卷一七七，《隋纪一》。

这一次暴动的原因，史籍上还是提供了很明显的线索的。《北史·苏威传》写道："江表自晋已来，刑法疏缓，代族贵贱不相陵越（《通鉴》作：'世族凌驾寒门'）。平陈之后，牧人者尽改变之，无长幼悉使诵五教。威加以烦鄙之辞，百姓嗟怨。使还奏言，江表依内州责户籍。上以江表初平，召户部尚书张婴（按：煚之误），责以政急。时江南州县又讹言欲徙之入关，远近惊骇。饶州吴世华起兵为乱，生脔县令，啖其肉。于是旧陈率土毕反，执长吏，抽其肠而杀之，曰：'更使侬诵五教邪！寻诏内史令杨素讨平之。'"这短短一段记载所说的内容显然不完整，但是却反映了好几个重要问题，值得做一番分析和考察。

首先，江南地区，自东晋以来，"世族凌驾寒门"，这句话有着很深刻的意义，那就是说，长时期中，世族地主对农民的奴役和剥削，其中蕴藏着深刻的阶级矛盾，一旦触发，自是一场轰轰烈烈的尖锐的斗争。事实上，在东晋南朝时期，农民起义是频频爆发的[①]，规模较大的如东晋末的孙恩和卢循领导的起义，南齐初唐寓之领导的起义等，都具有反对门阀世族的性质。

隋平陈之后，除对少数几个"邪佞"施行惩罚之外，"擢陈之文武众材而用之"[②]，"陈尚书令江总为上开府仪同三司，仆射袁宪、骠骑萧摩訶、领军任忠皆为开府仪同三司，吏部尚书吴兴姚察为秘书丞，上嘉袁宪雅操，下诏，以为江表称首，授昌州刺史……"[③] 这一系列的措施，无疑是给江南世族吃定心丸。虽然也有一些陈国官吏，在陈灭亡之后，"归于家"或者"废于家"的，但他们的生命财产并未受到任何损害。隋政权没有（也不会有）损害他们的任何举动。因此，陈亡以后的江南，自然照样是"世族凌驾寒门"的。贫苦的农民群众，生活在水深火热之中，他们的反抗大有一触即发之势，在这里蕴藏着无穷的革命力量。

至于"牧人者尽改变之"，有人理解为变更了"世族凌驾寒门"的弊病，我觉得这种解释是很难设想的，一个落后生产关系的变更谈何容易！更何况隋政权并没有这样做呢?！那么，是地方官全撤换了吗？也不可能，而且不是事实。我以为，应该是指某些政策、措施的改变。所谓"无长幼

① 参阅王仲荦：《魏晋南北朝隋初唐史》（上册）六章三节"南朝的农民暴动"。

② 《北史》卷十一，《隋本纪上》。

③ 《通鉴》卷一七七，《隋纪一》。

悉诵五教”就是改变之一斑。“五教”是什么?《纲鉴易知录》注云:“五伦之教。”[①] 此种君臣、父子之“五教”,百姓为什么会反对呢?照理说,世族是不会反对此种维护封建统治的礼教的,人民在那时候也不会认识到它有什么不合理,只是因为“(苏)威加以烦鄙之辞”,用法太严,才遭到激烈反抗的。《隋书·郎茂传》上有材料可以说明这一点:“有民张元预,与从父弟思兰不睦,丞尉请加严法”,结果郎茂是从宽处理了这事。不过,郎茂的从宽处理,与苏威的“五教”之令的精神是不符合的,所以紧接这事的后面,修史者写道:“时,尚书右仆射苏威立条章,每岁责民间五品不逊。或答者乃云:管内无五品之家,不相应领,类多如此。”[②] 郎茂是做的卫国令,其事发生在北方。但可以由此看出,苏威的“五教”之所以引起江南的“百姓嗟怨”,是因为,不仅要民无长幼皆诵之,而且“不逊”者还要加以严法,遇到了贪官污吏,自然会是一件大大危害“百姓”的事情。以后,暴动者才“执长吏,抽其肠而杀之,曰:更使侬诵五教邪”。

另一个重要的改变就是要在“江表依内州责户籍”[③],那就是说,“依内州”与“大索貌阅”“输籍法”等一样,这些户籍措施,主要是“精察其数,以敛赋役者”[④],是加强搜括的一些办法。隋统治者于开皇初年在北方实行以来,也就算是得心应手,搜括到不少户口,增加了很多剥削对象。江南刚刚平定,就急于推行之,对于江南人民是很突然的。江南地区的社会经济,在当时虽有很大进步,但那只是相对而言罢了,从总的情况看,和北方比较来看,还是相当落后的,经济较发展的不过荆、杨、益等几个地区,大多数地区的经济水平还是不高的,不毛之地还不少。南方的户口一直比较少,除了豪强隐占这个因素外,是有不少人民逃到深山老林中躲避赋役的,也有的是整族的逃入山洞,所以在暴动中有不少溪洞豪帅,他们之间虽然有剥削关系,然而,要把他们纳入编户,他们是会共同反抗的,因为东晋南朝以来,就存在着“蛮无徭役,强者又不供官税”[⑤]

---

① 《尚书·舜典》有云:“契,百姓不亲,五品不逊,汝作司徒,其敬敷五教,在宽。”苏威位在宰辅,“律令格式多威所定”,而且又多据《周礼》。故此“五伦之教”的注释是可信的。

② 《隋书》卷六十六,《郎茂传》。

③ 一般叙述暴动原因只引用《通鉴》,《通鉴》没有录这一条,是一个重大的遗漏。

④ 《读通鉴论》卷十九。

⑤ 《宋书》卷九十七,《夷蛮传·荆雍州蛮》。

的情况，原来他们是“乐输无定数”[①] 的，如果纳入了编户，那就是要负担规定的赋役了，这就是南方人民激烈反抗这种户籍措施的原因。因此，企图在江南“依内州责户籍”是引起暴动的一个重要原因。

最后，“讹言欲徙之入关”这一点，对于“安土重迁”的农民自然有鼓动性。对于江南豪族也是一个威胁。因为北周灭北齐，曾迁徙过山东世族，平陈时也随陈叔宝迁走了一批入关。豪族们担心自己原有的家业财产失掉，这也许是他们之中一部分人参加暴动的原因。

从以上分析来看，江南暴动主要是在阶级矛盾基础上爆发的，是在世族奴役和欺凌下的农民群众，不能容忍隋统治者再加以苛急之政的反抗暴动，是一次轰轰烈烈的农民起义。

在短时间内爆发的起义，队伍数以百计，“大者数万，小者数千，共相影响，杀害长吏”[②]。地区分布的很广。《通鉴》将此次暴动的始末笼统系于开皇十年（590 年）冬十一月，使人产生错觉，好像这次暴动经过的时间很短。实则并不很短，如起义军高智慧部围攻泉州就花了百余日才攻下[③]，响应高智慧的顾子元部围攻苏州也有八旬之久[④]，这还是起义在发展阶段的事，就已有三四个月之久，往后义军的失败也还有一个过程，估计总在半年以上。所以此次暴动还不是如人们想象的那样，很容易就被镇压了。当时斗争的情况也是很激烈的。现据《隋书》《北史》中记载的杨素传记并参以其他相关列传，将其大致经过略述如下：

起义爆发后，朝廷即以杨素为行军总管，“帅众讨之”，兵数虽缺于记载，其下“子总管”却有好几个，而且一开始就有几路军同时出动，有些只是名义上受杨素节度，如崔弘度即“以行军总管出泉门道；隶于杨素。弘度与素，品同而年长，素每屈下之。一旦隶素，意甚不平，素言多不用。素亦优容之”[⑤]。又有郭衍为总管，“领精锐万人先屯京口，于贵州（《北史》作‘贡州’）南与贼战，败之，生擒魁帅，大获舟楫、粮储以充军实，乃讨东阳、永嘉、宣城、黟、歙诸洞，尽平之”[⑥]。

---

① 《隋书》卷二十四，《食货志》。

② 《隋书》卷四十八，《杨素传》。

③ 《隋书》卷七十一，《刘弘传》。

④ 《隋书》卷三十八，《皇甫绩传》。

⑤ 《隋书》卷七十四，《崔弘度传》。

⑥ 《隋书》卷六十一，《郭衍传》。

杨素所率自是主力，义军和他的斗争也最激烈。在未渡江之前，派过江侦查的猛将麦铁杖就曾为义军所擒。经过几番侦察才从扬子津开始行动，首先遇到了京口的义军朱莫问部，以及以后各地的小股义军，都进行了顽强的抵抗，或者是败而复战，或者是“据栅自固”。义军的主力则是高智慧部①。据浙江东岸为营，周百余里，船舰千艘，屯据要害，势力很大。杨素现攻不下，后来派来护儿“率数百轻艓，径登江岸，直掩其营，破之”②。使之退无所归，然后前后夹击，经过激烈的战斗，高智慧才败走。后来高智慧几次还击，惜未成功，“遁守闽越”。杨素一面追赶“逐捕遗寇，前后百余战”③，沿途攻破了据守东阳的汪文进和永嘉的沈孝彻；一面又遣史万步“率众二千，自东阳别道而进，逾岭越海，攻陷溪洞不可胜数，前后七百余战，转斗千余里”④。后来杨素在泉州打败了王国庆，又引诱他投降，这个豪族出身的王国庆终于出卖了义军首领，斩杀高智慧而降。这次起义才最后失败。

这样激烈的武装斗争，也表明了不是什么豪族的反抗统一，豪族们在当时是犯不着做这样的牺牲的。如谓不然，那我们就来看看豪族当时的态度吧！

暴动之时，确实是有一部分豪族参加了。然而他们的参加，或者是被迫的，或者是别有用心的，因此容易叛变，容易和隋政权妥协。例如，陈稜的父亲陈岘，原为谯州刺史，“陈灭，废于家。高智慧、汪文进等作乱江南，庐江豪杰亦举兵相应，以岘旧将，共推为主。岘欲拒之，稜谓岘曰：‘……众乱既作，拒之祸且及己。’不如伪从，别为后计。岘然之。时柱国李彻军至当涂，岘潜使稜至彻所，请为内应。彻上其事，拜上大将军、宣州刺史，封谯郡公，邑一千户，诏彻应接之。彻军未至，谋泄，为其党所杀，稜仅以获免。”⑤ 这是离心离德的被迫参加之例；上述王国庆则是别有用心的起事而又中途叛变之例，王国庆“杀刺史刘弘，据州为乱”，是以为或有机可乘，且“自以海路艰阻，非北人所习，不设备伍”，一旦

---

① 高智慧部是主力，其他各地义军还可能有一些隶属于他。如义军首领李稜擒获麦铁杖之后，还“缚送”给高智慧，可见《隋书》卷六十四之《麦铁林传》。

② 《隋书》卷六十四，《来护儿传》。

③ 《隋书》卷四十八，《杨素传》。

④ 《隋书》卷五十三，《史万岁传》。

⑤ 《隋书》卷六十四，《陈稜传》。

失败，就出卖义军首领高智慧以“塞责”①。

另一方面，在镇压起义过程中，隋朝军官又直接得豪族之力不少，如江南豪族陆知命就做出了不小贡献，“以其三吴之望，召令讽谕反者。知命说下贼十七城，得其渠帅陈正绪、萧思行等三百余人”②。

在暴动过程中，有些人是顽强战斗，英勇牺牲了，有些人则叛变投降了，能够激烈反抗、坚决战斗的不是豪族所能做到的，阴谋叛变的则是他们。然而有些史学家却平白的在每一个暴动领导者的名字前面都加上“豪族”二字，这是不公正的，太带有偏见了。

还有，人们在说江南暴动时豪族反抗统一时，在时间上也没有注意一下。大家知道，平陈是开皇九年（589年）年初的事。而此次暴动则发生在开皇十年（590年）的年尾了，为什么反抗统一的行动会迟至两年以后又突然爆发呢？事实上，反抗统一的行动也不是没有，不过那是在九年而不是十年，为“岭南未有所附”，“诏遣柱国韦洸等安抚”，后来“岭南诸州皆定”，《隋书》本纪于十年八月，《通鉴考异》认为，未附和安抚诸事当在九年三月之前，“帝纪所云，盖谓百越已服，奏到朝廷之日也”。那就是说，反抗统一的行动早在九年就已结束了。要说将近两年以后再掀起反对统一的大暴动，也应说出其原因来才行。

总之，这次江南暴动基本上是农民的暴动和起义，不过有豪族参加和趁机而起罢了。农民起义是正义的，不能因为有豪族参加即指为反动，不能因为当时是一个统一局面就认为人民反抗压迫剥削也不合理。我看，这个案是应该翻的。毛主席曾经说：“马克思主义道理千条万绪，归根结底就是一句话：造反有理。几千年来总是说：压迫有理，剥削有理，造反无理。自从马克思主义出来，就把这个旧案翻过来了，这是一个大功劳。”③一些具体历史问题，还须要史学工作者根据马列主义的理论翻案，隋初江南暴动就是这样的问题之一。

1962年5月13日夜

---

① 《隋书》卷四十八，《杨素传》。

② 《隋书》卷六十六，《陆知命传》。

③ 毛泽东：《在延安各界庆祝斯大林六十寿辰大会上的讲话》，《人民日报》，1949年12月20日。

# 试论隋末农民大起义的作用

隋末农民大起义被列为封建社会前、后期的里程碑，中国科学院所编《中国历史》就是这样做的。此外，一些主张封建社会三分或四分的同志，也有把它作为一个界标。研究这一次农民起义的作用之重要性是很明显的。

1961年5月24日《光明日报·史学》副刊上发表的《论隋末农民战争的历史作用》一文，就代表着《中国历史》编写组（至少是前一阶段）的意见。我们认为该文的各个论点还有必要补充说明和进一步的论述。

首先，从阶级关系的调整说起。我们知道，农民起义之推动社会生产力的发展，是因为它“打击了当时的封建统治”，从生产关系上面多少解决了生产力和生产关系的矛盾。这样，一次大规模的农民起义之后，阶级关系有无变化？是怎样的变化？当然是一个很重要的问题。在隋末农民大起义之后，上述论文说：“唐初阶级关系的新变动：地主阶级无论在政治上或经济上都受到了沉重的打击，特别是世族地主，作为地主阶级的一个独特的阶层从此已不再存在；农民中的主要阶层，已由强烈的依附关系的佃客逐渐变成了依附关系略有松弛的佃农，国家直接奴役下的农民，赋役也有所减轻，还有一部分农民，暂时摆脱了地主和政府的直接控制，奴婢和部曲大大减少，在生产中不再起重要作用了。”对于这样一个结论，还需要进一步就当时实际情况做一些考察。

我们从历史记载中看到，在魏晋南北朝时期，在地主阶级当中是曾经形成过一个世族地主的阶层，并且曾一度（在这一时期的初期）支配过政权，成为地主阶级的首脑部分，政治、经济的势力极大，社会地位极高。另一方面，被统治阶级中也产生过“部曲”“佃客”等命名的农民群众，他们依附于豪强（或者说在这一时期的前一阶段就是依附于世族地主），较之于自耕农民或有契约关系的租佃农民，受着更强烈的人身奴役。但是，这种情况并非终魏晋南北朝时期而一成不变，相反，随着历史的发展，那三四百年的前后变化还很大。阀阅世族由于它本身的腐朽，逐渐地从经济上、政治上退出了统治的支配地位，不过，社会地位的影响是很大很大的，以至于到唐朝这种影响也还保留了很久。当然，后一阶段也有一部分世族继续在政治上和经济上有势力，而且又有一些新的世族出现，他们或多或少的留着老牌世族的样儿。至于部曲、佃客等这样一些农民，在生产中的地位是否重要，（又在什么时候重要?）这是需要进一步研究的问题。但是，由于他们的人身依附强烈，随着生产力的发展和阶级斗争的作用，可以推断出，他们的数量是日益减少着，在隋朝有八九百万户的数字出现于户籍册上这个事实，是最有力的证明。

不过，我们所说这种阶级关系的变化，在当时的南北方还有不同的。南方的“旧东西”比北方就要保留得多一些久一些，这里只指出来，不能多说。

从上述情况来看，我们不能说隋朝还是门阀世族使用部曲、佃客乃至奴婢生产占重要地位。但是，隋之代周是上层变化的结果，很难有什么称得上改造旧统治的因素，因循、妥协是自然的。只要在利益上不至非决裂不可，是会维持“现状”的，门阀世族的“现状”会维持，部曲、佃客会继续地以“自然的状态”发展（就是说，有的会摆脱那种地位，有的又会因种种原因，新沦落为部曲、佃客），在这种情况下，又非有待于一次大规模的农民起义来改造它不可。

隋末农民大起义的爆发，由于它地区广、规模大，确乎是给了整个地主阶级极其沉重的打击，“得隋唐及世族子弟皆杀之”，自然要杀死不少地主分子（包括世族地主）。同时，在起义过程中，自然有不少的部曲、佃客摆脱强烈的依附关系，不少的奴隶打碎枷锁获得解放。这就打乱了原来的阶级关系。

至于此后的阶级关系如何？有什么变化？是怎样变的？则需要从更多方面去考察、探究，如果说在隋末农民起义之后的阶级关系出现了新的情况，封建社会确实从此进入了一个新的阶段，那么，是可以把隋末农民起义列为一座里程碑的。说它对于“新阶段”的到来起了作用，或说催生、或曰加速、或叫促进都可以。不过，也不能简单地“归功”于它，否则，难免有“简单化”的嫌疑。

其次，摧毁了隋王朝，教训了唐初的统治者，这个作用的“重要方面”，还需要认真论述，以求一个恰如其分的、符合历史实际的、真正历史唯物主义的说明。今以此自任，未知能如愿与否！隋末农民起义的爆发，主要是由于繁重而急迫的徭役和兵役所致。关于这一点，现就《隋书·食货志》的记载略加说明：

《食货志》上写道，炀帝即位之后，“始建东都”，“每月役丁二百万人”，由于“役使促迫，僵仆而毙者，十四五焉。每月载死丁，东至城皋，北至河阳，车相望于道”。这是大兴土木之徭役。

“时帝将视辽、碣，增置军府，扫地为兵。”这是将伐高丽之兵役。

为了巡幸江南，造船修车，百般征木，而所经州县之令其“供顿献食”，此为无名之勒索。

“又，兴众百万，北筑长城，西距榆林，东至紫河，绵亘千余里，死者太半。”

这几次大征发都是大业三年以前的事。到了四年，“发河北诸郡百余万众，引沁水南达于河，北通涿郡。自是以丁男不供，始以妇人从役”。当时情况，如修志史官所言：“长城御河不计于人力，运驴武马指期于百姓，天下死于役而家伤于财。”

以上这些还并非当时兵、徭役之全部，其繁重之程度已略可见矣，而当时之征役，又“征发仓促，朝令夕办”，其急迫也可知。还有，执行征求的地方官吏，一方面迫于自己的身家性命（“供顿献食，丰办者加官爵，阙乏者谴至死”），不得不急而行之；另方面还要借以中饱私囊，“每急徭卒赋，有所征求，长吏必先贱买之，然后宣下，乃贵卖与人”。此种重而且急的赋役，使得“强者聚而为盗，弱者卖为奴婢”。

但是，在这种“百姓穷困，财力俱竭”① 的情形下，隋炀帝仍然于大业七年初“下诏讨高丽”，来了一个全国性的大征调，《通鉴》卷 181 描写当时的情况说：“总征天下兵，无问远近，俱会于涿”，“四远奔赴如流”，“五月敕河南、淮南、江南造戎车五万乘送高阳”，“发河南、北民夫以供军须”，“秋七月，发江淮以南民夫及船，运黎阳及洛口诸仓米至涿郡”，“往还在道，常数十万人，填咽于道，昼夜不绝”。于是“苦役者始为群盗”②。隋炀帝悍然不顾，一面下令镇压起义（“敕都尉、鹰扬与郡县相知追捕，随获斩决之”③），一面于大业八年开始连续发动了三次对高丽的

① 《通鉴》卷 181。以上未注明出处者，皆见《隋书·食货志》。

② 《隋书》卷三，《炀帝本纪》。以上未注明出处者，皆见《通鉴》卷 181。

③ 《通鉴》卷 181。以上未注明出处者，皆见《隋书·食货志》。

进攻。

第一次动员的规模最大，各路军队“总一百一十三万三千八百，号二〇〇万，其馈运者倍之”①。结果吃了败仗，七月间，萨水一战，三十万大军全军覆没。隋炀帝恼羞成怒，次年接着发动第二次进攻，此时因“杨玄感趁虚为乱”，打乱了他的计划，及玄感平，他竟丧心病狂的“谓侍臣曰：‘玄感一呼而从者如市，益知天下人不欲多，多则为贼。不尽诛，后无以示劝。’乃令裴蕴穷其党与，诏郡县坑杀之，死者不可胜数”②。（假仁假义也没有了！）这样，“所在惊骇，举天下之人，十分九为盗贼”③。就是这样，对高丽的侵略引起了轰轰烈烈空前大规模的隋末农民起义，所谓“自燕赵跨于齐韩，江淮入于襄邓，东周洛邑之地，西秦陇山之右，僭伪交侵，盗贼充斥”④。似乎还没有任何一个概述能描写出当时农民斗争的波澜壮阔的情景。

然而，起义爆发的主要原因，由以上所述则历历在目。

正因为如此，所以隋末农民起义反对的也就是那种苛急的兵役和徭役，这一点我们从祖君彦为李密所写的讨隋檄文中可以看出，他代表农民起义军，列举了隋炀帝十大罪状，其中前三条是指责隋炀帝个人生活的腐化堕落，后三条则历数他的政治败坏，中间四条都讲的是大兴土木和穷兵黩武，所谓“穷生人之筋力，罄天下之资财”，弄的“父母不保其赤子，夫妻相弃于匡床。万户则城郭空虚，千里则烟火断灭”。真是“积怨满于山川，号哭动于天地”，“义夫切齿，壮士扼腕”⑤。对于兵、徭役苦民的这些认识，恐怕不是地主阶级出身文人之虚饰，而是当时起义者所能意识到的问题。例如窦建德在将起义时，对孙安祖说：“今水潦为灾，黎庶穷困，而主上不恤，亲驾临辽，加以往岁西征，疮痍未复，百姓疲弊，累年之役，行者不归，今重发兵，易可摇动。”⑥ 孙安祖本人就是因为反抗征发，刺杀县令而起事的。又，杜伏威曾使辅公祏对苗海潮说：“今我与君同苦隋政，各举大义。”此所苦者，自然是指的当时的兵役和徭役。

---

① 《通鉴》卷181。
② 《隋书·食货志》。
③ 《隋书·食货志》。
④ 《隋书》卷二十四，《食货志》。
⑤ 《旧唐书》卷五十三，《李密传》。
⑥ 《旧唐书》卷五十四，《窦延德传》。

我们在阐述了以上这些之后，进一步来说明隋末农民起义的作用。在这方面，隋末农民的起义行动，确实严重地教训了唐朝统治者。因为，隋末苛急的兵、徭役，一方面使得人民群众“财力俱竭”，同时另一方面也就是破坏了社会生产（主要是农业生产），即所谓“耕稼失时，田畴多荒”①。唐朝的统治者看到了这个问题，太宗在贞观二年时曾对侍臣说：“凡事皆须务本。国以人为本，人以衣食为本，凡营衣食，以不失时为本。夫不失时者，在人君简静乃可致耳。若兵戈屡动，土木不息，而欲不夺农时，其可得乎?”② 这是接受了隋末大起义的教训，他在读到隋炀帝之行幸时就公开承认说，隋炀帝造宫室、修驰道，弄得“人力不堪，相聚为贼。逮至末年，尺土一人，非复己有。以此观之，广宫室，好行幸，竟有何益？此皆朕耳所闻，目所见，深以自诫。故不敢轻用人力，惟令百姓安静，不有怨叛而已”③。如所周知，接受了这种教训的一些主要人物，我们仅从“贞观政要”中即可看到，魏徵、房玄龄、王珪、岑文本等人都有此认识，都有类似的议论，都很重视“徭役无时，干戈不戢”④，至隋之亡鉴。这是无须征引的。

更重要的是，统治者的这种认识，已经在他们的行动中反映了出来，关于唐朝初年的徭役情况，我们从史实中可以看到，比起隋末是大大减轻了，这具体的表现在几个方面：第一是从新颁布了租庸调的法令。特别是其中“不役者收庸”的规定，在较大的程度上付诸实行了。而且强调了在租庸调外“不得横有调敛”。第二，在直接征发方面比较有节制，例如贞观年间就确实大工程比较少，有时候材料准备好了而罢役的情况都不止一次，而且在地租上也有意识的控制在某些地区，当时马周曾说道：“今京师及益州诸处，营造供奉器物，并诸王妃主服饰。”特别是贞观初年，一般地说是较多地控制在关中，而山东、河北以及江淮以南都直接征发得少一些，高季辅还曾为此而上封事，认为劳逸不均，他说：“关河之外，徭役全少，帝京三辅，差科非一，江南河北，弥复悠闲，须为差等，均其劳逸。”（《旧唐书》）。当然说这一时期的徭役比较少，是相对而言的，并不是

① 《通鉴》卷181。
② 《贞观政要》卷八，《务农第三十》。
③ 《贞观政要》卷十，《行幸第三七》。
④ 《贞观政要》卷一，《君道一》。

毫无兴修土木之徭役，所以唐太宗在晚年对太子说："吾居住以来，不善多矣，锦绣珠玉不绝于前，宫室台榭屡有兴修，犬马鹰隼无远不致，行游四方，供顿饭劳，此皆吾之深过，勿以为是而法之。"能有此认识和言论倒也算不错。这种节制徭役的思想，是为贞观以后几朝的统治集团在一定程度上继承了的。第三。另一个更重要的表现是"纳资代役"与"和雇"的实施。前揭高季辅所上封事有言：而凡诸营缮，工徒未息。正丁正匠，不供驱使；和雇和市，非无劳费。这说明贞观初年的徭役不是无时的，和雇和市是实行了的。虽说"纳资"之后就不一定真"代役"了，虽说"和雇"亦颇劳人，但是他们的逐渐普遍化，却是一个重大的进步趋向。

关于兵役的情况大体上和徭役差不多。首先是唐初统治者认识比较正确。"太宗《帝范》曰：夫兵甲者，国家凶器也。土地虽广，好战则人凋；邦国虽安，忘战则人殆。凋非保全之术，殆非拟寇之方，不可以全除，不可以常用。"① 这是他做二十几年皇帝的经验总结。而我们看，整个贞观年间的用兵，也确实是比较慎重的，可以略举一些事实说明之："贞观四年，有司上言：'林邑蛮国，表疏不顺，请发兵讨击之。'太宗曰：'兵者凶器，不得已而用之。'"他在列举汉至隋的一些正面和反面的事例后继续说："朕今见此，岂得辄即发兵？但经历山险，土多瘴疠，若我兵士疾疫，虽克剪此蛮，亦何所补？言语之间，何足介意!"结果"竟不讨之"②。

又，"贞观初，岭南诸州奏言高州酋帅冯盎、谈殿阻兵反叛。诏将军蔺著发江、岭数十州兵讨之"③。这是谋反大事，要发兵平叛，但因魏徵谏阻，建议"遣使分明晓谕"，"太宗从之"，结果"岭外恬然"，这样"不劳而定，胜于十万之师"④。

还有好多次用兵的记载都说明，当时唐朝君臣反复商讨，权衡其轻重得失，不必一一列举。就是到了贞观晚年，自负才能功高的唐太宗，很想对高丽一试，也并不十分放肆，从贞观 17 年开始，几次试探臣下口气，次次都得不到支持，拖延了两年时间才正式出兵。而且，既出兵之后，也相应地采取了一些安定民心和抚慰战士的措施，与隋炀帝伐高丽不同，比其

① 《贞观政要》卷九，《征伐三五》。
② 《贞观政要》卷九，《征伐三五》。
③ 《贞观政要》卷九，《征伐三五》。
④ 《贞观政要》卷九，《征伐三五》。

他时期统治者用兵也要高明一些。

当然，唐朝的武功不能说不“盛”。但是从当是实际用兵情况来看，如贞观、永徽年间，就没有出动超过二十万人的大兵，而且能注意到不四面八方同时出击。前者用兵在高宗末年发生了变化，出兵有近三四十万的（不过和隋比较起来仍少得多），但后一方面，不同时出击则唐朝前期也做得较好。

从上述隋末农民起义的主要原因到唐初的施政情况中，我们看到了隋末农民大起义所起的作用，主要而又具体的表现在反对兵役、徭役负担的成功上面。这一点是能够充分说明农民起义之推动生产发展的，因为兵役、徭役负担情况的改变，实质上是解决生产关系和生产力矛盾的问题，是使得生产力发展所受的阻力和束缚有所改变，所以唐初社会经济的发展不是偶然的。而且，考察唐朝的强大乃至一切变化，其根源都在于此。

说到这里，还有必要说明以下两点：

第一，我们说反对苛重的兵役、徭役并且取得了成绩，这是看隋末农民起义作用的主要方面，当然不是全面的说明。而且这种作用，又是从推动生产力发展上体现出来的。隋末农民起义在社会、政治各方面还发生了许多影响，从唐初的各种政治、经济措施中可以看出来，诸如用人、纳谏、整顿吏治、调整统治机构、减轻刑法等，都多少有些革新精神，这些事实为史学界所熟知，不必多说。总的表现则是：革除陈旧的东西要坚决些；打击腐朽势力要彻底些；剥削人民的贪欲多少节制些；压迫群众的手段稍微缓和些，能够处处以隋亡为鉴。而这些也都或多或少的有利于社会生产的发展。

其为政不是过急（同时也是接受了隋末起义的教训），可以举一件事来说明：我们知道，户口问题是统治者很关心的一个问题，是赋税、徭役之所出。而唐初户籍册上已有三百多万户，过了半个多世纪到武则天时才增加一倍（六百多万户），再过半世纪到玄宗时才增加到九百万户，达到隋朝户口数的水平。这个发展，大致上能侧面反映唐代社会经济乃至政治的向上发展的进程。不过，这中间人口的繁殖是无法估计的，因为社会实际人口数总不止那么多，主要是政府采取各种措施，建立户籍制度的结果。而在这方面，实际情形和隋朝有明显的不同。隋朝户口数的增加多而且快，“精察”得太急，在隋初曾引起过江南的暴动，本文前述隋末大起义爆发的主要原因（兵役、徭役大征调），也莫不与此有关。唐朝户口达到最高数字，却经历了一个半世纪。所以，唐朝虽也实行过“括检逃户”“团貌”等办法，但至少在唐初没有采取过“大索”“貌阅”之类的措施。这应该是为政不急的一个最好例证，也有点点使“百姓安乐”之意。

第二，隋末农民大起义推翻了残暴的隋王朝，唐王朝因而得以建立，这次“朝代的更换”，也“是由农民起义的力量才能得到成功的”。然而，这一次“大规模的农民革命斗争停息以后”，同样是“封建的经济关系和封建的政治制度基本上依然继续下来”。不过，并不能因此而否认这一次农民群众推翻黑暗统治（就隋朝来说）的功绩，也不能否认他们用革命的手段达到了改变这种统治（就整个封建社会来说）的目的。说农民起义的失败和成功应该看是就什么而言。从封建社会的发展来看，我们认为隋末大起义在推动作用这一点上是成功了的。

至于隋末农民大起义的作用是否使我国封建社会走上了一个新的阶段呢？那是需要从全部封建社会历史，从当时社会的各个方面进行深入考察的。这一问题与本题有关，但是又不能因这个题目的研究而直接得到解答。否则，就超越了题目范围。不过，由于它有关，这里也提示一些粗略的看法：

首先要弄清楚的是“新阶段”应如何理解？既然是在封建社会内部，不论是哪一个阶段，基本的阶级矛盾是相同的，不容怀疑，经济和政治制度也自然会有许多的共性和继承性，要截然划分，想找出其绝对的不同之处是不可能的。那么，又应该从什么地方来区分呢？我们认为，即使是在同一社会形态内部，也应该从决定社会发展的社会生产上去找各个阶段的相对的差别。那就是要看当时的生产力水平和生产关系（阶级关系）的状况，因为前者是决定社会发展的最革命因素，后者是阶级矛盾所依赖的基础，如果他们发生了变化，就必然呈现出阶段性来。用这个观点来看，唐朝是有些可以表现新阶级的新内容。这在生产力方面是比较明显的，当时农业生产工具和耕作技术的改进，精工细作的发展，因而单位面积产量大大提高，亩产量约为汉代的二倍（而魏晋南北朝时期大致和汉差不多）。唐朝的生产关系和上层建筑的各种变化，发生在这种生产力水平的基础之上，就有更多的可能具备许多新的因素，例如：以契约形式存在的租佃关系普遍发展；专制主义中央集权进一步加强；政治、经济、文化诸制度的完备和巩固等，都有新的因素，这里不能详论。总之，唐朝具有了新阶段的一些特点，此其一。

其次，这个新阶段的断限放在哪里呢？史学界有多种主张，从隋唐之际算起的大致有三派：一是起于隋的建立，二是起于隋末农民大起义，三是起于唐中叶。我们是赞成以隋末农民起义为界标的。这主要是为了突出农民起义的动力作用。而我们考察另外两派主张，其主要论点不外乎：一个是认为“唐承隋制”，另一个是觉得许多新因素都突出的表现在唐中叶及其以后。这后一派主张的内容与我们之划在隋末大起义后有些是相同的（如生产关系变化就是）。但是，我们则以为，如果不以隋末大起义做一个里程碑，就在这隋唐之际，似乎划在哪里都有它一定的理由，除了“安史之乱”、两税法等事件可以断一下之外，“武周革命”似乎亦可自成一段，贞观和武德好像区别也不小。至于经济、政治、文化各方面的继承性（即第一派主张的理由），那么不独唐承隋制，秦汉到明清都有其不可割断之处。所以，我们觉得，从社会生产决定社会发展的观点来看，把新阶段从隋末大起义后的唐初算是比较恰当的，虽然一些新的东西比较突出的是表现在唐中叶，但是不应该否认其开始变化是从唐初开始，一朝一朝地加深加快。唐初一段靠前还是靠后这个问题，看看世界中世纪开端的起算年代对我们不无参考之处。很明显，欧洲封建制形成的各种标志是在七至九世纪才能看得清楚明白，而中世纪却是从罗马崩溃后的五世纪开始起算的。这还是两种社会形态的交替！所以，说隋末农民大起义对于我国封建社会的新阶段起了催生的作用，应该是可以的。

隋末农民起义对唐朝的建立和发展之作用是巨大的。然而，这对于我国封建社会发展进程的历史意义，又取决于新阶段是否从唐朝开始。

1962年5月13日夜

# 论隋朝的统一及其历史意义

## 一

北周末年，政治腐败，是一个“人之去宇文也，如恐不速”[①] 的形势。正如《周书》卷七之《帝纪》所言：“内外恐惧，人不自安，皆求苟免，莫有固志，重足累息，以逮于终。”这就给以杨坚为首的政治集团的夺取政权有机可乘。杨坚的父亲杨忠，是北周的开国功臣之一，被封为隋国公。杨坚继承了父亲这个爵位，妻子独孤氏，是鲜卑大贵族独孤信的女儿。他的女儿又是周宣帝（宇文斌）的皇后，杨坚就利用他在北周政治中的这种有利条件和特殊地位，并拉拢一批高级官僚，如李穆、韦孝宽、刘昉、郑铎等人，逐渐提高自己的声望和政治地位，据史书记载，周“宣帝时，刑政苛酷，群心崩骇，莫有固志。至是，高祖大崇惠政，法令清简，躬履节俭，天下悦之”[②]。因此，杨坚得以代周兴隋。杨坚之能成功，也有他一些有利条件。

其做皇帝的简单经过是这样的：周宣帝在“上下离心”的情况下死去了，静帝（宇文阐）继位时只有八岁。于是以杨坚为首的这个政治集团，因杨坚为“皇后之父，众望所归”[③]，趁机推他入宫总管国事，操纵了政治、军事大权。杨坚辅政后，曾有周地方大臣相州（河南安阳）总管尉迟迥、郧州（湖北安陆）总管司马消难、益州（四川成都）总管王谦等起兵反对，企图争夺政权，但不久都为杨坚所平。在中央宇文氏皇族也想推翻杨坚，被杨坚镇服。581 年杨坚即废周自立，建国号为隋，改元开皇，都设长安，他就是隋文帝。杨坚的代周，虽然也有过一些流血斗争（继位后又曾大杀宇文氏之族人），但规模不大，时间也很短促，政权的取得是比较容易的。

隋建立之初，从长江中游的江陵湖北以上至四川，所有长江以北的地

① 《读通鉴论》卷一八，《临海王》。
② 《隋书》卷一，《高祖纪上》。
③ 《隋书》卷一，《高祖纪上》。

方，都是其势力范围，江陵（今县名）虽还有个附庸梁国，也是完全听命于隋的。下一步就要把南北统一起来了。

隋文帝一即位就有“并吞江南之志”，就采纳高颎的建议，常在江南农田收获之际，“微征士马，声言掩集”，以“废其农时”，又纵火烧江南储积，这样年年如是，弄得陈朝“财力俱尽”①。在边境骚扰的另一作用，则在于疲痹陈军，是所谓“彼既聚兵，我便解甲。再三若此，彼以为常；后更集兵，彼必不信。犹豫之顷，我乃济师；登陆而战，兵气益倍”②。后来589年正月，贺若弼就是这样自广陵引兵济江的。在实力上的准备，有如对巴蜀（今四川）地区的经营，这个地区是：“蜀土沃饶，人物殷阜”，财富很是充足，又“西通邛、莢，南属荆、巫”③，形势极为险要④。因此，581年就“以越王秀为益州总管，改封蜀王”，并以元岩为益州总管长史⑤。经营结果，稳定了西方的局势，杨素得以由三峡“率水军东下”⑥。其次，准备工作还有如“大作战船”，训练水军，在沿江与上游做各种进军和渡江的军事部署⑦。再次，587年将要伐陈之时，于扬州寻古邗沟故道开山阳渎，自山阳（淮安县）至扬子（江都县南）入江，“以通漕运”⑧。

最后，588年3月，为暴露陈叔宝罪恶，“散写诏书三十万，遍谕江外”⑨。在所谓“席卷之势，事不在疑”的时机，隋文帝9月间“宴南征诸将”，10月下总攻击令，命晋王广为主帅，秦王俊、清河公杨素为中副帅，共计总管90、兵51万8千，分兵八路，“东接沧海，西拒巴蜀，旌旗舟楫，横亘数千里”⑩，以排山倒海之势，向南方陈政权进攻（结果一举成功）。

陈朝方面则从未准备，诚如隋人薛道衡所言。“叔宝荒淫骄奢”，“彼以江总为相，唯事诗酒，拔小人施文庆，委以政事，萧摩诃、任蛮奴为大

① 《隋书》卷四十一，《高颎传》；《资治通鉴》卷一七六，《陈纪十》，祯明元年。
② 《隋书》卷四十一，《高颎传》；《资治通鉴》卷一七六，《陈纪十》，祯明元年。
③ 《隋书》卷三十九，《于宣敏传》。
④ 早在镇压益州总管王谦时就有此认识，参阅《隋书》之《本纪一》。
⑤ 《隋书》卷六十二，《元岩传》。
⑥ 《隋书》卷四十八，《杨素传》。
⑦ 参阅《隋书》卷六十，《崔仲方传》；《资治通鉴》卷一七六，《陈纪中》，祯明元年。
⑧ 《隋书》卷一，《高祖纪上》。
⑨ 《资治通鉴》卷一七六，《陈纪十》，祯明二年。
⑩ 《隋书》卷二，《高祖纪下》。

将，皆一夫之用耳”[1]。隋军已到江边，朝臣“议久不决”，陈叔宝还“从容”地说：“王气在此，齐兵三来，周师再来，无不摧败，彼何为者耶?”他的佞臣孔范也就附和：“长江天堑，古以为限隔南北，今日虏军岂能飞渡邪?”仍然是“不为深备，奏伎、纵酒、赋诗不辍”[2]。在朝君臣是如此之昏聩！边境上的将士也不稍弱，589 年“韩擒虎将五百人自横江宵济采石”时，也是“守者皆醉”[3]。如此陈朝，当然不是隋军敌手。

589 年，韩擒虎首先夜渡采石矶（安徽当涂附近）之后，“进攻姑熟，半日而拔，次于新林。江南父老素闻其威信，来谒军门，昼夜不绝”[4]，这支队伍进展很是迅速。时贺若弼亦自广陵引兵济江，也是“所至风靡”[5]。“于是，贺若弼自北道，韩擒虎自南道并进，缘江诸戍，望风尽去。”[6] 水路大军直向陈朝首都建康（南京）进逼！时建康甲士尚有十余万人，但“陈主素怯懦，不达军士，唯日夜啼泣，台内处分，一以委施文庆……由是诸将凡有启请，率皆不行！”[7] 兵久不决，延误时机，结果陈军或败或降，陈将任忠“引擒虎军直入朱雀门”[8]，隋军进入建康城。陈叔宝和他的妃子张贵妃、孔贵嫔投入枯井，被隋军人以绳索引出成为俘虏。陈主被俘后不到一个月，“于是陈国皆平”[9]。

陈国自此灭亡，南北长期分裂的局面也结束了。

## 二

隋朝其所以能够结束长期分裂割据的局面，这首先是客观历史发展的要求，在分裂时期的南北朝，这种客观要求就很明显地反映出来了。这一看法，可以分述如后：

先就经济情况来说。虽然自东汉末年以后，政治上长期的分裂，几百

① 《资治通鉴》卷一七六，《陈纪十》，祯明二年。
② 《资治通鉴》卷一七六，《陈纪十》，祯明二年。
③ 《隋书》卷五十二，《韩擒虎、贺若弼传》。
④ 《隋书》卷五十二，《韩擒虎、贺若弼传》。
⑤ 《隋书》卷五十二，《韩擒虎、贺若弼传》。
⑥ 《资治通鉴》卷一七七，《隋纪一》，开皇九年。
⑦ 《资治通鉴》卷一七七，《隋纪一》，开皇九年。
⑧ 《资治通鉴》卷一七七，《隋纪一》，开皇九年。
⑨ 《资治通鉴》卷一七七，《隋纪一》，开皇九年。

年之久，社会处于混乱之中，这比起国家统一、政治上相对安定来说，对人民是更多更深重的灾难，对经济的发展也有着不小的阻碍作用。但是，艰辛耐劳的人民，却始终坚持了生产斗争，他们一面进行着反抗统治者压迫、剥削和奴役的斗争，一面又辛勤地劳动，创造着物质和精神财富。每当统治者野蛮地破坏了社会经济之后，又总是人民群众使之慢慢地恢复起来。同时劳动经验也不断地积累着。因此，这一历史阶段，特别是他的后期——南北朝时期，成就也是相当显著的。据史书记载：北方在北魏时有："百姓殷阜，年登俗乐，鳏寡不闻犬豕之食，茕独不见牛马之衣。"①的那种盛况（这当然是夸大了的）；南方也出现了一些"富庶"的州郡，"地广野丰，民勤本业，一岁或稔，则数郡忘饥。会土带海傍湖，良畴亦数十万顷，膏腴上地，亩值一金，鄠杜之间，不能比也。荆域跨南楚之富，扬部有全吴之沃，鱼盐杞梓之利，充仞八方，丝绵布帛之饶，覆衣天下"②。这些记载，多少能反映一点点当时经济的发展，特别人民的劳苦功绩。

因为这些所谓"富庶"和"盛况"，是和农业、手工业以及商业发展的许多具体的事实联系着的。比如农业，我们可以从《齐民要术》一书中看到当时农器和耕作技术的改进和提高情况，该书中关于耕犁就有辽东"犊犁"和齐人"蔚犁"，分别适用于平地和山间之地的记述，关于耕种技术有深耕、施肥等的记述③。北魏贾思勰所作的这本《齐民要术》，虽系自古以来农副业技术的总结，然而我们看它更重要的是，记录和总结了当时黄河流域的农业生产经验。如作者在自序中所说："今采据经传，爰及歌谣，询之老成，验之行事，起自耕农，终于醯醢，资生之业，靡不毕书。"④ 所以我们完全能据此书看出当时北方地区农业生产的面貌。不仅北方，南方这时候也改变了"火耕水耨"的情况，精耕细作的农业技术得到了推广（在这方面，北方劳动人民的南迁，很有一定作用）。看农业的发展，当然还包括这水利事业的兴修、耕地面积的扩大、农产品品种和数量

① 《洛阳伽蓝记》卷四。

② 《宋书》卷五十四，孔季恭等传论。

③ 参阅《齐民要术》卷一，《耕田第一》《收种第二》《种谷第三》；卷二，《黍穄第四》《梁秫第五》《大豆第六》《小豆第七》《大小麦第十》等篇。

④ 《齐民要术》序。

的增多等许多重要方面，而且这些方面无一不都与人民的劳动相联系着，这里就不一一叙述了。再比如说手工业，这一时期的手工业尽管南方北方各有特点，发展过程不尽相同，但总的来说是进步了。这里我们仅指出如下一点，即南北朝时期炼钢技术的进步有着重要意义，能够大大地提高生产力水平。影响着农业和手工业各部门的发展①。

在上述情况当中我们已经看到，不论在哪一方面，南方和北方虽总的都是在发展，但由于政治上的分裂，不仅有许多具体发展情况不同，而且其发展免不了受到一些阻碍，这在商业中能最突出的表现出来。当时，南北两方各自的商业都比较活跃，北方有杨炫之《洛阳伽蓝记》的记载可供参考②，南方虽发展起来晚一些，但所经战乱的破坏又少于北方，因此梁武帝普通年间，郭祖深上封事说："今商旅转繁，游食转众，耕夫日少，杼轴日空。"③ 南方有了建康、江陵、成都、广州、京口、广陵等诸多重要商业中心，其中建康最为繁荣，所谓"贡使商旅，方舟万计"④。而且沿秦淮河两岸有不少的市镇，即《通典》所说："淮水北有大市，自余小市十余所。"⑤ 总之，许多历史事实都能说明商业的比较活跃。但南北两方，甚至北方分裂为东西两部时也一样，隔离就比较大了，自由的交易时不常存在的，通常或者是政府特遣的供使的交市，或者是商人的冒险私贸⑥。此外，还有条禁⑦、关津、货币等许多限制，对商业发展大有妨碍。

其次，种族融合是政治上统一的另一决定性条件。从西晋末年开始，由于汉族统治者和西北内迁各族统治者所制造的种族矛盾，造成了北方的混战局势和南北两方的大分裂。但是时间久了，各族人民在自己苦难的经历中逐渐感觉到，自己的真正敌人是各族的统治剥削阶级。并且，在他们共同从事的阶级斗争和生产斗争中，自然的融合起来，消除了种族隔阂，

① 参阅林寿晋：《东晋南北朝时期矿冶铸造业的恢复与发展》，文载《历史研究》1955 年第 6 期。

② 参阅《洛阳伽蓝记》卷四，有关于洛阳大市的描写，有关于国境之内商人足迹无所不至的记述。

③ 《南史》卷七十，《郭祖深传》。

④ 《宋书》卷三三，《五行志》。

⑤ 《通典》卷十一，杂税。《隋书》食货志："淮水北有大市百余，小市十余所。""百"乃"自"之误。《宫苑纪》及景定《建康志》皆同《通典》。

⑥ 参阅李剑农的《魏晋南北朝隋唐经济史稿》第五章第一节。

⑦ 参阅《北齐书》卷三十九，《崔季舒传》。

使得各族统治者的挑拨、利用的可能逐渐减少以至消失。各少数民族内迁已久，北方到了北魏时候，与原住地的汉族人民交错杂居，共同从事农业生产，差异逐渐减少，风俗习惯上的隔阂也逐渐消失。所以，从当时各族人民的行动看，种族斗争的形式也逐渐消失了，阶级矛盾则很尖锐。北魏孝文帝时的改制，三长制与均田制的施行颇能说明这种情况：首先，改革其所以施行，是人民反抗压迫剥削斗争的结果，人民的起义和暴动，伴随着整个北魏历史，在道武帝至孝文帝这段时间中，不到一百年，据《魏书》粗略统计，人民起义就达八十余次之多。北魏统治者也曾想过一些办法来对付起义，如实行“击鼓惊盗法”“五五连坐法”等①。但是这些办法的作用有限，而且压迫越狠，反抗必然更大。人民起义之愈来愈猛烈就是铁证。所以，是为了巩固统治，缓和当时的矛盾，孝文帝才被迫进行改革的。他的改革很有成就，这里不能详述。然而，其所施行的均田制和三长制，从种族融合的这个角度来看，其意义在于：各族人民在一定土地范围内，在同一行政组织的控制下进行劳动。这既是各族人民错居、共同劳动的实际情况的反映；而结果，又在客观上促进了各族人民联系的加强，乃至于风俗习惯等各方面的融合。

而北魏末年的各族人民大起义，就是各族人民大融合，反抗北魏政权的斗争。六镇起义一爆发，就有“诸镇华夷之民，往往响应”②。起义人民有汉、匈奴、铁勒、鲜卑、氐、羌等各族。破六韩拔陵是匈奴人，铁勒族的胡琛响应他；胡琛与羌族首领对立，可是他的部下大将万俟丑奴却是羌人。总之，我们在起义队伍中，很难看到这族与那族的明显界限。

从北魏的历史看，北方各民族的融合，使得各族统治者无法再挑拨各族之间的关系而进行混战了。北方政局基本上已经统一，其后北齐、北周的再分立，一则时间很短，二则再从以后隋唐的历史看，可以说随着北朝的结束，北方的民族大融合也就完成。到了隋唐时代，匈奴、羯、氐、羌、鲜卑以及丁宁、乌桓等族的名称，终于成了历史上的名词，虽然仍有“五胡之众”、山胡、稽胡等名称，在隋唐时活动，但按其性质说已是一般封建性的割据。不同于十六国时代的种族国家分立。梁陈以后，人民已逐

① 《魏书》卷六十六，《李崇传》。

② 《资治通鉴》卷一四九，《梁纪五》，普通四年。

渐的没有了那种从事种族战争的强烈要求。这是因为南北的分裂，在南北朝后期，失去了种族矛盾的借口，一方面，北魏统治者下诏说："魏之先出于黄帝"（《通鉴》），它表明是黄帝子孙，同时又致力于汉化诸改革，这都是有利于消除民族歧视和偏见。《通鉴》说高欢调和汉、鲜卑人（梁武帝大同三年），这也成为民族隔阂削弱的一个侧面反映。而在南方呢？东晋以来，政权更替频繁，门阀世族的腐朽，政治的混乱，等等，使南方各族人民也和北方人民一样，日益陷于水深火热之中，所以南方各族人民进行了不断的反抗斗争①。阶级矛盾日益尖锐，而所谓"恢复中原"的北伐呢？不但统治者从来没有认真地进行过，就是有所举动，其结果也只是给人民带来更大的灾难。例如肖梁时的北伐，就因任命将帅不当，吃了败仗，劳民伤财，弄得"自征伐北境，帑藏空虚"。"刑役荐起，民力雕流。"② 因此，"人人厌苦，家家思乱"③。例如"侯景之乱"时，侯景固然是暴力掠夺和烧杀，而梁的所谓勤王之师，别无二样，当百姓扶老携幼以候"王师"之际，这些军人"掠之甚于寇贼"④。这时候，汉族和非汉族统治者不论在何种情况下都是一样的对待人民。人民从惨痛的经历中体会到，各族统治阶级都是自己的敌人。因此，如果说东晋和南朝初期，南方诸政权赖人民（包括南北两方的人民）力量支持，抗击北方政权进军而得以维持的话⑤，南朝后期就逐渐失去了这种支持力量。如 529 年，梁主元灏为魏帝，遣陈庆之保送他北返，由于他们以征服者自居，军纪极坏，大失人民之望，因此遭到了失败⑥。到了陈朝，成为一代最弱最小的王朝，陈之争淮南，欲望是"时彭城丧师，陈人通国上下摇心"⑦，这是人心向背有着重大意义的一个鲜明对照。

各族人民联合起来，共同反抗统治者的压迫和剥削，是当时人民的迫

---

① 东晋南朝时期，人民的反抗斗争并且经常表现为武装起义。这时不仅有孙恩、卢循和唐寓之等领导的较大规模起义，而"四方贼起""四方反叛""山贼聚结"等记载，也不绝于史书。参阅《宋书》卷二十六，《天文志》；《梁书》卷三，《武帝纪》。

② 《梁书》卷三十八，《贺琛传》。

③ 《资治通鉴》卷一六〇，《梁纪十六》，大清元年。

④ 《南史》卷八十，《侯景传》。

⑤ 东晋时淝水之战是最好的说明，南朝初年也是如此，450 年刘宋出兵河南时，"河洛之民，竞出租谷。操兵来赴者，日以千数。"——《资治通鉴》卷一二五。

⑥ 《梁书》卷三十二，《陈庆之传》。

⑦ 《通鉴》陈太建十年胡三省注。

切要求，北方如此，南方也是一样，种族矛盾已降于次要地位。各族统治者制造的所谓种族矛盾这个消极因素，到南北朝后期也不复存在了。人民希望能安居生产，因而也就需要统一。

再次，南北朝后期，门阀世族势力有所削弱，也有利于统一政局的重建。东汉末年以来，豪强地主实力的大发展，所谓“豪人之室，连栋数百，膏田满野，奴婢千群，徒附万计。船车贾贩，周于四方”。他们虽“不为编户一伍之氓，而有千室名邑之役，荣乐过于封君，势力侔于守令，财赂自营，犯法不坐，刺客死士，为之投命”①。经济上有势力，政治上地位也就相应增强。于是，就在封建统治阶级中逐渐地形成了门阀世族这样一个阶层，成为一种严重的地方势力。这种实力在汉末镇压黄巾起义的过程中更迅速地发展起来，终至于演成政治上公开的分裂割据。大族势力进一步发展，在曹魏实行“九品中正”的选举制度之后，到西晋就开始了“上品无寒门，下品无势族”② 的大族专政局面，他们垄断着政权。这种势力既破坏了统一，加深了分裂，也继续妨碍统一的再建成。三国之后的西晋，一则是个短暂的统一，二来其大族势力又进一步加强了，他们反对集权③，削弱中央势力，以至在我国历史上接着就出现了长期的大分裂。这就是十六国、东晋、南北朝时的分裂，西晋、东晋时门阀制度达到了登峰造极的境地，然而极盛始衰，南北朝时期也就逐渐衰落了，特别是其后期，情况发生了变化。在南方，东晋南朝的人民以起义形式的斗争，打击了门阀世族是没有问题的，然而说南朝豪强的衰落，则需要具体分析，我们认为：门阀世族之形成，开始于汉魏，晋宋之间士庶区别日益加大，宋齐时达到僵化的程度，这种僵化则表示士族集团受到了严重的威胁。所以梁陈以后之衰迹就更加明显了。我们说它衰弱，主要是指老牌门阀世族的经济、政治势力削弱而言。在当时，他们的社会地位还是很高的，经济势力也不同程度保有一些，政治势力的削弱则是异常显著的。这就有利于中央集权和统一。南朝的几个皇帝出自寒族军人，“南朝多以寒人掌机要”④等政治上的许多变化，意味着世族势力的衰落。所以，依附农民反世族奴

---

① 《后汉书》卷七十九，《仲长统传》。

② 《晋书》卷四十五，《刘毅传》。

③ 西晋时首尾十六年的“八王之乱”，就是大族和宗室之间的斗争所演成的。

④ 赵翼：《廿二史札记》卷八。

役、剥削的斗争，是东晋南朝这一历史时期的重要内容，农民进行了反复地连绵不断地武装起义，较大者为晋有孙恩、齐有唐寓之领导的起义。梁朝众数万乃至十万的起义也几见于记载。而侯景这个军阀之作乱，又正是利用了人民反梁、反世族的情绪。

北方的情况则有所不同，经过两晋以后，西北内迁各族的战争，北方世族地主的势力已远不如前。北魏统治时的世族有所谓“郡姓”“虏姓”之分，不仅多于新兴起来的高门，旧有大姓的次第亦有所调整①。北魏孝文帝时实行汉化政策，曾加强鲜卑贵族和汉人世族地主的联系，那时世族是一度增强过，但后来经过六镇起义的打击，汉、鲜混合的世族，又转趋衰落了。分掌东西魏政权的高欢和宇文泰这两个政治集团，都或多或少地与六镇起义军有关系，他们基本上是出身于寒族的，这两个政权不是以世族为主干了。虽然他们后来的北齐、北周政权仍然需要世族的拥护，但是“为魏氏十姓八氏，三十六姓，皆非齐代腹心”② 了。北齐非但“为守令者，率皆富商大贾”③，而且“以厮役为县令”，甚至连“高门士女”也可被赐给寒族出身的官员④。北周的情况稍有不同，宇文泰组织了一个关陇统治集团，而且并未完全排除汉世族大地主。但是《周书》之《文帝纪上》说：“魏……”，虽不能说这个集团不是世族的集团，但至少也不是老牌世族的天下了。唐朝刘秩说，继北周之隋时……北方世族在政治上势力之衰落是据上述情况而可知的。

因此，在南北朝后期，从政治上看，世族阻挠统一和反抗中央集权的这个消极因素是大大削弱了。这是统一之所以可能的又一客观条件。

上述诸历史条件，才造成了一个新的统一国家出现的历史必然性。然而决定着这一发展趋势的力量，从上面叙述中不难看出，那就是各民族的人民群众。人民群众的各种活动，各族人民的阶级斗争和生产斗争，不仅创造这统一的物质基础，还直接打击了分裂割据的势力。所以，人民群众决定着历史发展的一元论，在此得到了又一次具体论证。

---

① 参阅唐长孺：《南朝士族的衰弱》，载《历史教学》1957年第2期，第6～7页。

② 《通典》卷三，《食货志》，引关东风俗传。

③ 《资治通鉴》卷一九二，《陈纪六》，太建七年二月。

④ 赵翼：《廿二史札记》卷十五。

## 三

但是，统一的任务由谁来完成呢？当时，南北两方旧有的政权，都不能担当起新的统一南北的历史任务。这一任务的完成，便落在了以杨坚为首的隋统治集团的肩上。如前所述，在有因势利便的客观条件之下，加上杨坚所具备的主观条件和他（以及他的集团）所做的努力，得以代周兴隋。而且后来又凭借着北方的强大物质力量灭陈，结束了南北长期分裂的局面，实现了较大范围的统一。

现在所需要进一步了解的是：隋政权建立之后，在统一之前，还做了哪些重要的努力，因而使得北方战胜了南方呢？北方有还有些什么优越条件呢？这就有必要谈谈隋统一南北以前的经济政治措施。

北方，虽因长时间的战乱破坏，使社会经济受到很大影响，然北魏统一之后，实行均田制，使得农村经济逐渐的恢复并且得到发展。隋政权建立后，继续实行了均田制，沿用了北朝的赋役制，但比北周、北齐减轻了些①。而且另外还在经济方面采取了一些措施，如："弛山泽之禁"②，听任人民开采；罢酒坊，停止酒的专卖；开放盐池、盐井，任人民经营；铸新钱，整理货币③；制铜斗铁尺，以为标准的度量衡④等。这些措施都在客观上对社会经济的发展起了一定的促进作用。同时，在当时也能够收揽人心。

为了进军的目的，为了扩充自己的势力，隋政权注意了积聚物资。这个政权一建立之后，就直接掌握了相当数量的土地和劳动力，从而得到更可靠的取得租、调等收入。比如583年的"大索貌阅"（清查户口）和输籍法（每年公布赋役名称），收到了很好的效果。据记载，清查出164万多没有上户籍簿的人口，使之重新登记⑤，按照规定负担赋役。输籍法实行后，

① 调比北周、北齐轻，租介乎周、齐之间，但由于北齐政治坏，实际上也比隋重。又缩短了受田、庸租调的期限，这有利于育幼养老。

② 《隋书》卷一，《高祖纪上》。

③ 参阅《隋书》卷二十四，《食货志》。新钱每一千重四斤二两。开皇三年四月下诏，置样钱于各关，勘样不似，即后收毁坏，以免私铸恶、滥铜币和质量不同的旧币，妨碍商业发展。

④ 《隋书》卷四十二，《赵煚传》。

⑤ 《隋书》卷二十四，《食货志》。

从关东运到长安的物资，两条大路，每年数月昼夜运输[①]，大大增加了政府的收入。于是又相应地设立许多仓库，不仅有大规模的粮食，如黎阳、常平等仓是，还有各地许多较小的仓库和劝课人民设立“义仓”[②]。不几年就储积了很多的粮食和布帛。589年隋之所以能够灭陈而统一，是凭借了这些力量的。

政治方面，则在中央改革了北周的中央政权组织，设立尚书、门下和内史等省，以其主管官为宰相，掌握一切要政。尚书省下辖吏、户、礼、兵、刑、工六部，处理具体的军政庶务。在地方则建立起州县两级制机构，清除了“或地无百里，数县并置；或户不满千，二郡分领”的流弊。同时，对官吏的挑选或任免也很注意，规定了比较严密的考绩制度，地方官年终要“上考课”称为“朝集”[③]，中央还常派使臣出巡各地考察。在刑法上，一开始就废除了前代枭首、车裂等极野蛮残酷的刑法，对法律也做了编审工作。583年苏威等编定的新律即为《隋律》。《隋律》条目比较精简，并且下诏要求“诸曹决事，皆令具写律文断之”[④]，586年又“敕诸州长史以下，行参军以上，并令习律”[⑤]。此外，还曾下诏：“申敕四方，敦理辞讼。有枉屈县不理者，令以次经郡及州，至省仍不理，乃诣阙申诉。有所未惬，听挝登闻鼓，有司录状奏之。”[⑥] 以上所有这些政治措施，不仅强化了君主权力，也使得行政效能较强。这对于北方局势的稳定和经济的发展也是起了保证作用的。

又，在封建统治阶级内部，杨坚代周称隋后，除了杀周宗室外，581年（开皇元年）明白宣布，“其前代品爵，悉可依旧”[⑦]，同时并大力罗致地主阶级人士。而且，最初就在均田制中规定了：“自诸王以下至于都督，皆给永业田。”[⑧] 多者百顷，少者卅顷；京官、外官还有职分田、公廨田；而均田制中奴婢受田的规定，也有利于这些官吏和一般地主，他们都占有很

---

① 《隋书》卷二十四，《食货志》。

② 参阅《隋书》卷一，《高祖纪上》；卷二十四，《食货志》。

③ 《隋书》卷六十六，《荣毗、房彦谦传》。

④ 《隋书》卷二十五，《刑法志》。

⑤ 《隋书》卷二十五，《刑法志》。

⑥ 《隋书》卷二十五，《刑法志》。

⑦ 《隋书》卷一，《高祖纪上》。

⑧ 《通典》卷二，《食货二・田制下》。

多土地。并且，所有有品爵的人都免课役。因此，统治阶级的各个阶层，在这些办法之下，是不会反对这个新的政权的。

在军事制度上，隋朝沿用了北周的府兵制。但府兵以外，还有乡兵和临时召募的士兵。并且在灭陈之前，府兵不断扩大，增设军府，这就充实了兵力。更重要的是府兵制军士的地位待遇较高，战斗力比较强。而南方呢？南朝军人地位一直是比较低下的，当兵者多赤贫下户，或以奴隶为主，军人为社会所轻视，所以战斗力很低。就此而言，军事力量北方也远强于南方。

从上述这些，我们可以知道，隋在统一以前：一方面团结统治阶级内部各种势力、加强集权、扩充兵力、聚集物资；一方面则从实行均田制、减轻赋役、放弃矿业和水产的独占、废止盐和酒的专卖、改良市制、划一度量衡等许多办法来恢复和发展经济，收拢人心。经过了几年时间，社会较为安定，经济也有一定的发展，力量强大了，才开始出兵南下攻陈的。

在这里，还要指出，隋朝的上述情况和南方陈朝之经济凋敝、政治腐败，恰形成以鲜明的对比。史载陈初情况是："聚敛无厌，士民嗟怨"（《通鉴》），"主昏于上，民怨于下"（《隋书·崔仲方传》）。这是分析北方战胜南方的原因所应该注意的。此外，还应该说，势力范围之大小、户口之多寡等不同条件，对两方的胜败也起一定作用。就势力范围而言，当北周灭北齐，并进占陈的长江北岸地区后，南北之间自江陵以下遂划江为界，北方政权所控制地区超过了南方陈的范围。在人口方面也是如此，隋代周时，北方有户 360 万，陈有户才约 50 万，相差悬殊。难怪隋薛道衡说"我有道而大，彼无德而小，量其甲士，不过十万。西自巫峡，东至沧海，分之则势悬而力弱，聚之则守此而失彼"，确实是一个"席卷之势"①。而且后来事实证明陈的结局也是如此。

## 四

隋之所以能重建统一，主要是历史发展的要求和人民的愿望。人民群众是这一统一的决定力量。但是，也应当指出，隋文帝杨坚在统一全国事业中是有他一定的作用的。特别是他在建国初年实行的一些社会经济政治

---

① 《资治通鉴》卷一七六，《陈纪十》，祯明二年。

措施，其主观上固然是为了巩固自己的统治地位，但在客观上一定程度的符合了历史发展的要求，从而加速了统一事业的进程。所以，应该说隋文帝是封建统治阶级中比较杰出的政治家之一，对重建统一国家的事业，是有一定贡献的。

隋的统一，这个由政治上长期分裂重新确立的统一，结束了自汉末（2 世纪后期）至隋初（6 世纪末）四百年的分裂局面。于是，中国各族人民又得以在统一的政治局面下生活了。这是继秦汉大一统国家后，建立起来的新的统一的封建国家，其历史意义是：

在经济上，隋统一后，把南北都已经相当发达的经济联系起来，促进了我国封建经济的发展。所以在统一后，由于广大劳动人民的辛勤劳动，隋代社会出现了短暂的繁荣景象，社会经济有进一步的发展，生产力有进一步提高。农业方面，首先表现为农业人口的增加和垦田面积的扩大。开国后不过 20 多年，据记载说，607 年，全国户口由隋初的 410 余万户（3000 余万）增加到 890 余万户（4600 余万口）。土地由隋初的以前 900 余万顷，到炀帝时增加到 5500 余万顷①。这些数字虽不完全可靠，有所增加的趋势是能说明的，但毕竟能够反映农业经济的发展。手工业也日益发展起来。特别是纺织业与造船业更有突出进步；专门从事手工业的劳动者日益加多②。在这些基础上，出现了商业贸易的活跃局面。正是因为这些，所以隋朝是历史上很富裕的一个朝代。隋文帝时所建置的仓库都装得满满的，炀帝时又修筑了许多大仓库，所谓“天下贮积，可供五十年”③，是积累了不少物资的。

在政治上，隋朝建立了一个中央集权的国家，对统治全国人民和向外侵略起了很大的反动作用。但是在保证国家的统一和安全方面，也是有其积极作用的，尤其像防御北方突厥对内地的进军、加强与台湾地区的联系等作用是很好的。此外，在中央集权国家的组织形式、制度等方面，为后来唐朝树立了某些规范。

在文化上，由于汉族和各少数民族的长期接触，得以在血统上、文化上以及风俗习惯上逐渐融合，使我国固有的文化产生了新的因素，从而为

① 《通典》卷二，《食货二・田制下》；卷七，《食货七・历代盛衰户口》。

② 如 607 年隋政府曾于河北招募“工艺户”三千余家。事见《大业杂记》。

③ 《资治通鉴》卷一九二，《唐纪八》，贞观二年。

唐代文化发达打下了基础。

总之，隋朝的时间虽然很短，但它一方面结束了前一时期的分裂局面，并承继了前此政治、经济、文化各方面的成就；另方面则为繁荣昌盛的唐朝执行了前驱的任务。因此，他在我国历史上的地位是应该重视的。

小结：我们认为隋的建立和统一是历史发展要求的。不过隋朝政府并没有能解决当时已经相当尖锐的社会矛盾（较强的人身依附关系，很不适合于当时封建社会内部生产力的发展）。因此很快就爆发了著名的隋末农民战争，而且是隋末农民战争才解决了问题。我们也必须从这一根本看法出发，正确地估计隋这个王朝。有的人似乎认为，隋文帝时是很好的，只是隋炀帝的荒淫残暴，引起了隋末农民大起义，这显然是错误的。尤其在这一个短短的朝代里这样划分，更能明显地看出问题。应该肯定隋朝在我国历史的地位，但必须是真正地历史主义地肯定。既要肯定其积极作用，也要了解其历史局限性。要充分估计基本社会矛盾的作用。

1960年8月2日修改稿

# 唐代政治家宋璟

## ——诞生1300周年纪念

“丞相邦之重，非贤谅不居。”——宋璟诗句

在中国历史上，不一定是所有做过宰相的人都是有才能的，但宋璟总算是有才能者中的一个。宋璟是“开元贤相”，唐代第一流的政治家，今年是他诞生1300周年纪念。

## 一、在武则天的时代成长

宋璟（663—737）生于唐高宗龙朔三年，那时候武则天已经参与朝政了。从出世时算起，他的一生有四十多年的时间是在武则天参政和执政时期度过的。所以说他是在武则天的时代成长的。

宋璟这个伟大政治家出生在唐朝最强盛的时期，而那个时期的执政者——武则天，是在青少年时候受过唐太宗熏染的人，是一个有所作为的人物，她在政治上继承和发展了“贞观之治”。

例如她适应着新兴地主势力发展的政治要求，发展了科举制度，为了更多的吸引人才，同时采取了唐太宗曾经实行的手段，垂拱元年（685年），“治内外文官九品以上及百姓，咸令自举”①。后来陆贽说她：“弘委任之意，开汲引之门，进用不疑，求访无倦，非但人得荐士，亦许自举其才二所荐必行，所举辄试。”② 有一利也有一害，这样当然容易伤于多滥。然而她又能够“课责既严，进退皆速，不肖者黜，才能者骤升”③。仅从这一问题来看，武则天在“务取实才真贤”方面，称得上大刀阔斧，确实是发展了“贞观之治”的。“是以，当代谓知人之明，累朝赖多士之用。此乃近于求人贵广，考课贵精之效也。”④ 其成绩是不可抹杀的。

---

① 《旧唐书·则天皇后纪》。

② 《旧唐书·陆贽传》。

③ 《旧唐书·陆贽传》。

④ 《旧唐书·陆贽传》。

科举制的发展，对于当时社会风气是有影响的，《通典·选举典》写道："及永淳之后，太后君临天下二十余年，当时公卿百官无不以文章达，因循日久，寖以成风。"故而至于到后来，"五尺童子耻不言文墨焉"。

宋璟就出生和成长在这样一个时代。

颜真卿所撰神道碑说："公七岁能属文，一遍诵《鹏鸟赋》……十六七时，读《易》旷时不精，公迟而览之，自亥至寅，精义必究。"[①] 宋璟是既有才华，而又肯刻苦钻研，所以十八岁就举了进士。

## 二、为武则天所任用

据他自己所做《梅花赋》[②] 说，曾两次没有能通过吏部的考试，因而，二十五岁时尚"授馆官舍"。以后，曾经做过上党尉、王屋主簿、合宫尉等地方官，到了长寿三年（694 年），他已经是三十二岁了，才"从调判入高等"。当时，"有司特闻，天后亲问所欲，公以代为唐臣，不求荣达，诡奏云：家本山东，愿得魏之一吏。遂手诏授录事参军，拜舞趋出，后异而召还，又手诏拜监察御史裹行"[③]。不久，即真迁殿中侍御史。由于他忠于职守，当官正色，很快就由这个从七品下的官，几次迁升，任过天官员外郎（从六品以上）、凤阁舍人（正五品上）、御史中丞（正四品下）等职。不到十年的时间，连升数级。这也是武则天用人"才能者骤升"之一例。

御史中丞这个官，是帮助御史大夫"掌邦国刑宪典之政令，以肃整朝列"[④] 的，是很适合宋璟的一个职务，他为官恰就是刚方正直的。当他还在作凤阁舍人时，倖臣张易之要张说诬证御史大夫魏元忠"有不顺之言"，璟对张说说："名义至重，神道难欺，必不可党邪陷正，以求苟免。若犯颜流贬，芬芳多矣，或至不测，吾必叩阁救子，将与子同死努力，万代瞻仰，在此举也。"[⑤] 终于赦免了魏元忠。在他做御史时，"张易之与弟昌宗纵姿益横，倾朝附之"。但是，当昌宗私引相工李宏泰观占吉凶，有"言涉不顺，而为飞书所告"时，"璟廷奏穷其状"，坚持要"勒就御史台勘

① 《颜鲁公集·卷十》。
② 见《全唐文》卷 207。
③ 《神道碑》。
④ 《旧唐书·职官》。
⑤ 《旧唐书·宋璟传》。

当，以明国法”，引起了“则天不悦”，时有内史杨再思恐其忤旨，宣敕令璟出，“璟曰：天颜咫尺，亲奉德音，不烦宰臣擅宣王命”，使武则天只好当时同意“收易之就台”。由这二事可见，宋璟为官之刚正。而武则天提拔他做御史中丞，也可以说是用人得当的。

惟其刚正，必积怨于倖臣，因此张易之等“常欲因事伤之”，但是“则天查其情，竟已获免”。武则天提拔了他，并且保护了他。使他能在以后还做了一些有益于当时社会的事。

## 三、“守文以持天下之正”——开元贤相

武则天死后，中宗即位之初，宋璟做过吏部侍郎兼谏议大夫、黄门侍郎等官，但由于他不愿与恃宠执政的武三思同流合污，为武三思排挤出朝。此后，一直到开元四年，他先后做过几个地方的刺史、都督。这成为他一生中很有意义的一段经历。

首先，他在地方上做了一些好事，这是值得提一提的。《宋璟传》的记载说道：宋璟为武三思挤出朝后，做过贝州刺史，“时河北频遭水潦，百姓饥馁，三思封邑在贝州，专使征其租赋，璟又拒不与”，“又历杭、相二州刺史，在官清严，人吏莫有犯者”。睿宗时又曾为楚州刺史，无几历魏、兖、冀州三州刺史；玄宗开元初，为睦州刺史，转广州都督，“广州旧族皆以竹茅为屋，屡有火灾。璟教人烧瓦改造店肆，自是无复延烧之患”。

其次，这几年地方官，使他再一次得到了接触民间的机会。他在三十二岁以前，还基本上可以说是生活在民间的，三十二岁以后做了整整十年的京官，对民情自然逐渐疏远了，所以，再出京几年，对于他以后身居宰相要职来说，是可贵的，是影响了他的政治主张的。

宋璟在开元时期还生活了二十五年，虽说正职“知政事”的时候不多，但是作为“国之元老”，在政治上还是颇有影响的。唐代史臣说他是“善守文，以持天下之正”，于此，略加叙述如下：

我认为最重要之点是，他守了“俭约”之文。开元五年，唐玄宗驾幸东都，因崤谷驰道狭隘，车骑停拥，玄宗欲罢黜有关的两个官吏，“璟入奏曰：陛下富有春秋，方事巡狩，一以垫隘，致罪二臣，窃恐将来人受艰弊”①。他

① 《旧唐书·宋璟传》。

上奏过“请停东宫上礼表”，以免“群臣敛钱献食，君上厚赐答之，姑息施恩，方便求利”；谏阻过为外戚王仁皎筑坟逾制，“欲成朝廷之政”；革除过朝集使齑货入京以求改转之弊，不肯命录玄宗看鹰人之勤劳，因为“鹰鸟之属，畋遊所用”，这些提倡“俭约”的主张，在当时是有意义的。在那个时候，唐朝开国已经一百年了，经济已经恢复和发展起来，国力正强，是一个“开元盛世”，统治阶级正在以“奢靡相高”，如果能以“俭约”为尚，那是再好不过了。可惜的是“大势已去”，宋璟等几个人物也阻止不了统治阶级日益腐化的趋势。

和守“俭约”有关，他还主张“兵甲不渎”“军不轻进”。所以他不肯赏边臣，曾有入蕃使郝灵佺狙击突厥得胜，以为必见厚赏，但“璟顾天子方少，恐后干宠蹈利者夸威武，为国生事，故抑之，逾年，才授右武卫郎将”[①]。也曾上过《请缓令王惠充使往车鼻施奏》[②]。这也是他“守文”的一个方面。

还有，就是他守“刑法”之文。他曾经上过《论修法刑疏》，主张“囹圄不挠”，要求“其京城诸司及府县系囚，仰重臣等即准敕兴所由，参详处分”。本着这种精神，开元九年他亲自处理过一次案件：敕河南尹王怡，驰传往按。牢械充满，久未决。乃命璟为京留守复其狱。初，梁山诡称婚集，多假贷，吏欲并坐贷人。璟曰：“婚礼借索大同，而狂谋率然非所防忆，使知而不假，是与为反，贷者弗知，何罪之云。”“平纵数百人。”

由上述数端可见，宋璟之守文，是守的唐太宗之文，是守的武则天之文。而且还有些记载表明，他是欲复贞观之政的。他的这种政治主张若能彻底实施，是有利于当时社会和人民的。可惜未能得到玄宗的认真采纳。

其实宋璟为政的事迹还有许多，而且有一些还是比较重要的，如在典选方面的革弊，在经济方面的禁断恶钱[③]等是。谠言直谏也不少，《新唐书·宋璟传》写道：“张嘉贞后为相，阅堂按，见其危言切议，未尝不失声叹息。”这些，都不再一一详述。总之，宋璟不愧为当时的第一流的政治家。

---

① 《新唐书·宋璟传》。
② 《全唐文·奏二〇七》。
③ 《旧唐书·宋璟传》。

## 四、“赋嗤梅艳，篇美长松”——宋璟的性格

宋璟作为一个政治人物，封建社会的一位政治家，他在性格上也有值得表扬之处。史称他曾“作《长松篇》以自兴，《梅花赋》以激时”[①]。而今，长松篇不可得见，梅花赋却保存在《全唐文》卷二〇七中，他歌颂梅花“岁寒特妍，冰凝霜沍，擅美专权。相彼百花，孰敢争先。莺语方涩，蜂房未喧，独步早春，自全其天”。他借从父之口勉励自己说：“万木僵仆，梅英载吐；玉立冰姿，不易厥素；子善体物永保贞固。”

在他的一生中，是做到了“介石之贞，始终不挠”的。他刚方正直，不畏权倖。在武则天时，为张易之兄弟所畏惧，在中宗时，对武三思又“屡挫其锋”。连政敌对他行刺和暗算也置之不顾[②]，始终处置自若，始终不愿与奸佞为伍。在他晚年的时候，王毛仲有宠于玄宗，百官附之。毛仲嫁女，欲请璟为客，玄宗诏璟诣其第，璟日中方至，先执酒西向拜谢恩命，饮不尽卮，遽称腹痛而归。真是“其刚直之操，老而弥笃”[③]。

有些事，看起来好像很难理解。例如他自广州入朝，玄宗遣内侍杨思勖迎接他，在路竟不交一言，以至“人莫见其际”[④]。我看，除了杨思勖是个宦官，为人并不好，是一个原因外，还是与他的另一政治见解有关的，因为他是主张“公事当公言之”的。所以才“拜恩而就马便行，在路竟不交一言”[⑤]。我们还看到，当他告老家居时，“公以为大臣归休，不宜关通人事，遂杜绝宾客”，也正是同一道理。更有二事可见其为人如何？一为请停广州遗爱碑……

晚唐皮日休说：“余常慕宋广平之为相，贞姿劲质，刚态毅状，疑其铁肠石心，不能吐婉媚辞。然睹其文而有《梅花赋》，清便富艳，得南朝徐、庾之体。文体不类其其为人也。”[⑥] 这是不了解宋璟为人的说法，我认为宋璟并不是一个铁石心肠的人，除了他在政治上还能有意无意地同情人民外，性格上也不是那么呆呆板板的人，他也“雅善戏谑，不常矜庄”，

① 《神道碑》。
② 《新唐书·宋璟传》。
③ 《通鉴》卷二一二。
④ 《通鉴》卷二一二。
⑤ 《神道碑》。
⑥ 皮日休：《皮子文薮》卷一，《桃花赋序》。

他也有莫逆之交的朋友。《全唐诗》卷六四中保留着他的几首送别友人的诗，这里举出《送苏尚书赴益州》的一首来看，诗云："我望风烟接，君行衬雪飞。园亭若有送，杨柳最依依。"这难道不能说明他也很讲友情吗？所以我要说，他正和梅花一样，不仅有玉骨冰姿的一面，也还"或妩媚如文君，或轻盈若飞燕"有清艳的一面。然而"玉骨冰姿""贞姿劲质，刚态毅状"的一面又尤为可贵！

## 五、由宋璟和唐玄宗的关系所想到的

宋璟曾经揭露太平公主废掉玄宗的阴谋，又是"国之元老"，威望很高，玄宗有所敬惮，是不好怠慢的，所以"每进见，上辄为之起，去则临轩送之"。但是，另一方面，宋璟却并没有能得到玄宗的重用，他虽说是"三入冢司"，然而为相的时间都不长。和唐太宗之任用房玄龄来比，相去甚远。唐玄宗这位"风流天子"，是不喜欢宋璟的刚直的，以致说他"卖直取名"①。所以，唐玄宗就远不如唐太宗，而宋璟的才能也就不能得到更好地发挥。

宋璟的时代造就了宋璟这么一个人物，也需要这样的人物，但是在他已经被武则天所发现而且还有作为之时，武则天死了，再也没有碰上一个"圣明君主"，他"冀竭涓埃之效"而不能尽。所以他晚年第三次拜相时，他的诗中说道："不知周勃者，荣幸定何如？"周勃也是两次为相，时间都很短，并且几乎为汉文帝所杀。他正是以周勃来比况自己。但是年纪愈来愈大了，而且疾病缠身，终于不得不上"乞休表"。他在这七十高龄告老之时，仍希望玄宗"选能已授，为官而择"。不过，玄宗在政治上却是江河日下，丞相虽邦之重，而为李林甫之徒所居。

1963 年 3 月 17 日晚

---

① 《新唐书·李林甫传》。

# 杜佑论输籍法辨疑

隋朝初年，在大力检扩户的同时，隋文帝又采纳高颎建议，实行了输籍法。杜佑在《通典》中对这个输籍之法评价很高，他说："高颎设轻税之法，浮客悉自归于编户，隋代之盛实由于斯。"① 历来沿袭他的看法，从没有怀疑过。现在学者，根据他的一些议论认为，输籍法是经济上打击豪强的一个主要措施。今所疑者：杜佑对输籍法之评价是否过高？现在学者的上述看法有无问题？

辨明古今议论，自应从了解输籍法本身入手。

关于输籍法，遍查各种材料，唯《隋书·食货志》记载最详："高颎又以：人间课输，虽有定分，年常征纳，除注恒多，长吏肆情，文帐出没复无定簿，难以推校。乃为输籍定样，请遍下诸州。每年正月五日，县令巡人，各随便近，五党三党共为一团，依样定户上下。帝从之。自是奸无所容也。"观此原文，可以得出下列几点认识：

第一，"输籍定样"是输籍法的主要内容，但记载得太笼统了。是不是一个轻税之法，从这里无法看出。只有"定样"这一点，虽不知如何定法，但对于"长吏肆情"当是一种约束。自然，若能认真实行，对负担赋役的人民，相对地多少也会有些好处。

第二，"每年正月五日，县令巡人，各随便近，五党三党共为一团，依样定户上下"，是输籍法实施的具体办法和组织保证，这固然能使"贪冒之吏，莫得生奸"，但更重要的还是"狡猾之甿，皆被其笼"②。这样，已经由"大索貌阅"等措施搜刮到的户口，或者就不至于"文帐出没，复无定籍"，不至于再发生"流冗之弊"，把农民群众牢牢地控制在政府手上，以保证国家的赋税收入和徭役征发。

第三，"帝从之"一语，能表明当时曾实行过输籍法。"自是奸无所容也"，则是实行后的效果。对此效果应这样的理解：即主要是保证了对搜

---

① 《通典》卷七，《历代盛衰户口》，丁中，以下凡引此卷文不再注。

② 此借用语，原来是杜佑述唐朝情况的话。

刮到的户口的控制，从而保证了对农民的赋役剥削。所以《隋书·食货志》在这段文字下面接着就写道：“诸州调物，每岁河南自潼关，河北自蒲坂，达于京师，相属于路，昼夜不绝者数月”，“由是府帑充实”。这种对于输籍法效果的记载，很能说明它实行的目的。

所谓输籍法和它的目的，既是如上所述，那么，它对于当时社会经济和人民是否有一定的作用呢？本来“输籍定样”，若真能“赋有常规，人知定制”，那对生产是会多少有些好作用的。但是，在隋代这种积极因素没有得到发展，而坏的作用则在任意滋生。当时，由于隋朝控制了很多用户，剥削所得而储之于仓库的物资，达到了相当惊人的程度，隋文帝末年“记天下储积，得供五六十年”①。因此，杜佑所说“隋代资储遍天下”，倒是当时的实际情况，“人俗康阜”则不见得，如《隋书》吏臣所云“迹其衰怠之源，稽其乱亡之兆”② 是起自高祖的。所以，在当时，输籍法能对生产有多少好处？实在谁也无法说得出，硬要牵强附会，终归是难以站得住脚的。

是否如杜佑所说，因为输籍法而使“浮客悉自归于编户”呢？输籍法是不是一个打击豪强的主要措施呢？回答这些问题应该是否定的。

首先，“浮客悉自归于编户”一语，查无实据。开皇中，由于各种强硬的括户措施之采取，户口数已迅速增加了，事实上，人民之大量成为编户是被强迫的，是当时雷厉风行检括的结果，在当时，“户口不实者，正长远配，而又开相纠之科”③。不是自归的，当然也不是所谓输籍法的引诱所致。

其次，输籍法既如前述，是一个保证课征赋役的办法，则对于许多的豪强（特别是所谓世族地主），都是没有什么直接关系的，因为他们大多数都不负担课役，开皇元年就宣布了“其前代品爵悉可依旧”④。二年又宣布“有品爵及孝子、顺孙、义夫、节妇并免课役”⑤。输籍法没有直接限制豪强是很明显的。然而是不是此法与豪强有争夺劳动力的意义呢？杜佑

---

① 《贞观政要》卷八，《辨兴亡》。

② 《隋书》卷二，《文帝纪下》。

③ 《隋书》卷二四，《食货志》。

④ 《隋书》卷一，《文帝纪上》。

⑤ 《隋书》卷一，《文帝纪上》。

说："于是定其名，轻其数。使人知：为浮客，被豪强收大半之赋；为编民，奉公上，蒙轻减之征。"从这话来看，似乎有些竞争之意（不过，对于豪强也不是一个很激烈的政策）。但是，既然户口增加并不是输籍法所致，那这一段冠冕堂皇好听的话，也只能是他的一个理想，并非事实。真正隋代的输籍法，没有，也不能起到杜佑所说的作用。

为了证实杜佑的话不可靠，我们还可以研究一下：杜佑究竟为什么要极力称赞高颎的输籍之法呢？

我们知道，杜佑关于输籍法的见解是在《通典》的一篇"论曰"中发表的。他那篇"论曰"中，不仅是赞扬了隋代的输籍法，还夸奖了一番东晋南朝的土断法："昔东晋之宅江南也，慕容、苻、姚迭居中土，人无定本，伤理为深，遂有庚戌土断之令。财丰俗阜，实由于兹，后法制废弛，旧敝复起，义熙之际，重举而行，已然之效，著在前志。"土断法的性质、作用如何？本文暂不讨论。但是由此我们可以看到，他在这里都是讲的"晋隋故事"，次当即他之所谓"徵诸人事"[①]。然而其目的是什么呢？为的是想"将施有政"[②]。所以他接着就对于当时唐朝的情况发表了议论。杜佑叙述说，唐朝户口从唐初开始，经历了一百三十余年，"才复如隋代之数"，而且还不及汉。他认为当时断不止那个数目，"少犹可有千三四百万矣！"但事实上却是"浮浪日众，版图不收"，其主要原因则在于受任者多舞文弄墨之人，他们"才与职乖"，"职事委于群胥，货贿行于公府，而至此也"。天宝之后，直是每况愈下，他端出了自己的心思："详今日之宜，酌晋隋故事，版图可增其倍，征缮自减其半，赋既均一，人知轻税，免流离之患，盖农桑之业，安人济用，莫过于斯矣。"为救当时之弊，杜佑希望有所改革。

杜佑（735—812）生活的年代，正是唐朝由盛而衰的时期，大历年间，偌大一个王朝，"编甿"仅有百二十万户。他作为封建统治阶级的士大夫，观今思昔，对于过去的追怀，眼看现实而警心，迫切希望改变当时的局面。因此，一方面，他在职任之内（历任掌管财政的官吏，后来官至宰相，进位司徒）兢兢业业的努力；另一方面，还积极从事《通典》的编

① 《通典》卷一，《序》。
② 《通典》卷一，《序》。

纂，“以征诸人事，将施有政”，其用心也诚为可嘉。既是如此，我们可以说，他对于“输籍法”之赞美，不过是一个“托古”的手法，他对于“输籍法”的解释，实则是寄以自己的理想。因而对于高颎的输籍法就评价得高了些。

杜佑本来是发挥自己的理想，是无可厚非的。但今天辨明这一点也是必要的，沿袭他的看法而不改，则会妨碍着我们对于隋代历史的深入研究。

# 后　　记

“限于水平，缺点和错误一定很多，请批评指正。”这几句话包含的内容很多，也可从许多方面理解。一般认为，错误比缺点严重些，缺点不过是指不完美之处，错误就是谬误非纠正不可的，《书经》上说：“绳愆纠谬。”其实错也不一定那么严重，错本不过是牴牾之意，《汉书》说“刘向治谷梁春秋与仲舒错”，不一定就是董仲舒对，各人的看法不同。我这本敝帚自珍的东西，也许就会“与人错”。时下一种看法，认为克罗齐所说的“编年史”之类就是“低层次”的作品，这问题是可以讨论的。但是我认为，高和低是相比较而存在的，没有低就没有高，万丈高楼从平地起，假如某一个“低”的为真正的“高”打下坚实的基础，就应该说难能可贵了。有同志评论我和安作璋同志的《秦汉官制史稿》说：“无疑可以起到‘承前’之效，但‘启后’则尚嫌不够。”这本作为《官制史》姊妹篇的《军事制度史》仍然会有这样的“不够”，因为我的注意点在于：能否真正很好地继承总结。假如能够较好地“承前”，自然会有些“启后”作用的，这样或那样的“不够”之处，也可作“前车之鉴”。假如能为将来“高层次”的作品提供点经过选择和整理的材料基础，我也就可以自慰了。

材料的选择和使用是否恰当？看法是否正确？当然有个水平问题。我这人水平确实有限，先天不足，后天失调，主要是书读得太少，只是边学边写。我写的东西或属于克罗齐所谓的“编年史”，不过并非未经过“思索”罢了（克罗齐认为，经过“思索”的才是历史，否则只是编年史）。由于功底不深，所以要求自己慎重地选择材料，在选择、编排、使用材料时，是经过一番“思索”和推敲的。

写书人在后记或前言中还要感谢支持过自己写作的人，这绝不是一般地客套。书虽是个人劳动产品，但确也离不开许多人的支持和关心。包含着他人的劳动。对这本书关心和支持并且付出劳动的，除了最亲近的伴侣李雪松之外，还有许多师友和学生。先后为本书抄写和校对材料的研究生有赵国华、罗传芳、刘付靖、桑士显、杨睫、朱先春等同志。再就是好几位出版界的朋友，因为现在出书困难，他们代为奔走联系过，并且始终关心着，我是铭记在心的。最后是广西人民出版社决定出这本书，这虽是他们的工作和事业心，我个人是感激不尽的。文史编辑室的刘君达、欧薇薇同志，具体关心这本书，花费了大量的精力，并曾指出和纠正书稿中一些明显的缺点和错误，还尽可能帮助做了些润色。没有他们，这本书不会这么快出来，也不会是现在这个样子。

我相信：本书中存在的各种问题，师友们，或者将要结识的朋友们，一定会用不同方式教导我的。

1988 年 2 月 18 日

# 总后记

本人文集的编辑出版，花了他人不少时间和精力，虽不得已，但是应该铭感在心。

酝酿出版文集前后也有两三个年头了，范军、吴琦、赵国华、刘固盛等几位教授反复谋划、合计促成了此事。文集的编选、整理阶段，刘固盛教授做了大量具体的组织工作。另外还邀请了叶秋菊、肖海燕、王闯几位老师参加，博士生则有聂新、杨志昆、张盼盼、张亚伟、杜文君、魏淑贤、张艳鸽等，他们都花了许多时间和精力，仅仅规范注释，按出版的要求，就是一个很费时间的细致工作。

这里我要说明一下，实际上有些注释的格式难以完全按照出版规范统一起来。例如过去写文章，如果引用《史记·五帝本纪》《汉书·礼乐志》的内容，注释只需注明书名就可以了，但现在的规范一般要求标明出版社、出版时间和引文的页码等。是为了读者，为了编辑，还是为了“统一”、“好看”？类似的要求似乎存在某些不合理之处。如果读书、写书的人，连基本的史料例如二十四史之类都不知道，那还谈什么学问？何况有些史料没有标点本，或者有而不准确，注明出来又有何用？所以本文集在注释规范方面虽然尽了很大的力，但仍然会有那么一些并不规范之处，也是不得已，特此说明。

参考已出的一些文集，本文集也选用了一些照片，是新来的硕士生杨帆帮忙完成的，想反映一下人生经历和师友关系。师友很多，学生更是不少，也只能选用有代表性的几张合影，由于选用的数量有限，遗漏恐怕还是有的。

华中师范大学出版社从过去到现在的领导和许多成员都是我的朋友，文集的出版，有他们的关注和支持。负责本文集具体实施的冯会平同志前后也交往多年了，她工作热情积极，此次也费力不少。还有梅杰、张怀东、张建英、曾艳、庞丹、卢格蕙、陈良军编辑的辛劳，都是应该衷心感谢的。

本文集的出版得到华中师范大学中国史一流学科建设的经费支持和历史文化学院的关心，在此一并致谢。